湛庐CHEERS

与最聪明的人共同进化

HERE COMES EVERYBODY

哈佛经典谈判术

全新版

NEGOTIATION GENIUS

[美]迪帕克·马尔霍特拉 马克斯·巴泽曼 著 王崇巍 译
Deepak Malhotra Max H. Bazerman

四川人民出版社

你也能成为谈判天才

谈判天才长什么样？当我们看到谈判天才时，首先抓住我们眼球的是什么？所谓的“天才”其实体现于很多方面：他们在谈判中思考、准备以及沟通的方式；他们在看似绝望的情境下力挽狂澜、扭转乾坤的神奇表现；他们在谈判中持续获得绝佳的结果，同时还能坚守原则，促进和对方的关系，提高自己的声望。一般来说，哪些人是谈判天才，大家很容易看得出来，而本书的目的就是将他们成为“天才”的秘诀教给大家。

我们先来看几个谈判的案例。在这几个案例中，谈判者都面对着看似不可逾越的障碍，但最终他们都能够克服这些障碍，取得巨大的成功。我们暂时只描述情境，不揭示他们是如何成功的。在后面的章节里，我们会逐一深入分析这些案例，并增加了很多新的案例。通过对这些案例的分析，我们会教给你谈判的策略和方法，让你也能像谈判天才一样在面对生活中的谈判和沟通时游刃有余、应对自如。

“独家权”之争

一家位列世界 500 强的美国公司打算从欧洲的一个小供应商那里为新开发的一款产品采购原料，对方同意每年以 40 美元 / 千克的价格提供 45.4 万千克原料。但在“独家权”条款上双方产生了分歧，供应商坚决不答应把所有的原材料全部出售给该美国公司。倘若自己的竞争对手也能够得到同样的材料，那么这家美国公司就不愿意在这款新产品上付出太大的投入。双方就此争执不下，谈判几近破裂。美国公司的谈判团队对这家欧洲小公司在“独家权”上的坚持非常不解，他们相信自己给出的条件已经很公平了，甚至可以说非常大方。无奈之下，他们只好继续让步，表示会保证最低订单量并且价格上还可以调整。结果，这个供应商仍然不答应，这让美方十分震惊！作为最后的努力，谈判团队向公司里的“谈判天才”克里斯求助。克里斯马上飞到了欧洲，只用了几分钟时间，就提出了一个双方立刻接受的协议。他不但没有让己方作出巨大让步，也没有威胁对方。那么，克里斯究竟是如何拯救这场谈判的呢？我们且待第 3 章分解。

外交困局

2000 年秋，一部分美国参议院议员开始敦促美国退出联合国。同时，美国在联合国大会上还面临着失去投票权的危险，可谓是内忧外患。冲突的焦点是美国当时拖欠了联合国近 15 亿美元的会费。美国要求联合国必须作出一系列改革，否则就拒绝支付这笔欠费。更重要的是，美国想把自己在联合国的会费份额从 25% 降低到 22%。显而易见，如果美国少交会费，别的国家就得多交。

难题远比想象的要大。首先，联合国规章明确要求美国驻联合国大使理查德・霍尔布鲁克（Richard Holbrooke）必须说服其他所有成员国正式认可美国提出的要求。其次，霍尔布鲁克面对着时间压力——如果年底之前不能获得各国的认可，美国国会就会从预算中抹去原本用来支付联合国会费的部分。再次，想必没有哪个国家愿意增加自己的会费份额来帮助美国减轻负担。当所有国家都在说不可能的时候，霍尔布鲁克如何才能说服哪怕一个国家来提高其会费份额呢？随着年末的期限日渐临近，霍尔布鲁克决定不再尝试去说服其他国家接受美国的要求，而是换一个策略。最终，他的新策略产生了奇效：不但解决了问题，而且其他成员国和美国国会两党成员对他在这次谈判中的表现均给予了高度一致的赞扬。霍尔布鲁克是如何解决这个冲突的呢？我们在第 2 章会具体讲解。

最后一分钟的要求

某工程公司要为一个客户建一栋中型办公楼，经过几个月漫长的谈判，终于达成了一致。但就在即将签合同之前，客户突然提出了一个可能代价不菲的新要求。客户想要在合同里增加一条：如果工期拖延一个月以上，工程公司就必须支付一笔大额罚款。工程公司的总经理对这个突如其来的要求很是恼火，怀疑这个客户试图利用最后一分钟的时间压力来逼迫自己作出让步。他权衡了一下自己的选择：要么接受这个要求签下合同；要么拒绝这个要求，同时希望对方不会因此而取消合同；要么通过谈判来让对方减少罚金。经过一番考量之后，他选择了一个完全不同的方法。在和对方进一步谈判之后，罚金的额度甚至还增加了，但这个新的合同给双方都带来了更多的利益。这又是为什么呢？我们在第 3 章会回顾这个案例。

竞选灾难

1912 年，时任美国总统西奥多·罗斯福（Theodore Roosevelt）正在积极筹备他的第三个任期竞选。这次大选异常艰难，每天似乎都有新的挑战出现。但其中一个突发的挑战几乎是所有人都没有预料到的。就在竞选团队准备好了 300 万份印有罗斯福照片的宣传单，准备在竞选演讲上散发时，团队主管发现了一个灾难性的问题，他们使用的照片没有得到摄影师的许可！更惨的是，他们很快发现，摄影师可以根据版权法的规定以每张照片高达 1 美元的价格索要报酬。1912 年的 300 万美元相当于今天的 6 000 万美元，任何一个竞选团队都不可能负担得起这么大的数额。而备选方案同样很糟糕，重新打印 300 万份传单不仅是巨大的浪费，还会造成严重的延误。当然，竞选团队主管可以去和摄影师谈判，把价格压低，可是要如何去谈呢？所有的筹码都在摄影师的手里。然而，主管想出了一个更好的办法，这个办法帮他得到了一个难以置信的好结果。我们会在第 1 章就告诉你他的谈判策略和结果。

在这里，我们希望你能明白，没有人天生就是谈判天才。那些看起来很“天才”的表现，背后是谈判者的精心准备，以及他们对谈判概念和框架的深入理解。谈判天才能够避免那些即使是经验丰富的谈判者也很难避免的错误和认知陷阱，并且能够系统地、有步骤地制定和实施谈判的策略。本书就将给你提供这样一个框架以及一整套的谈判策略和技巧，让你能够立刻学以致用。只要能把这个框架和这些策略应用到你的工作和生活当中——不管是在商界、政坛，还是日常生活所遇到的谈判情境中，都会大大提高你的沟通效果，开启你成为谈判天才的精进之路。

我们的方法

20 世纪 90 年代初期，各大商学院或者总裁培训班上还很少有关于谈判的课程。而现在，谈判课已经成了全球商学院最受欢迎的课程之一，甚至在法学院和公共政策与政府学院也非常火爆。为什么呢？因为在这个日渐复杂、多样又动态变化的世界里，谈判是分配资源、协调不同利益，以及解决各种冲突最实用而有效的机制。当今乃至未来的管理者、律师、政治家、政策制定者和消费者都需要学习如何在谈判和纠纷中争取更好的结果。或许在今天，谈判能力已经成为比过往任何时刻都迫切需要的通向成功的关键技能。

既然谈判如此重要和常见，为什么还有那么多人在进行低效谈判呢？作为教育工作者和咨询师，我们发现很多人提升谈判能力的最大障碍之一，就是错误地相信谈判能力无法改变，即一个人要么擅长、要么不擅长谈判。我们坚决反对这个观点。另外，有太多的人，包括那些经验丰富的谈判专家，把谈判视为一门艺术而不是科学，他们在谈判中更多地依赖自己的直觉。但直觉并不是策略，动辄拔刀相见的“牛仔风”和“随机应变”也不是靠谱的策略。

我们在本书中所提供的是一个系统且有效的方法，它参考了谈判和纠纷解决领域最新的研究成果，结合了成千上万的客户和学员，以及我们自己作为谈判者、咨询师和教育工作者的经验。通过在哈佛商学院的 MBA 和总裁班课堂上，以及为来自 25 个国家的 50 家大型企业提供咨询服务过程中得到的无数反馈，我们对这个方法进行了提炼和改善。有了这个谈判框架，你在谈判过程中就能够减少对直觉的依赖，学会理解和使用那些经过验证的策略，从而获得更满意的谈判结果。

有些人以为高效的谈判就是达到一个双赢的结果，我们也希望通过本书改变这样一个错误的理解。我们接触过的很多总裁都提到，有时候他们满怀美好的意愿，期望通过谈判来实现一个对双方都有利的结果，但是却发现对方和你“玩儿硬的”，使用不道德的手段，或者完全只顾及他们自己的利益。有时候，你也许会发现自己在谈判中正处于一个很不利的地位，或者发现需要应付一个头脑过于简单、根本无法有效沟通的谈判者，甚至发现谈判对手根本没有足够的权限决定你想要达成的协议。在这些情境下，那些所谓的“双赢”原则又如何能帮助你呢？还有些谈判极度复杂，比如参与者多、不确定性大、有被诉讼的风险、谈判者高度情绪化甚至看起来非常不理性，导致你可能根本就看不出来“双赢”是什么意思。但是，这样的复杂情境其实很普遍，因此你必须学会去系统地应对。本书提供的就是这样的系统工具。双赢的精神当然要有，但是当双赢思路救不了你的时候，我们也已经帮你制定好了有效的谈判策略。

下面是本书的大纲概览。

第一部分：谈判策略

在第一部分，我们构建了一个框架来帮助分析、准备以及应对你可能遇到的几乎所有谈判情境。第一部分也提供了一个工具箱，包括全面翔实的原则、策略和技巧，帮你应对从报价前的筹备到合同签订之间的各个阶段。根据我们的经验，大部分价值千百万美元的谈判问题都可以在这几个章节里找到解决方案。这个框架和工具箱是我们精心策划编排的，因此建议你按顺序依次阅读第一部分。

第 1 章：争取价值。我们首先从一个对所有谈判者都非常有吸引力并且极其重要的问题开始，这个问题就是：如何在谈判中为己方争取到最好的结果？本章通过分析一个简单的谈判案例，买方卖方就价格问题进行讨价还价，来构建出我们的谈判框架。本章包括以下主题：谈判前的准备，常见的谈判错误，是否应该首先报价，如何应对对方先报价，如何设计你的报价，找到对方的底线，讨价还价的有效策略，以及如何在最大化己方利益的基础上保证双方都满意。

第 2 章：创造价值。这一章在争取价值的基础上，我们给框架里添加了创造价值这个更难、也更关键的任务。本章的核心观点是，与那些光想着争取价值的谈判者相比，懂得和对方合作以共同推动谈判成功的谈判者往往能够取得更好的结果。本章中我们引入的谈判更复杂，谈判者要谈的议题更多，不确定性也更大。本章的主题包括：创造价值的策略，提高效率的谈判框架，如何准备和执行复杂的谈判，让步的时机和方式，如何了解对方的真实意图，以及签完合同以后该做什么。

第 3 章：侦探式谈判。无论是争取还是创造价值，很大程度上依赖于谈判者从对方那里获取信息的能力。本章将提供一个强大的收集信息的方法，即“侦探式谈判”。利用侦探式谈判的原则和策略，即使在对方不愿意分享的情况下，你也能够顺利发现并权衡对方的利益点、优先级、需求和局限。

第二部分：谈判心理学

即使是很有经验的谈判者，在准备和执行谈判策略的时候也难免会犯错。毕竟，这些经验丰富的谈判者也是人，是人就免不了受到心理偏误的影响。人们有很多常见的、系统的、可预测的偏离理性的认知和心理过程，会把本来很好的谈判策略带偏。第二部分的内容基于谈判和决策心理学的前沿研究成果，我们从理论中提炼出实用的部分，教你如何避免这些代价不菲的心理偏误，同时能够在对方犯这些错误的时候迅速识别并进行相应的调整。

第 4 章：认知偏误。由于人类思维的特点，最好的谈判者也会犯常见的认知错误。我们会向大家举例展示，人的大脑习惯于走捷径，虽然这经常能够帮助我们在作出决策时更加果断，但是在谈判中却往往会带来毁灭性的后果。

第 5 章：动机偏误。每个人对世界都有属于自己的期待和渴望，这些渴望会让我们忽略那些不一致的信息，只看到我们希望看到的，而不是世界真实的样子，这类错误就是动机偏误。动机偏误往往会让谈判者犯很多错误。比如，明明制定的是一个很差的谈判策略，却对自己和谈判的前景感觉良好；或者无法识别自己策略的缺陷，错过修正策略的关键时机，在错误的路线上越走越远。第 5 章将帮助你学会识别和避免这些潜在的陷阱，更客观、更真实地认识这个世界。

第 6 章：自我偏误与他人偏误。这一章我们提供了更多的策略来克服你自己的偏误，同时应对别人的偏误。我们还会解释，在哪些情况下帮助对方减少偏误也会给你带来更好的结果。很多时候，对方的非理性不但会伤害他自己，也会伤害到你。

第三部分：谈判实战

这最后一部分里，我们将聚焦于在其他关于谈判的讲座和书籍中常常被忽略掉，但是又与现实世界中的谈判息息相关的那些问题。比如，如何识别对方在撒谎，如何在对方并不情愿的情况下说服对方答应你的要求和提案，手里没有什么权力和筹码的情况下要如何谈判，如何与竞争对手甚至敌人谈判等。与本书前面两个部分一样，我们对这些问题的见解和建议来自成千上万谈判者的现实经验，以及围绕谈判、战略决策、心理学和经济学领域积累多年的系统的科学研究成果。这一部分的每一章节都可以作为一个独立的部分来阅读，你可以先阅读那些你喜欢的或者是和你当前的谈判情境有关联的章节。

第 7 章：影响力策略。通常情况下，光有一个优秀的想法、一个出色的提案、一个优质的产品乃至高品质的服务仍然是不够的，你还得知道如何将它推销出去。本章提供了 8 个被证实有效的影响力策略，能够促使对方接受你的请求、要求、出价和提议。但是请注意，这些策略并不会提高你的条件，它们只是让对方更容易答应你的要求。另外，考虑到对方也可能会对你使用这些影响力策略，因此我们也提供了详细的防守策略，以帮助你化解对方影响你偏好和兴趣的企图。

第 8 章：谈判中的盲点。很多谈判者只关注谈判问题本身，而不考虑相关的背景、对方决策人的特质以及谈判的规则，从而错过通过改变谈判规则来获得更好结果的机会。本章里，我们将提供几个具体的建议，帮助拓宽你的视野，确保你能够考虑所有可能影响谈判的因素。

第 9 章：应对谎言和诡计。虽然很多人都说“诚实是最好的政策”，但几乎所有人都承认自己在谈判中撒过谎，并且坚持认为对方对自己也撒过谎。我们会在本章解决以下问题：是什么原因促使谈判者在谈判中撒谎？如何阻止对方对我们撒谎？抓到对方撒谎怎么办？如果你想说实话，但是又不想在谈判桌上输得一败涂地，有什么办法可以替代撒谎？

第 10 章：识别以及解决道德困局。许多人相信道德问题是非常个人的事，不适合一概而论。这个想法在一定程度上有些道理。最新的研究发现，人们通常并不像自己想的那么有道德。很多时候，人们根本意识不到他们的行为会对他人造成什么样的伤害。新闻里那些大公司的丑闻，无时无刻不提醒着我们在追求谈判成功的同时一定要保持自己的品格。我们会提供一个框架来帮助你全面深入地思考这些道德方面的问题。

第 11 章：处于劣势情况下的谈判。本章的主题是权力，尤其关注在没有权力的情况下如何谈判。几乎所有的谈判者都遇到过备选方案很糟糕使自己处于劣势的时候。扭转这种处境往往需要更详细的分析以及更具创造性的思维方法和洞察。我们的目标是向你展示处于劣势的情况下如何有效地开展谈判，以及如何把劣势转变成优势。

第 12 章：如何对付非理性、不信任、愤怒、威胁和自大。如果对方看起来完全不理性，要怎么谈判？当双方彼此之间都失去了信任，甚至不愿意走上谈判桌，这时要如何谈判？如果对方来“硬的”，该怎么办？对方发怒了怎么办？对方过于自大，不愿意承认自己的错误怎么办？我们发现，那些重要的谈判通常都会包括以上一种或者几种挑战，忽略它们不仅会让谈判举步维艰，而且也是完全不可能的。因此，我们必须学会有效地应对。

第 13 章：什么时候不要谈判。在有些时候，谈判并不是正确的选择。比如你处于极度劣势，谈判成功的可能性很小，那么此时放弃就是更好的选择。或者谈判的成本太高，你就不应该继续谈判，而是去寻找更合算的备选方案。还有的情况下，谈判本身可能会成为双方沟通的障碍。但是不谈判的话要怎么办呢？在这一章，我们将提供一个框架帮你识别什么时候应该谈判，而什么时候应该换一个方式。

结语：谈判天才之路。要成为一个谈判天才，你需要掌握相关的知识，深刻理解，主动练习。本书能给你补充知识，帮助你理解，但是主动练习则主要靠你自己。当你翻过本书的最后一页，回归现实世界时，我们关心的是，如何改变你的观念能让你最大限度地把本书所学付诸实践？具体来说，在接下来的时间里你应该建立一个怎样的习惯，你对自己和他人应该怀有怎样的期待，以及如何能够帮助团队里的其他人提高谈判效率。

拉尔夫·瓦尔多·爱默生（Ralph Waldo Emerson）的一句话说出了我们的心声：“常人止于希望，天才不懈创造。”当任务艰巨、前途坎坷、荆棘密布，当谈判面临崩溃、形势绝望时，绝大多数谈判者会慌乱无措，而谈判天才则更加坚韧，用更好的谈判策略来解决难题。本书为你提供了成为谈判天才所必需的概念和工具，我们希望这本书能帮助你成为真正的谈判天才。

扫码获取“湛庐阅读”App，
搜索“哈佛经典谈判术”，
测一测，你的谈判能力有多强？

第一部分
谈判策略

第二部分

谈判心理学

NEGOTIATION GENIUS

第一部分

谈判策略

第 1 章

如何在谈判中争取价值

NEGOTIATION GENIUS 谈判案例

竞选灾难

1912 年，美国总统大选正进行得如火如荼。时任总统西奥多・罗斯福因不满他的继任者威廉・霍华德・塔夫脱（William Howard Taft）治理国家的方式，决定回归政坛，再次参加竞选。这次竞选非常激烈，每天都有新的挑战出现。但有一个挑战却是大家始料不及的：竞选团队印刷好了 300 万份罗斯福的照片宣传单，就等着在演讲的时候发放了。正在这时，团队主管发现了一个灾难性的问题，他们还没有获得摄影师的许可！根据美国版权法规定，每张照片摄影师可以要价高达 1 美元。1912 年的 300 万美元相当于今天的 6 000 万美元，没有哪个竞选团队能够负担得起。备选方案同样很糟糕：重新打印 300 万份传单不但成本高昂，还会造成严重的延误；还有一个选择就是向摄影师争取一个最低的价格。如果你是这位主管，你会如何进行这场谈判？

我们看看罗斯福的团队主管当时是怎么做的。在仔细分析了问题之后，他给摄影师发了一封电报，内容如下："计划散发 300 万份配照片的竞选传单，这是您作为该照片摄影师绝无仅有的宣传良机，您愿意付费多少？速回。"

摄影师迅速回复："感谢给我这个机会，但我只负担得起 250 美元。"

绝大多数人听了这个故事都很诧异：这位主管是如何将绝境彻底逆转的呢？人们有这种反应是因为，即使是最有经验的谈判者通常也不会去系统地思考如何谈判，更不会有步骤地准备和执行谈判策略。而我们的目标就是把这位主管的解决方案解析得通俗易懂。相信通过理解和应用本章所讲的争取价值的原则和策略，你也可以像这位主管一样在艰难的谈判中表现出天才的头脑。

谈判者争取价值的策略

价值是本书讨论的核心内容。那么，我们是如何定义价值的呢？**价值就是任何让人们觉得有用或者想要的东西。**你可以用金钱、经济学中的效用、心理学中的幸福感来衡量价值，也可以用其他你觉得合适的尺度。谈判中所创造的价值通过协议来体现，对双方来说，协议的达成让彼此都获得了之前所没有的附加价值。但是，双方各自得到了多高的附加价值呢？这就要视情况而定了，至少在一定程度上取决于谁能够成功从所创造出来的总价值中争取到更多。例如，如果一个买方通过谈判把价格压得很低，他就获得了更多的价值；如果价格很高，那么卖方就获得了更多的价值。

对许多人来说，提到学习谈判，他们最关心的就是如何能够为自己争取到更多的价值，或者换一个说法，如何能够独享谈判中所创造的价值。虽然本书对谈判持有一个更开放的视角，但我们还是决定从这个基本的目标开始——如何为自己争取到最好的结果。

我们首先来看一个关于房地产销售的案例——汉密尔顿地产。这是一个比较简单的谈判情境，谈判的核心只有一个，就是价格。在这个谈判框架里涵盖了以下几个问题：准备谈判，避免一些常见的错误，决定是否首先报价，应对对方先报价，设计你的报价，找到对方的底线，有效地讨价还价，争取最大价值又不损害双方关系以及管理自己的满意度。

汉密尔顿地产是我们在 MBA 和总裁班课堂上经常使用的一个谈判模拟案例。我们会让一半的学员扮演卖方的角色，另外一半扮演买方的角色。双方均会收到一份保密信息，里面会描述角色需求和利益点，然后给他们一定的时间来制定谈判策略，之后就地产价格展开谈判。以下是我们发给卖方的信息，阅读过程中请同时思考如果你就是卖方，将会如何制定谈判策略。

NEGOTIATION GENIUS 谈判案例

汉密尔顿地产

你是房地产投资公司“珍珠投资公司”的执行副总裁。你们公司在汉密尔顿镇有一片比较大的地产，公司打算撤资，将其转让给汉密尔顿本地的地产公司，你负责谈判。

汉密尔顿这片地产能值多少钱由若干因素决定，其中两个关键因素是买方的购买力和他们计划如何使用这片地产。根据你们公司自己的专家估计，如果用作商业开发（建办公楼），这片地产可能比用作住宅开发（建住宅楼）贵 1.5 ～ 2 倍。可惜的是，汉密尔顿的区划法令不允许商业开发，尽管当地政府最近也在讨论开放商业开发的可能性，但是还没有任何实质性的进展。结果就是，没有任何一家商业开发商对这片地感兴趣。

近几周里，你考察了几个潜在的买方。其中只有一个最接近你的预期，其他的都相去甚远。这个买方是“昆西地产”，他们计划在汉密尔顿地产上建高档住宅，开出的价码是 3 800 万美元。

这是你们目前收到的最高报价。另外，昆西地产的谈判声誉很好，让你对他们比较有信心。因此，你觉得他们的报价是比较合理的，但是你并不准备直接接受。你估计价格可以再提高 10% ～ 15%，那差不多也就是昆西地产可以接受的上限了。

现在，你还不打算去和昆西地产谈。为什么呢？因为本地的主要房地产公司“地产一号”刚刚通知你他们也对汉密尔顿这片地产有兴趣。地产一号全部的地产都是豪华公寓，与高档住宅相比，显然豪华公寓更有可能谈成一个更高的价格。

昆西地产说他们的报价三天内有效。你决定先去见一下地产一号的总经理康妮・维嘉。如果谈不拢就去和昆西地产签约，不打算再等了。

你对地产一号的了解如下：这是一家中型企业，是本地最大的住宅开发商之一。地产一号的总经理是公司的元老，在公司工作 20 多年，人脉很广，和本地及本州各个级别的中间商、政府部门都很熟。地产一号和你们没有竞争关系。

为了准备好谈判，你尽可能地收集了所有的数据。以下信息是公开数据，所以地产一号的总经理康妮肯定也知道：

- 珍珠投资公司 7 年前花 2 700 万美元购买了汉密尔顿地产。
- 现在这片地产已经显著升值了。根据最近一次同行业评估，这片地产作为住宅开发用地的价值在 3 600 万～ 4 400 万美元之间。
- 如果这片地用于建造豪华公寓，价值可能还要再高 20%。

马上就要谈判了，剩下的就是一些具体的问题了。你第一步打算怎么做？你在见到康妮的时候如何开场？你先报价还是让对方先报价？你会和对方分享哪些信息？你会尝试从对方那里获得什么信息？你期待从汉密尔顿地产的销售上赚多少？你如何才能知道结果好还是不好？

准备谈判的 5 步法

在给成千上万名谈判者做培训和咨询的过程中，我们发现，最常见的错误往往发生在谈判开始之前。有趣的是，这些人的问题通常不是准备得不好，而是完全没有准备。很多人有一个错误的观念，认为谈判是“艺术”，准备了也没什么用，因此完全不做功课。还有人认为，真正的谈判到了谈判桌上才开始。如果头脑中都是这些错误的印象，即使是最聪明、最善于思考、最努力的谈判者都可能会在开始一场非常关键的谈判前毫无准备。

事实上，能有一个具体详尽的方法来准备谈判至关重要。我们的这个“5 步法”就是一个很有效的框架，随着谈判复杂性的提高，这个步骤清单还会加长。

第 1 步：评估你的最佳备选方案

每次谈判时，你都应该首先问自己：“如果这个谈判不成怎么办？”换句话说，你需要评估你的最佳备选方案，也就是如果这个谈判不成后，你另外的最佳选择。如果你不了解最佳备选方案，就不可能知道什么情况下应该接受对方的提案，什么时候应该结束谈判以寻求其他选择。评估最佳备选方案需要以下 3 步：

- 列出如果谈判失败所有可能的备选方案。
- 评估每个备选方案的价值。
- 选出其中最好的一个作为你的最佳备选方案。

在汉密尔顿地产案例里，如果和康妮的谈判不成，你有几个选择：你可以继续等待其他公司的提案；你也可以接受昆西地产的提案；你甚至可以决定不卖了。你目前手里的信息指向你的最佳备选是昆西地产。

第 2 步：计算你的底线

最佳备选非常关键，因为你要根据它来计算你的底线。作为汉密尔顿地产案例里的卖方，底线指的是你能接受康妮给出的最低的价格。这个价格大概是多少呢？如果谈判不成，你会去和昆西地产谈。昆西地产的出价是 3 800 万美元，这是否应该是你的底线呢？不是的，因为你还可能和昆西地产把价格谈得更高。具体来说，你觉得还可以提高 10% ～ 15%，即 4 180 万～ 4 370 万美元。你的底线就应该在这个区间内。

如何在这个区间里更精确地确定你的底线呢？如果你把规避风险放在首位，你可能会选择接近 4 180 万美元；如果你比较乐观，对自己的谈判能力很自信，你的选择可能就会接近 4 370 万美元。假设你选择中间点，把底线定在 4 265 万美元，那么如果康妮的最终出价低于这个数字，你就应该结束谈判；如果高于这个数字，而且你确定不可能把价格进一步提高了，你就应该接受这个价格。另外一种看待底线的方法是把它当作“无差别点”，即如果康妮的最终出价刚刚好是 4 265 万美元，那么接受这个出价或者拒绝它去找昆西地产对你来说没有区别。

如上所述，确定你的最佳备选方案对谈判来说非常关键，它能够帮助你建立一个理性、客观的底线，而它的基础是你对客观存在的所有备选方案进行细致的评估。可惜的是，谈判者经常会把最佳备选和谈判中的其他因素混淆起来。**记住，你的最佳备选方案不是你认为公平合理的方案，不是你投入的成本，也不是你希望达到的价格。你的最佳备选方案是：如果这个谈判不成你需要面对的现实。**

第 3 步：评估对方的最佳备选方案

在评估了自己的最佳备选方案并计算了你的底线之后，你就知道了自己能接受的最低价。当然，你肯定不想一上来就接受一个最低的价格，你还需要搞清楚你可能达到的最高价。换句话说，你需要搞清楚对方的底线。康妮的底线就是地产一号愿意为汉密尔顿地产出的最高价。如何才能确定这个价格呢？如何知道你与对方议价的空间还有多少呢？办法就是去评估对方的最佳备选方案。这一步非常重要，直接决定了你将取得一般好的结果还是一个超级好的结果，甚至也是“超级成功”和“彻底失败”的分水岭。

还记得罗斯福竞选团队的主管吗？如果他只关注了自己的最佳备选方案（重印 300 万份传单）和底线（付给摄影师上百万的费用），这场谈判估计就会是个灾难。这位主管的天才之处就在于他去评估了摄影师的最佳备选方案。他思考了这个问题：“如果谈判不成摄影师会怎么做？”如果谈判不成，竞选团队不用他的照片，那么摄影师不仅颗粒无收，还失去了一个在全国范围的宣传机会。换句话说，虽然竞选团队的最佳备选方案非常糟糕，但摄影师的也不怎么样！因此，摄影师就很有可能接受很少报酬甚至没有报酬的结果。

同样，在汉密尔顿地产谈判中，思考一下康妮可能的选择就不难发现她的最佳备选方案。假设在无法购买汉密尔顿地产的情况下，康妮会投资于其他项目，比如找另一块地来建豪华公寓。如果汉密尔顿镇上这样的地产很少，她的最佳备选方案就可能是去别的地方建，或者等待其他地产出售。你需要站在康妮的立场对所有的可能性进行仔细分析。让我们暂时假设你的分析结果是康妮的最佳备选是等待新的地产。也就是说，如果她无法和你签约，地产一号会持币观望，等待新的机会。

第 4 步：计算对方的底线

在评估了康妮的最佳备选方案之后，考虑一下她会如何对待汉密尔顿地产就不难得出她的底线。你知道地产一号倾向于开发住宅楼。另外，你认为地产一号会建可出售的豪华公寓而不是高档住宅，这使得这片地产对地产一号来说比对昆西地产更有价值。具体来说，开发豪华可出售公寓将使这片地产增值 20%。计算地产一号的底线（最高可能出价）的时候，可以考虑以下因素：

- 根据评估，如果用来建住宅楼，这片地产价值 3 600 万～ 4 400 万美元。
- 中间值大约是 4 000 万美元。
- 加上 20% 增值（建豪华公寓）就是 4 800 万美元。
- 因此，可以估计康妮的底线大约是 4 800 万美元（假设其他开发成本已经考虑在内）。

第 5 步：评估协议区间

现在，根据双方的底线就可以评估协议区间了。协议区间就是双方都可以接受的所有谈判结果的集合，即买卖双方的底线之间的部分。在这场谈判里，协议区间就是 4 265 万～ 4 800 万美元，在此之间的价格是双方都可以接受的（如图 1-1）。

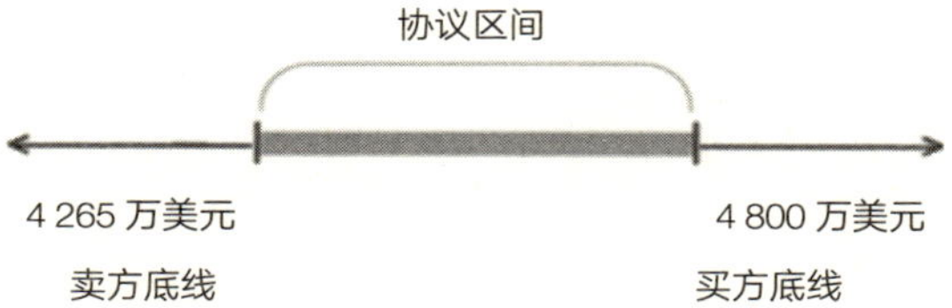

图 1-1　协议区间

协议区间包括所有可能的谈判结果，因为这个区间内所有的价格都在双方可以接受的范围内；任何此区间之外的价格都会被双方中的一方拒绝，你会拒绝任何低于 4 265 万美元的出价，康妮会拒绝任何高于 4 800 万美元的报价。

虽然协议区间给你列出了谈判结果的可能区域，但是没有告诉你谈判的最终结果会怎样。你当然想要结果对你更有利，越接近康妮的底线越好；康妮的想法则刚好相反，是越接近你的底线越好。于是，谈判就这样开始了。你的谈判目标并不是简单地达成协议，而是要尽可能多地争取价值。现在你对谈判中可分配的价值已经有了一个大概估计（4 800 万美元 −4 265 万美元 = 535 万美元），可以去为你的公司争取最大的价值了。

NEGOTIATION GENIUS
哈佛经典谈判指南

准备谈判的 5 步法：

1. 评估你的最佳备选方案。
2. 计算你的底线。
3. 评估对方的最佳备选方案。
4. 计算对方的底线。
5. 评估协议区间。

达成协议

如果你是我们谈判课上的学生，你会有大约 20 分钟的时间来练习谈判。对于一场只有“价格”一个议题的简单谈判，这个时间足够了。20 分钟后，我们会收集你的谈判结果（即最终协议价格），并把它放在屏幕上展示，以评估你在谈判时所使用的策略。公布结果还有另外一个好处，就是看到自己的谈判结果会被同伴评论的时候，那些 MBA 学生和总裁们会全情投入。

为了进一步的分析，在这里我们来假设你和康妮的谈判可能会这样进行：

> 和康妮见面寒暄过后，你很高兴地发现康妮对这片地产非常感兴趣。谈判正式开始之后，你掌控了大局，陈述自己要一个高价的理由。你还提到你们已经收到了其他几家公司的出价，并在认真考虑其中的一家。接下来你乘胜追击，抛出了一个很高的报价："考虑到很多家公司对这片地产表现出了兴趣，加上用来开发豪华公寓的话会增值20%，我们觉得4 900万美元是一个公平合理的价格。"康妮看起来有点儿吃惊，摇摇头说："这显然不是我们所期待的价格。"正当你在琢磨是不是要得太多了、康妮会不会离席而去的时候，康妮还了一个价4 500万美元，这让你舒了一口气。这个价格已经超过了你的底线，真是太棒啦！但你还是希望能够争取到更多的价值，于是你继续讨价还价。最后，你说服康妮接受了4 600万美元的价格。

谈判结束了，你的感觉如何？哪些地方你做对了？哪些方面还可以做得更好？你如何评估最终的结果——好、非常好还是很糟糕？

评估谈判结果

评估谈判结果的一个方法就是看最终结果是否超过了你的底线，这一点很显然你做到了。这是一个好消息，却不一定是一个很好的评估标准。为什么呢？因为虽然是超过了底线，但是可能只争取到了全部价值中的一小部分。因此，另外一个评估谈判结果的方法就是考虑整个协议区间。最终的结果4 600万美元似乎更接近康妮的底线，表示你争取到了超过一半的价值。而对这个结果是否满意，则取决于你谈判最初的期望。

尽管这两个衡量方法都很有用，但是他们也有一个共同的缺点，就是都只基于你对谈判的了解和分析。要想更全面地评估，那应该加上你在谈判过程中发现的新信息。假如你发现康妮的底线不是 4 800 万美元，而是 4 600 万美元，你会作何感想？你可能会觉得比之前预想的做得还要好，因为你争取到了全部的协议区间。反过来，假如你发现康妮的底线更高，是 5 500 万或者 6 000 万美元，你会怎么想呢？如果是这样的话，康妮就占了协议区间的大头。你看，评估你在谈判中做得好不好实际上取决于你“能”做到多好。

现在我们来看看康妮手里的信息：

- 实际上，地产一号想要通过汉密尔顿这片地产进入商业开发领域，而不想开发住宅。
- 康妮在政坛的关系很广，因此已经提前得知未来几个月内汉密尔顿就会修改区划法令，开放商业开发。
- 地产一号最多愿意付 6 000 万美元来购买汉密尔顿地产。

根据这个新信息，你又会如何评估你的谈判结果呢？显然，4 600 万美元现在看起来就没那么有吸引力了！这个价格距离你的底线比距离康妮的底线要近多了，显然康妮获得了大部分价值。你其实可以做得更好，好很多！但是话又说回来了，根据这些你在谈判中都不知道的信息来评估你的谈判结果难道就公平吗？

我们认为是公平的。谈判天才不会被环境所束缚，也不会被隐含的信息所限制。他们懂得如何根据现有的信息采取行动，也懂得如何获取新信息，并且懂得如何在信息不透明的情况下保护自己。因此，他们用最苛刻的标准来检验自己的绩效表现。

谈判中常见的 7 个错误

现在你掌握了对方的信息，再回头看一下你同康妮的谈判。事后来看，你在谈判的时候犯了哪些错误？应该用什么不同的方法？如何才能争取到协议区间里更大的价值？

首先，有 7 个明显的错误：

（1）你在并不占有明显优势的时候先报价了。
（2）你的报价太低了。
（3）你说得太多，听得太少。
（4）你努力去影响对方，但是没有向对方学习。
（5）你没有挑战自己关于对方的假设。
（6）你谈判之前算错了协议区间，在谈判中也没有重新进行评估。
（7）你比对方的让步更大。

事实上，这些也是谈判者在争取价值的时候最常犯的错误。接下来，我们将介绍一套更好的处理汉密尔顿地产谈判的方法，这套方法对大部分谈判情境也都适用。我们的目标不只是让你掌握最有效的谈判策略，还要帮助你理解其背后的心理学理论，让你能够预测对方的谈判行为，并作出恰当的反应。

如何正确报价

你是否应该首先报价

当我们在课堂上向高管们提出这个问题时，大多数人认为永远不应该首先报价。他们坚称应该让对方先报价，因为对方的报价会提供很多有价值的信息，可以帮助你了解对方的立场。但也有一些高管认为一定要首先报价，觉得这样才能控制谈判的走向，让谈判按照自己的节奏继续。当然，大家都是明白人，其实正确的答案是“看情况”。

首先报价最主要的好处是设下一个“锚”，一个能够引导谈判者注意力和预期的数字。当对方不是很清楚什么才是正确的、公平的或者合适的结果时，他们会很容易被这个“锚”吸引，围绕着这个“锚”来解决不确定性。我们有无数的案例证明，首先报价的作用十分明显，它直接影响谈判走向和最终结果。

例如，你计算出康妮的底线是 4 800 万美元，并且推测她会把价格压到 4 000 万美元。但是如果她突然出价 3 200 万美元，你就可能会怀疑你对康妮底线的估算：“如果她能出 4 800 万美元，还会出 3 200 万美元这样低的价格吗？是不是地产一号要建高档住宅而不是豪华公寓？也许他们的底线比 4 800 万美元低很多？”当对方设好了这个锚，它不但会影响你对对方底线（进而推出协议区间）的计算，也会影响你的还价。你可能本打算以 5 000 万美元开始报价，但是因为康妮的出价出乎意料的低，你就会想是不是应该报得低一点，5 000 万美元显然太高了，谈判破裂的风险更大了。于是，你迅速调整了一下，还了一个更“合理”的价，4 500 万美元。康妮设下的“锚”起效了。

“锚”的影响非常大。研究证据表明，即使对那些很有经验的谈判专家来说，“锚”的影响也极其显著。为了展示“锚”的效果究竟有多大，格雷格·诺思克罗夫特（Greg Northcraft）和玛格丽特·尼尔（Margarat Neale）两位教授邀请了地产代理人来评估一套待售住宅的价值。代理人被允许参观该房屋及周边环境，并且获得了关于房屋和周围环境的基本信息，包括面积、初建年份、配套设施等，以及同一区域其他住宅的详细信息。每个代理人手中的信息只有一处不同：该住宅标价是 4 个价格中随机的一个，这 4 个价格分别是 11.9 万美元、12.9 万美元、13.9 万美元和 14.9 万美元。

在房地产行业，标价就是卖方的报价。因此，这个研究旨在通过不同标价来研究其是否会影响经验丰富的代理人对房产价值的评估。在参观了房子并了解了所有的信息之后，代理人从 4 个维度上展开了评估：

（1）此房产的合理标价应该是多少？
（2）此房产的估值是多少？

（3）作为一个买方，你认为这处房产的合理价格是多少？

（4）如果你是卖方，你能接受的最低价格是多少？

图 1-2 列出的是地产代理人对这些问题的回答。可以看出，他们的回答明显受到了这些随机分配的标价的影响。在每一个问题上，那些收到高标价资料的代理人都认为这处房产应该更值钱。与此同时，当被问到他们的评估是否受到了标价的影响的时候，超过 80% 的地产代理人都矢口否认。

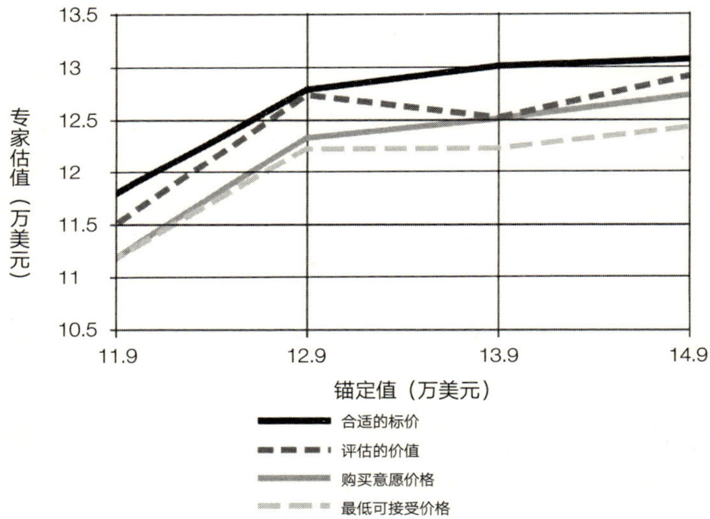

图 1-2 “锚”的强大影响

既然“锚”的影响这么大，显然谈判的时候报价越高好处越大。可是，为什么有时候应该让对方首先报价呢？

这是因为如果报价报得不好，过于轻率，也会带来很大的问题。我们回顾一下汉密尔顿地产谈判。你的 4 900 万美元的“高”报价是基于你对康妮的 4 800 万美元底线的估计。结果证明你的判断是错的，康妮的实际底线是 6 000 万美元，因此这个报价可不是一般的低，难怪康妮听了你的报价那么吃惊呢！一旦抛出了 4 900 万美元，你就为自己设定了上限。换句话说，因为你给出了一个远低于对方底线的报价，就丧失了争取协议区间里更多价值的机会。一开口就扔掉了 1 100 万美元，这也不是个小事情吧。不过不要灰心，即使是经验老到的谈判者也常常因为在不该报价的时候报价而造成了巨大的损失。

总的来说，是否应该首先报价取决于你掌握多少信息。如果你确信对对方的底线有足够的了解，那么抢先报出一个合理（即足够高）的价格可以帮你把谈判“锚定”在对你有好处的方向。如果你怀疑自己对协议区间还缺乏足够的信息，就最好别急着报价，等收集了足够的信息再说也不迟。在这种情况下，让对方先报价也许是更好的办法——你放弃了“锚定”谈判的机会，但是也避免了报价过低而可能带来的损失。另外一点值得注意的是，缺乏信息也可能让你过于激进，因报价过高而激怒对方，把对方赶走。换句话说，报价太低可能会带来损失，报价太高又可能让谈判破裂。我们在后面也会讨论，谈判天才应该懂得如何平衡这两点，在设计报价的时候需要考虑哪些因素。

如何应对对方先报价

如果对方先报价，你就很可能会被“锚定”。由于“锚定”的效果往往非常隐蔽，即使你非常清楚它的影响力，仍可能逃脱不掉。但是，我们有一些策略能够保护你不会过分受到对方“锚定”的影响。

策略 1：忽略对方的“锚”

如果对方开出了一个极端的价格，最好的应对就是完全忽略它。这并不是建议你假装没听到，而是可以给出这样的回答：“从你的报价来看，恐怕我们对这场谈判的看法差别很大。为了达成共识，我们不妨先讨论一下 ×× 问题。”这样一来，你可以把对话转换到一个完全不同的、可以让你重新掌握主动权的议题上。

策略 2：区分信息和“忽悠”

谈判中的每个报价都包含着信息和“忽悠”两个成分。报价里有对方的观点和诉求，这些是信息；但报价的表述方式也会影响你的想法和判断，这些就是“忽悠”。你需要把对方报价中的有效信息和对方试图影响你想法的“忽悠”区分开来。不被忽悠的最好办法就是坚持自己最初的计划。如果在谈判之前你已经准备好了一个报价，就不要让对方的“锚”来动摇你。这不是说要完全忽略对方报价中传达的有效信息，比如那些会影响你对协议区间评估的信息。举例来说，如果对方告知你他们拿到了你的竞争对手的一个很好的报价，并且这个信息是可信的，那么你就应该相应地调整你的还价。但是你也必须知道，即使在没有任何有效信息的情况下，“锚”仍然可以影响你的判断和还价。看看下面两个令谈判者很难区分的说法：

- 信息 +“忽悠”：“公司甲给了我们一个更好的报价。因此，我们觉得你们的出价太低了，希望你能提高到 700 万美元。”
- 只有“忽悠”：“你知道吗，还有很多其他公司在和我们做生意。我们和他们一直在沟通。因此，我们觉得你们的出价太低了，希望你能提高到 700 万美元。”

第一段话提供了一些（但不是很多）有效信息，根据这些信息，你应该重新评估接受还是质疑这个说法。第二段话只是多了一些废话而已，但是用了一些话术来帮他们强调他们的“锚”，所以你完全可以忽略第二段话。

策略 3：避免陷入对方的“锚”

很多谈判者觉得，如果对方报出一个极端的价格，应该逼着对方给出解释，以此来揭示他们极端报价的荒谬之处。这是一个十分危险的策略。为什么呢？因为在谈判中对一个“锚”的讨论越多，这个“锚”的影响力就越大。如果你让对方给出他们报价的理由，比如“你是怎么得到这个数字的”？你就增加了这个

“锚”对谈判各个方面的影响力，而对方一定能找到办法来给他们的极端开价找到理由。

从另一个角度来说，你也一定不想失去了解对方想法和新信息的宝贵机会。可以尝试以下办法来解决这个困境：如果对方的报价出乎你的意料，简单问一下，了解一下背后是否的确有有用的新信息。如果没有新信息，则迅速转移话题，摆脱这个“锚”，说出你的看法，用你的思路来控制谈判。

策略 4：还一个“锚定”的价，然后双方进行调整

如果实在没有办法忽略或驳回对方的“锚”，你可以通过极端的还价来抵消对方的“锚”的影响。这样做还能够让你仍然保留获取大部分协议区间的可能性。但是，“以暴制暴”有很大的风险，双方都有可能被锁定在各自的“锚”里面而陷入僵局。为了降低这个风险，你应该在提出同样极端的还价之后，提议双方共同努力来化解这个分歧。另外，你也应该提议通过讨论你的观点（即你的极端还价）来进行调解，这样就可以消除对方极端报价的影响，并且从彼此的极端争执转到寻求共同点上。例如，在回应对方的极端报价的时候你可以这样说：

NEGOTIATION GENIUS 谈判话术

好吧，你的报价有点儿出乎我们的意料，看起来我们需要沟通的内容有很多。从我们的角度来说，更公平的价格应该更接近 ×× 元（你的极端还价）。我会解释为什么我们评估得出了这样的价格。但是，如果想要达成协议的话，还需要我们双方共同努力才行。

策略 5：给对方时间和台阶，让对方在不失面子的情况下调整其报价

如果对方的报价十分极端，远远超出了协议区间，你就需要告诉对方他们的报价太高了，都不可能成为谈判的议题。同时，你也应该适时提出你自己的观

点，开诚布公地邀请对方从另一个角度重新开始谈判。

当然，对方不会轻易在短时间内大幅降低他们的要求，因为如果那样做会显得前面的报价就是做做样子、虚张声势。因此，你可以给对方一些时间来“考虑”。如果他们决定修改报价，通常也会需要时间来挽回颜面。他们可能在一天或者一星期之后回到谈判桌前，宣称“找到了解决的办法”或者“重新估算了一下数字”。也就是说，面对极端报价，你最主要的目的不是表达你的愤怒，而是成功地重新“锚定”谈判，而重新“锚定”常常需要帮助对方找个台阶以收回之前的要求和主张。

NEGOTIATION GENIUS
哈佛经典谈判指南

减少“锚定”影响的 5 大策略：

1. 忽略对方的“锚”。
2. 区分信息和“忽悠”。
3. 避免陷入对方的“锚”。
4. 还一个“锚定”的价，然后双方进行调整。
5. 给对方时间和台阶，让对方在不失面子的情况下调整其报价。

正确报价需要考虑的 4 个因素

不管是在谈判前还是谈判当中，如果你收集到了足够的信息，就可以报一个好价了。那么应该报多高呢？有以下 4 个因素需要考虑：

因素 1：好的报价必须把整个协议区间包括在内

如何才能让一个报价包含整个的协议区间呢？那就是要确保报价落在协议区间之外，即一个你知道对方一定不能接受的价位。这样一来，等真正的谈判开始了，你仍然有足够的空间争取尽可能多的价值。这样报价的目的是迫使对方边谈判边进入协议区间。如果你的报价本身已经落在协议区间里了，那么你从一开始就失去了争取你的报价到对方的底线之间这部分价值的机会。在汉密尔顿地产谈判中，你的报价 4 900 万美元就在真正的协议区间中间（这个评估根据的是双方所有的信息），因此就失去了在 4 900 万到 6 000 万美元之间达成协议的机会。

因素 2：为你的报价提供理由

你的报价应该在协议区间之外多远呢？在汉密尔顿地产谈判中，你的报价应该是 6 100 万、7 000 万，还是 1 个亿？一方面，你的报价越高，一旦协议达成，最终的结果就很可能更接近对方的底线，而你会获得更多的价值。但是，你的报价越高，就越有可能激怒对方，让对方认为你缺乏诚意，或者认为根本无法与你达成协议。

如何实现两者之间的平衡呢？首先，仔细考虑谈判背景，让报价和情境相匹配。在绝大多数现实的谈判情境下，报价都不应该超出协议区间太多，否则你就会失去信誉。在有些情境下（有调解员参与的商业纠纷、对抗性十足的劳资谈判、大街上的讨价还价等），双方报出极端的价格不仅正常而且也在意料之中，这时降低报价则是不明智的，因为对方很有可能报出极端价格。

为了决定具体的报价，你可以问你自己这个问题：“我能解释得通的最极端的报价是多少？”试着像这样报价：“我提出的报价是 ××，理由是……”如果你不能合理地完成这个句子，你很可能就是要的太过分了。

例如，在汉密尔顿地产谈判中，你可以用很多信息来论证你给康妮的极端报价：

- “我们认为 4 800 万是一个公平的价格，因为最近当地地产的均价是 4 000 万，而开发豪华公寓可以让地产增值 20%。”
- “我们认为 5 280 万是一个公平的价格，因为最近当地地产的价格最高可达 4 400 万，而开发豪华公寓可以让地产增值 20%。”
- “我们认为 6 000 万是一个公平的价格，因为这片地产可以用作商业开发，是住宅开发价值的 1.5 倍，而住宅开发是 4 000 万。”
- “我们认为 8 800 万是一个公平的价格，因为这片地产可以用作商业开发，可以达到住宅开发价值的两倍，而住宅开发是 4 400 万。”

当然，康妮对这几个不同报价的接受程度会有不同，但是你的理由同样让她无法拒绝。她可能会质疑，但这不是问题，因为讨论会延长双方停留在你的“锚”上的时间。康妮可能会还一个很低的价格，这也没问题，因为你的报价足够高，这样她就必须得“谈”进协议区间里去。

即使你不相信这片地产会被用作商业开发，即使你们双方都知道这不可能发生，这两个极端报价（6 000 万和 8 800 万美元）仍然是非常聪明的。无论如何，“锚”已经放在那儿了，对方的还价就很有可能会因此而没那么极端。

因素 3：设一个很高但可行的目标

在我们的谈判课上，我们会让学员在谈判开始之前写下他们的目标价格，也就是他们在谈判中最期望达到的结果。在模拟结束之后，我们分析了谈判者的目标价格和最终谈判结果之间的关系，发现二者之间高度相关。也就是说，那些期望高的谈判者更容易获得更好的结果。

为什么呢？首先，那些期望高的谈判者更容易给出极端的报价。因此，期望会影响报价，进而影响最终的价格。其次，那些期望高的谈判者在讨价还价的时候更加卖力。高期望起到一个自我实现预言的作用，激励我们努力达到更好的结果。

可惜，“志存高远”这个简单的建议却经常被谈判者忽略，很少有人在谈判之前真正设立具体的目标。当然，目标在期望的影响下产生，但是也必须脚踏实地（即根据你对协议区间的估计）才会有效。

因素 4：报价时一定要考虑谈判背景和双方的关系

任何报价最重要的因素都是它的背景：你和对方的关系如何？谈判策略太激进会不会造成恶果？是否会影响你的声誉？你们的交流有什么标准？你也许很完美地计算出了协议区间，但是如果没有意识到你的行为模式会影响到双方的关系，就还是可能会失去这个交易，甚至更糟糕，谈判失败了，关系也毁了，声誉也受到了损失。因此，你的报价和理由应该把你对双方关系的需求和理解考虑在内。你的目标不应该只是拿到最好的结果同时保持双方的关系，而应该是拿到最好结果的同时加强了双方的关系和你自己的声誉。要达到这个目标，有时候你可能需要放弃一些短期的利益，但是结果往往是值得的。

NEGOTIATION GENIUS
哈佛经典谈判指南

正确报价需要考虑的 4 个因素：

1. 好的报价必须把整个协议区间包括在内。
2. 为你的报价提供理由。
3. 设一个很高但可行的目标。
4. 报价时一定要考虑谈判背景和双方的关系。

你能把对方逼多“狠”

对方的底线将告诉你，你能把对方逼多“狠”，或者说你能争取到多少价值。当然，对方没有任何理由直接告诉你他们的底线。那么，如何才能准确地评估对方的底线呢？可以遵循下面几个步骤：

第 1 步：谈判前了解所有信息

除了猜测或者直接询问对方之外，其实还有很多其他收集信息的方法。例如，在现实中的汉密尔顿地产谈判中，卖方就应该事先和当地政府沟通，询问其用作商业开发的可能性。康妮是通过她在政府的关系获得了这个信息，但是这并不意味着这个消息就是保密的。其实你自己的保密信息里也提到了它的可能性，如果你能事先予以核实，就可以在谈判中多获得几百万美元的收益。这里是一个可能的消息来源清单：

- 你或者你公司其他人熟识的地产一号的高层。
- 和地产一号打过交道的公司或者个人。
- 那些可能了解区划法令制定走向的商业开发商。
- 汉密尔顿当地其他可能会受到区划法令变动影响的企业。
- 汉密尔顿当地可能会听到区划法令变动风声的居民。

薪酬谈判是另外一个背景信息至关重要的谈判情境。通常，当 MBA 学生找到我们咨询如何与公司谈判时，他们对于什么是可以谈的、每个议题的深入程度以及应该要求什么都不清楚。关于这些不确定性的解决方式，他们通常也只是非正式地和同学们进行讨论。这一点投入显然是不够的。我们鼓励他们联系去年毕业的那些被同行业企业雇用的师兄师姐、朋友、熟人，以及在 MBA 办公室实习的工作人员。他们也可以从行业报告或相关网站上获得有参考价值的招聘和薪酬信息。总而言之，在任何谈判中，一旦你发现自己有什么不了解的信息，就应该利用所有可能的消息来源去收集。

谈判之前充分获取信息有很多好处，除了帮助我们对协议区间有一个清晰的判断，以及更深入地了解对方的兴趣和利益点之外，还能让我们避免被对方忽悠或者欺骗。如果对方发现你功课做足了，就不敢轻易骗你了。还有另外一个潜在的好处就是对方会更拿你当回事。对方也许会因为你的无知而占你的便宜，但是他们真的会愿意和一个对谈判毫无准备的人做生意吗？恐怕不会。有准备的谈判者不但会少犯许多错误，也会在谈判中和谈判后赢得对方更多的尊重。

第 2 步：谈判前就明确你的假设

苏格拉底曾经说过，“我可能比别人稍稍明智那么一点儿的地方就是，我不会自以为知道我不知道的东西”。这种关于自身局限性的智慧在谈判中至关重要。例如，你很有可能永远无法得知对方确切的底线，这样也就不可能知道真正的协议区间，只能通过评估来进行推测，然后利用收集到的信息来不断调整。

明智的谈判者会在谈判之前把自己所有的假设和不了解的情况全部都罗列出来。在汉密尔顿地产谈判中，你可以假设商业开发不是一个可行的选择。你还做了哪些假设？也许你假设地产一号并不了解昆西地产的出价，但是如果他们知道呢？如果康妮认识昆西地产的总经理，那么你在昆西地产的出价上对她撒谎是不是就很不明智了？

当然，在任何谈判中，每一方都会有数不清的假设。没办法每个都一一列出来，也并不需要。但是，你必须清楚理解你的每个策略和行动背后的所有的假设。例如，如果你不打算提昆西地产的出价，你就不用考虑关于昆西地产的假设。但是，因为需要评估对方的底线，你就必须清楚关于地产一号的计划的假设。

第 3 步：“质疑”你的假设

单纯直接根据自己的假设去争取价值的谈判方式是非常错误的。正确的方式应该是通过提问来弄清楚情况。看一下下面三种可以用来开始汉密尔顿地产谈判的不同方式：

- “我们听说你们可能需要这片地产来开发豪华公寓。我们认为这个计划非常好，这样一来这片地就更值钱了。”
- “也许我们应该先讨论一下你们的需求。这么好的一片地，你们打算怎么开发呢？”
- “如果这片地用作商业开发就非常有价值了。我想了解一下，这么好的一片地，你们打算怎么开发呢？”

第一种方式的目的是为谈判定一个高的“锚”，提到这片地的价值很高是很好的谈判方向。但这样开场的风险是间接放弃了 1 100 万美元。即使康妮本来打算坦诚地回答你所有关于地产一号的开发计划的问题，因为你没有直接询问，她就可以很容易地顺着你的无知推动谈判。第二种方式则给了你一个多赚 1 100 万美元的机会，如果康妮想让你相信地产一号并没有商业开发的计划，就必须对你撒谎。第三种方式集中了前两个方式的优点，这里，你抛下了一个“锚”，同时也开门见山地询问了地产一号的计划。你直接用商业开发的可能性来引导了谈判，因此这种方式更加有力。这个时候康妮就很难撒谎，因为听上去你似乎已经知道了地产一号的计划（虽然实际上你并不知道）。在面对不确定性的时候，有效报价所需要涵盖的几个主要方面这个方式里都有了：有“锚定”，有质询，而且听上去似乎已经提前掌握了情况。

第 4 步：迂回询问

我们不难发现，对方有时候会拒绝回答你关于他们底线的问题。在这种情况下，你就必须迂回询问，让问题显得不那么直接和有威胁性。比如你可以询问他们公司目前面临的挑战是什么，未来 10 年的计划是什么，你将来可以提供什么样的开发项目来帮助他们，或者汉密尔顿地产项目在他们公司整体战略布局中的作用。因为地产一号不是你的竞争对手，这些都是可以问的问题，也是康妮可以回答的。

同样，MBA 学生在找工作的时候可以用以下这些问题来判断公司的底线：

- 员工通常每周的工作时间是多少？
- 我入职以后会参与什么样的项目？
- 我的客户是哪些人？
- 公司通常雇用什么样的人？
- 公司在招聘时的竞争对手有哪些？
- 新雇员的薪酬有什么正式的限制吗？

第 5 步：用权变协议来保护自己免受欺骗并应对不确定性

假设到目前为止你的每一步都做对了：你收集了所有信息，列出了所有不了解的情况，也尽可能地从对方那里获取信息。但是你仍然存有疑虑，觉得还缺乏一些关键信息。例如，假设康妮明确告诉你地产一号不会把汉密尔顿地产用作商业开发，虽然你不能确定，但是你认为这是个谎言。你该怎么办呢？

这个时候可以考虑使用权变协议。权变协议把一些内容留待未来不确定性消除的时候再解决。在汉密尔顿地产谈判中，你就可以设计这样的权变协议条款："本协议的基本金额为 4 600 万美元，如果此地产在未来 7 年中被用作商业开发，地产一号将向珍珠投资公司再付 1 000 万美元。"只要加上了这个条款，地产一号就没有撒谎的理由了！因为现在销售价格和地产一号的未来计划已经被绑定，骗你对他们而言就没有好处了。进一步讲，即使康妮没有撒谎，也就是地产一号目前的确没有商业开发的计划，那么这个权变协议也能在未来他们改变了计划的时候给予你补偿。

请注意，如果地产一号的确有计划把这片地用作商业开发，并且康妮并不想现在公开，她会反对加入这个权变协议条款。这个抗拒的态度就是在给你提醒，说明背后可能有问题！如果地产一号对商业开发完全没有兴趣，她怎么会拒绝这个条款呢？因此，权变协议不但能保护你免受被骗的损失，还是一个很好的测谎工具。

NEGOTIATION GENIUS
谈判天才指南

评估对方底线的 5 步法：

1. 谈判前了解所有信息。
2. 谈判前就明确你的假设。
3. “质疑”你的假设。
4. 迂回询问。
5. 用权变协议来保护自己免受欺骗并应对不确定性。

讨价还价的 7 大有效策略

大多数人在提到谈判的时候，想到的都是讨价还价，就是在双方都开出了价格之后互相砍价。讨价还价的确是所有谈判中一个非常必要的部分。为什么呢？因为光是讨论协议区间内的可选项是远远不够的，他们必须通过协调来达成一个谈判双方都能够接受的最终结果。因为双方都不想比对方让步更大，所以每一方都可能会让步得非常慢，而且通常只有在回应对方的让步的时候才作出让步。但是，的确有些人在讨价还价的时候非常厉害，而有些人则容易受到对方“忽悠”的影响，让步太多。另外，还有一些谈判者会忘记采取一些基本的策略来保证自己不被对方占便宜。在这里我们将逐一讨论的这些问题，并给大家一些关于讨价还价的具体有效的建议。

策略 1：聚焦于对方的底线和最佳备选方案

回想一下，当罗斯福的竞选团队主管发现自己可能欠了摄影师高达 300 万美元时，他没有把注意力集中于自己非常弱势的最佳备选方案（重新打印几百万份传单），而是集中于摄影师非常弱势的最佳备选方案（不仅赚不到钱还失去一个宣传的良机）。这样一来，主管不但避免了支付一笔高额的费用，还通过这场谈判赚了钱。那些过于关注自己的最佳备选方案（“没有对方我怎么办？”）的谈判者往往目标太低，他们觉得只要结果高于自己的底线就满足了。而那些关注对方最佳备选方案（“对方没有我能怎么办？”）的谈判者则更关注自己能够给对方带来的价值，这些人往往设定很高的目标，在谈判中能够赢得更多的价值。

策略 2：不要单方让步

一旦双方都给出了报价，就会开始有策略地向一个双方都能接受的结果推动谈判。谈判天才也很灵活，愿意作出让步，但是他们要求让步必须对等。避免单方让步非常重要。好在绝大多数谈判者都能够遵守对等的原则，期待并且理解他们需要轮番作出让步。如果对方破坏了这个规矩，你应该马上纠正他。接下来的 5 个策略会教你如何去做。

策略 3：不要害怕沉默

很多人非常害怕沉默，结果导致他们在不该说话的时候开了口。一个尤其危险的情况就是当你给出了报价而对方正在考虑当中的时候。如果对方过了很久还没有作出回应，你就会感到紧张，开始自己和自己谈判。在对方还没有说出顾虑或者抱怨之前，就想收回报价，作出让步。

很多有经验的谈判者告诉我们，他们会在谈判中利用沉默。他们不直接对一个报价作出负面回应，只是耐心地等。通常此时对方就开始修正、调整甚至直接表示愿意作出让步。有效的谈判者不但懂得沉默的力量，更懂得要沉默得自然。因此，你必须提醒自己，如果你在对方该说话的时候开了口，是会付出代价的。

策略 4：给你的让步贴上标签

根据对等原则，在谈判中应该对对方的让步作出回应。我们人类生来就是这样，当别人给我们提供了有价值的东西的时候，我们会觉得自己有义务回报。这个本能非常强大，是指导我们社交行为的一个最重要的动机之一。但是，人们同时倾向于低估甚至忽略别人的让步来逃避这种义务感。我们的研究发现，当谈判者没有在想着对方的让步的时候，就不会作出什么回应。因此，给你的让步贴上标签非常重要。不要简单地让步或者降低你的要求，而是要让对方知道你的让步是有代价的。有了标签的让步往往很难被人忽略，对方很难对自己的不回应作出解释。

策略 5：明确定义对等

如果你不仅给你的让步贴上了标签，而且还明确表达了你所期待的回应是什么，那么得到对方对等回应的可能性就更大了。这个策略也消除了另外一个模糊性。即使对方认可了你的让步，他们还是可能回报以价值不高的让步，除非你已经明确声明这样的让步不能够完成他们的对等的义务。例如，你的让步可能这样来表达：“我理解我们之间的差距仍然很大。我愿意修改我们的要求，但是这样我们付出的代价是很大的。我之所以作出这个让步是因为我相信你也会作出相应的让步，只有这样我们才能达到一个双方都能够接受的结果。”

策略 6：使用条件让步

条件让步可以准确无误地把你的让步和对方的具体行动结合在一起。也就是说，你可以礼貌提出你让步的等价条件，是对方也作出相应的让步。例如，“如果你们能够提前发货我就支付更高的价格”。

虽然这种条件让步看起来比较保险，但并不是总适用。你的让步和合作意愿如果有太多的附加条件，会很难与对方建立信任关系。因此，条件让步应该在需要的时候才用，不能滥用。

策略 7：理解让步程度的缩小对对方的影响

在大多数谈判中，让步的程度遵循一定的规律：一般来说，开始阶段的让步比较大，后面逐渐变小。换句话说，谈判者在谈判过程中的让步程度会逐渐缩小。例如，在汽车 4S 店，一辆车的价格可能开始是 4.5 万美元，然后变成 4.4 万，然后 4.35 万，然后 4.33 万。这是一个比较合理的趋势，因为离底线越近，让步的余地就越小。因此，很多谈判者都会等待这个趋势并且把它作为判断接近对方底线的信号。但是，对方也有可能战略性地利用这种心理，在离他的底线还很远时就通过越来越小幅度的让步来表示已经没有让步的余地了。当你根据对方的让步来重新评估协议区间的时候，不要忘记这个可能性。

NEGOTIATION GENIUS
哈佛经典谈判指南

讨价还价的 7 大有效策略：

1. 聚焦于对方的底线和最佳备选方案。
2. 不要单方让步。
3. 不要害怕沉默。
4. 给你的让步贴上标签。
5. 明确定义对等。
6. 使用条件让步。
7. 理解让步程度的缩小对对方的影响。

就双方的关系谈判

很多人觉得在谈判的时候，要么你努力为自己争取到更多价值，要么就做个好人让对方开心。其实，完全不是这么回事。谈判的过程是否会加强、削弱或者毁掉双方的关系的确取决于双方对谈判结果的满意度。但问题是满意度和谈判实际结果本身关联不大，而是和谈判者对谈判结果的主观评价关联更大。正是因为明白这一点，谈判天才不仅会努力争取到更多的价值，同时也会设法影响对方的满意度。简单来说就是：你不仅在就结果谈判，还在就关系谈判。

谈判者的满意度和几个因素有关，包括他们认为谈判结果有多好、是否公平，以及谈判中是否被尊重。这就意味着，作为一个谈判者，你的声誉取决于你能够在多大程度上影响对方的感觉。请不要觉得我们的建议过于狡诈，因为我们不是在让你无节制地占对方便宜。尽管的确有为数不少的谈判者因为放弃了太多的价值而遭遇失败，同时也失掉了和对方的关系。我们希望你记住的是，谈判中永远有两个明确的目标：争取更好的结果和加强与对方的关系。忽略了任何一个方面都可能是灾难性的。下面我们来看看在谈判中兼顾这两个方面的一些方法：

1. 当对方的报价让你非常开心的时候，怎么回应？假设你做了很多功课，认真地评估了可能的协议区间，花了很多时间来思考你的报价，然后定了一个你认为非常极端、一定在协议区间之外、应该是一个很好的“锚”的报价。你鼓起勇气提出了这个价格，对方怎么反应呢？对方笑逐颜开，立刻接受了你的报价！你的感受会如何？基本上可以肯定，你会感觉非常糟糕。因为你这时候就明白你错误地判断了协议区间，你的报价很差，根本没有争取到什么价值。你搞砸了！

现在把形势调转过来。假设对方提了一个让你觉得有惊人吸引力的报价，你应该如何反应呢？如果你接受得太快、太热情，你就很可能会让对方感觉很差。为了提高对方对这个结果的满意度，你最好先假装考虑一下。然后，当你很平和地接受对方报价的时候，他们会觉得谈成了一个不错的结果。虽然结果都是一样的，但是这样会让对方更高兴一些。

2. 当对方的报价让你非常开心的时候，还有另一种回应方法。如果你真心想让对方对谈判的结果满意，除了“拖延战术”，你其实可以更进一步。因为只要你接受了对方的报价，哪怕是表现得很不情愿，他们很可能还是会有遗憾，会琢磨是不是应该多要一些。因此，我们给出另一个建议：还一个价，要求更多的让步。也就是说，如果你真的想让对方更满意，就从他们那里拿走更多的钱。这个现象完美地诠释了谈判结果和满意度之间的脱节：满意度和谈判者的主观感受高度相关，和实际结果的好坏则关系不大。

3. 当对方的报价让你非常开心的时候，你还有一种回应方法。理查德·谢尔（Richard Shell）在《优势谈判》（*Bargaining for Advantage*）一书里讲了这样一个故事。20 世纪 30 年代初，普林斯顿大学高等研究院准备聘用爱因斯坦。院长写信询问爱因斯坦对薪水的期望。爱因斯坦回信说：“年薪 3 000 美元，如果你觉得少点儿也够用，少点儿也行。”当然，对于爱因斯坦这么聪明的人，很明显这是一个非常不出彩的开价。但是，我们来看看普林斯顿大学的回答：“我们会给您 15 000 美元的年薪。”爱因斯坦接受了，谈判结束了。

为什么普林斯顿大学没有接受爱因斯坦那么低的要价，反而把薪水定得更高呢？一方面，俗话说时间会揭露一切真相，人在奥地利，爱因斯坦估计还不知道自己对普林斯顿的价值，但是等他来到美国自然就会知道了。换句话说，虽然爱因斯坦谈判时对协议区间的估计是错误的，但他终究会更新他的评估的。等他明白过来了，他会觉得普林斯顿在谈判中缺乏善意，接受了他在不够了解情况时给出的要价。另外，通过给爱因斯坦 5 倍的还价，普林斯顿大学的管理层展示了他们正直的品格，他们对爱因斯坦的利益的关注以及谈判中的善意。通过拒绝占这个诱人的便宜，他们反而可能更“廉价”地“买”到了任何谈判桌上都难能可贵的忠诚和互信关系。

这个故事告诉我们，面对一个有吸引力的报价，有时候更“聪明”的回应是让出一些利益。如果恰好有机会加强双方的关系或者提高你的声誉，你需要做的就是用慷慨来回报慷慨，而不是作出愚蠢而又有侵略性的回应。

4. 当对方的报价让你非常开心的时候，提高警惕！目前为止我们讨论过的情境都是对方的报价很差而让你赢得了谈判中的大部分价值，但这里的假设是你对协议区间的估计是准确的。但我们也讨论过，这样的假设很可能会付出代价。如果对方给了你想要的一切甚至更多，你必须停下来问问自己："他们知道什么我所不知道的？"例如，如果对方报出天价来买你的东西，你应该问自己是否错误地估计了对方的底线。也许你卖的东西比你预期的更值钱，也许他们迫不及待，或者比你想象中更有钱。长话短说，如果对方给了一个让你惊喜的报价，不要急着庆祝，想一想！有可能你最终还是判断对方的确给出了一个慷慨的报价，但最好还是花点儿时间，直到你确定自己知道到底是怎么回事的时候再还价。

管理你的满意度

前面说过，要达成更好的谈判结果，就需要一个很高的期望；那些把目标定得很高的谈判者往往能够得到更多的价值。但是，我们没有说的是，这些人也往往对谈判结果的满意度更低。为什么呢？因为当谈判结束时，他们会把最终结果和最初的期望进行对比。虽然他们的结果比那些期望低的谈判者要好，却还是因为落差感而更加失落。

因此，要提高你对谈判结果的满意度，你就得改变自己的心理习惯：谈判的时候把注意力放在目标上；谈判结束以后把关注点转移到底线上。这样，你就能够在谈判的时候高效地谈判（因为你的目标很高），也能在谈判之后对结果更满意（因为你现在把结果和底线进行对比）。正是由于你的满意度取决于你的期望值，所以当谈判大局已定，你最好选一个低的期望值来提升自己的满意度。

本章的主题是如何在谈判桌上争取价值。但争取价值只是谈判这个大议题的“冰山一角”。下一章，我们会讨论一个更关键的主题，一个哪怕是最有经验的谈判者也常常忽略的主题：如何在谈判中创造价值。

第2章

如何在谈判中创造价值

NEGOTIATION GENIUS 谈判案例

外交困局

2000年10月，美国驻联合国大使理查德·霍尔布鲁克面临着一个不断恶化的状况。一部分美国参议院议员呼吁美国退出联合国。同时，在联合国，很多委员会会议拒绝美国代表参加，美国面临着失去联合国大会投票权的危险。冲突的焦点是钱，一大笔钱，大约有十几亿美元。这是美国欠联合国的钱，但美国要求联合国必须首先作出一系列改革，才肯支付这笔费用。

这个冲突可以回溯到联合国创始之时。1945年，美国同意承担联合国年度预算的50%。在随后的这些年里，很多国家因为经济的发展，想增加在联合国的影响力，因此调整过几次会费份额。到1972年，美国的会费份额已经降低到了25%。与此同时，美国还负担着维和预算的30%。由于索马里、卢旺达和波斯尼亚的冲突愈演愈烈，每年维和工作的耗费巨大，预算很难预估。因此，美国要求重新调整会费份额，并以负担过重为由决定暂时不支付十几亿美元的欠款。美国根据“赫尔姆斯－伯顿法”（*Helms-Biden Bill*）提出，付款的前提是联合国同意改革，并且把美国的会费份额从 25% 降到 22%。

这个要求有很多问题。首先，其他国家认为这很不公平，指责美国不仅赖账不还，还要求联合国作出让步。其次，这不是一个双边谈判，美国不是只要说服联合国就可以了。联合国规章要求，这样的改革必须所有成员国全部同意才行。也就是说，霍尔布鲁克大使需要说服所有其他成员都同意美国的要求。最后，霍尔布鲁克还面对着期限压力，“赫尔姆斯－伯顿法”虽然拨款了 10 亿美元，但必须在 2001 年 1 月 1 号前使用，否则这笔预算将被取消。

美国在联合国的谈判从一开始就不顺利。霍尔布鲁克团队希望日本和欧洲国家可以负担一部分美国的份额，但日本不但明确表示他们不愿意增加份额，而且表示如果美国减少了份额，他们也要求跟着减少。日本对联合国的贡献仅次于美国，负担常规预算的 20% 多一点。日本认为这个份额太高了，毕竟他们连联合国安理会成员都不是。欧洲国家的抵触情绪也是一样。

面对这样大的阻力，霍尔布鲁克和他的团队如何说服哪怕一个国家提高份额呢？他们怎样才能打破这个僵局呢？

2000 年年末越来越近，霍尔布鲁克和他的团队决定从头开始，制作了一个表格，列出了所有的联合国成员国和他们所负担的会费份额。然后去和每个国家单独面谈，不是去说服他们，而是去了解他们的想法。霍尔布鲁克很快确认，的确没有哪个国家愿意提高份额。但这并不是全部，他又更进一步，挖掘发现了这些国家不愿意提高份额背后的原因。其中有一个非常重要而又出人意料的原因是，很多国家的 2000 年财政年度马上就结束了，2001 年的预算已经做完，因此他们没有办法拿到预算来保证提高会费份额，否则还是有国家愿意负担更多的。霍尔布鲁克要求他们在 1 月 1

号之前改变份额，这个目标根本就没办法实现。

弄清楚这些成员国不合作的原因之后，解决方案也就很清楚了。霍尔布鲁克提出在“赫尔姆斯－伯顿法”截止日期之前马上把美国的份额从 25% 降低到 22%，但是其他国家到 2002 年才提高他们的份额。“这一个改动起了很大的作用，”霍尔布鲁克回忆说，“这个方案就这么成功了。”

表面上来看，霍尔布鲁克和联合国成员国的谈判更像是一场零和谈判（zero-sum negotiation）：一方获益必然意味着另一方的损失。如同第 1 章讨论的汉密尔顿地产谈判中所显示的，看起来似乎只有一个明确的议题，就是会费份额，而各方之间的需求在这个议题上是不相容的。霍尔布鲁克的天才之举就在于，他发现纠纷的根源实际上是两个而非一个问题——份额的多少和时机。当谈判者停止就单一的份额问题讨价还价，而是拓宽视野，引入“时机”这个议题的时候，问题就迎刃而解了。

虽然在最后的协议上各方都作出了妥协，但是各方也都在他们最看重的问题上实现了自己的目标：美国减少了会费份额，其他国家解决了预算的时间问题。你一定还在想，这个协议怎么可能行得通呢？ 2001 年的缺口怎么填补呢？原来，霍尔布鲁克还进行了另外一场有效的谈判，他说服慈善家特德・特纳（Ted Twrner）捐款 3 000 万美元来填补 2001 年的预算亏空。美国国会中的共和党成员最初对接受自由党人的个人捐款有所保留，但最后还是接受了。

多议题谈判

第 1 章中的汉密尔顿地产谈判是一个单议题谈判，相对简单。这个谈判帮助我们厘清了谈判的框架，回答了一些谈判策略方面的重要问题。但正如我们在霍尔布鲁克的谈判中看到的，大部分谈判都比汉密尔顿地产谈判要复杂得多。高效的谈判者必须学会面对这种多议题、充满了不确定性的复杂谈判。

本章的案例包含的议题更多，更复杂。要解决这样的谈判，你的“工具箱”中就需要更多新的策略和技巧。具体来说，本章要回答以下问题：多议题谈判应该如何准备？谈判的时候是应该先谈容易的议题，还是先谈困难的，还是什么别的方式？如何设计你的提案？双方对谈判价值的评估和期待不同该如何处理？妥协的作用是什么？谈判结束之后应该如何收尾？

下面这个案例是一场关于电视剧转播权的谈判。和汉密尔顿地产谈判一样，你的角色仍然是卖方，下面是你拿到的背景信息。思考一下你会怎样展开谈判呢？

NEGOTIATION GENIUS 谈判案例

连续剧播放权

你叫特里，是豪利威尔公司的播放权销售代表，豪利威尔公司专门出产电视剧和电影，你负责向电视台推销节目的播放权。通常情况下，优秀的电视节目会首先在全国性的主要电视台上播放一次，然后再被送到地方台去播放。能够被继续播放的节目并不多，一旦被转播，收入就很可观了。

豪利威尔刚刚决定出让百集电视连续剧 *Moms.com* 的播放权。这是一个很受欢迎的喜剧，讲述了三个女白领妈妈如何周旋于工作和正处于青春期的孩子们之间的故事。这个剧的收视率很高，主要吸引了 25 ～ 54 岁的女性。这个年龄段的女性意味着很高的广告价值，因此这个剧被寄予厚望。

你这次针对的是芝加哥市场，当地的两家电视台是潜在买主。WWIN 电视台已经给出了一个开价。但是，WCHI 电视台更有吸引力，因为他们主要的观众就是在 25 ～ 54 岁这个年龄段。买主愿意为 *Moms.com* 付多少钱取决于他们对广告收入的估计，而广告收入则取决于电视剧的收视率。你的评估是：如果收视率在 2% ～ 3% 之间，这个电视剧能带来 700 万美元的广告收入；收视率超过 3% 以后，每升高一个百分点，收入增加 100 万美元。表 2-1 列出的是你的评估结果。

表 2-1　针对收视率与广告收入的评估

收视率（%）	可能性（%）	广告收入（万美元）
2 ～ 3	10	700
3 ～ 4	10	800
4 ～ 5	10	900
5 ～ 6	50	1 000
6 ～ 7	20	1 100

你估计这个电视剧的收视率应该在 5% ～ 6%，即使算上播放和营销的成本，对 WCHI 电视台也有极高的价值，所以他们应该很乐意出高价购买这个剧的播放权。你和 WCHI 谈判的核心议题是播出许可费，你的期望是 5 年 700 万美元的播放租金。

除了播出许可费，还有一个主要的议题就是每集的播放次数。上面的计算是根据行业标准，假设每集播放 6 次。但是，WCHI 提醒你说他们想播放 8 次。你不想过度播放，希望能够降低到 4 次。因为一个剧的播放次数太多，以后的剩余价值就很少了。等合同结束以后，豪利威尔收回播放权的时候，这个剧的价值就会大打折扣。

剩余价值的降低直接影响你们未来的收益。表 2-2 显示的是播放次数对合同结束后预期收入的影响。你们公司的分析师评估，电视剧每多放一次，你们就会损失 25 万美元。如果播放次数少于 6 次，你们则可以节省高达 50 万美元。

表 2-2 播放次数对预期收益的影响

每集播放次数（次）	对你的收益的影响
4	节省 50 万美元
5	节省 25 万美元
6	无影响
7	损失 25 万美元
8	损失 50 万美元

你对这场谈判的预期当然是争取到更多的价值，但是同时你也很重视和 WCHI 保持一个良好的关系，因为豪利威尔将来还会继续与他们做生意。比如豪利威尔正打算在下一季推销一个新剧《年轻人》给 WCHI。芝加哥电视台已经为《年轻人》出价 100 万美元，但是你打算拒绝。

根据上述背景你本次的谈判任务就是为 *Moms.com* 争取一个最好的结果，超过你的最佳备选方案，同时也能维护双方良好的合作关系。你的最佳备选方案是把 *Moms.com* 卖给 WWIN 电视台，他们的出价是 350 万美元（每集播放 6 次）。为了和 WCHI 达成协议，你们必须就播放租金和播放次数这两个议题达成共识。谈判以后你要向豪利威尔管理层汇报协议的内容，包括这两个议题上的细节以及其他具体内容。你的谈判对象是 WCHI 电视台主管基姆。

现在，请你花些时间来思考一下这些问题：你会如何准备？谈判时先谈哪个问题？如何设计你的提案？如果要分享信息的话，先分享什么信息？如果要获取信息的话，首先应该获取哪些信息？如何把第 1 章学到的谈判策略结合到这场谈判当中来？等你想清楚了这些问题的答案，并且对其他你觉得重要的问题也作好了准备，就可以继续往下读，看看这场谈判大概会如何进行。

谈判过程

你和基姆见面之后，很快就进入了正题。需要讨论的议题很多，你提议首先解决播放播出许可问题，因为这个问题最重要。你详细考虑过 WCHI 的最佳备选和底线，觉得自己可以抢先报一个高价。于是你报出了 900 万美元，理由是你以前销售的节目就是差不多的价格。基姆明确表示很不喜欢你的报价，但是他并没有离开。你们继续就播出许可费讨论了近一个小时。基姆强调 *Moms.com* 的收视率也就是 3% ～ 4%，广告收入会远低于你提出的数字。你回答说你预测的收视率是 5% ～ 6%。你心里觉得基姆可能并没有说实话，毕竟说服你收视率低对他有好处。谈判过程中，基姆暗示可能会购买《年轻人》。你知道他这个姿态或许只是为了降低你对 *Moms.com* 的要价，因此你马上建议一码归一码，购买《年轻人》的事留待以后再谈。接下来的谈判又集中到了 *Moms.com* 上。最终，双方同意以 550 万美元的价格成交播出许可费。然后开始讨论播放次数。基姆的期望很高，但是你告诉他你无法接受 7 次或者 8 次，最终你们同意每集播放 6 次。谈完以后你回顾了一下，觉得任何其他的结果都需要至少一方作出更多妥协，甚至可能损害双方的关系，因此你对这个结果很满意。最终在两个议题上都达成了协议，你给豪利威尔管理层提交的报告内容如下：

- WCHI 支付的播放播出许可费：550 万美元；
- 播放 6 次的目标的调整：无；
- 净收益：550 万美元；
- 最佳备选方案（出售给 WWIN）：-350 万美元；
- 谈判净收益：200 万美元。

这样一个谈判过程，你在谈判结束的时候感觉如何？你觉得自己哪里做得对？有什么可以提高的地方？你对谈判结果的评价如何，好、很好，还是很差？

谈判解析

对于谈判表现最好的评估办法就是系统地分析你可能做到的“最好”是什么程度。下面，我们从买卖双方的角度具体分析一下每一个议题。

议题 1：播出许可费

谈判前你期望播出许可费能够接近 700 万美元，但你不知道的是基姆的底线是 650 万美元。换句话说，WCHI 不打算支付多于这个数。同时，假设每集固定播放 6 次，你的底线是 350 万美元，即不会接受低于这个数字，这是你的最佳备选。这就意味着这次谈判有 300 万美元的价值需要分配（650 万～ 350 万美元）。因为你“锚定”得很高（900 万美元），你争取到了大部分的协议区间，拿到了 550 万美元的结果。MBA 学生和高管在模拟这场谈判的时候，他们的谈判结果差异特别大。有些卖方成功将谈判结果逼近买方的底线，有些卖方则接受了非常低的播出许可费。这个差异主要是由出价和还价的高低来决定的，当然，另一个原因就是第二个议题是怎么谈的。

议题 2：每集播放次数

买方开始强推 7 次或者 8 次，但是如果让 WCHI 播放 *Moms.com* 超过 6 次，你就会有损失。你让步到 6 次，并且很确定对方不能接受更低的次数了。播放 6 次看起来是一个完美的妥协，正好在双方期望的中点。看起来不错，是吧?

可惜并不是这样的。看看表 2-3 显示的增加播放次数对豪利威尔以及 WCHI 的影响，你就能理解自己犯了个多么关键的错误。第二列是已知信息，第三列是你不知道的信息。发现什么有趣的了吗? 很明显，这个议题对双方的收益都有影响，但是对 WCHI 的影响远远大于对豪利威尔的影响。每多播放一次，WCHI 的收益增加 80 万美元，但是豪利威尔的损失只有 25 万美元。换句话说，增加播放次数对 WCHI 的帮助远大于给豪利威尔带来的损失。这又说明了什么呢?

表 2-3 增加播放次数带来的影响

每集播放次数（次）	对豪利威尔的影响	对 WCHI 的影响
4	节省 50 万美元	损失 160 万美元
5	节省 25 万美元	损失 80 万美元
6	无影响	无影响
7	损失 25 万美元	收入 80 万美元
8	损失 50 万美元	收入 160 万美元

通过互换来创造价值

理性的谈判者应该同意让 WCHI 播放 8 次。因为和 6 次相比，播放 8 次为这个谈判创造出了 110 万美元的价值（WCHI 收益 160 万减去豪利威尔损失的 50 万）。WCHI 显然会同意，但是，豪利威尔应该同意吗？答案是应该，因为这对豪利威尔也同样有好处。豪利威尔应该同意每集播放 8 次来交换其他有价值的内容，比如更高的播出许可费。我们作一下简单的比较：

- 你最初的谈判结果（协议 1）：播出许可费 550 万美元，播放 6 次。
- 另一个可能的谈判结果（协议 2）：播出许可费 650 万美元，播放 8 次。

在协议 2 中，你多给了对方两次播放权，但是换得了更高的播出许可费。这个交换的具体结果是什么呢？你放弃两次播放损失了 50 万美元，但是播出许可费多拿了 100 万美元，最终你多拿了 50 万美元。这个协议对 WCHI 的影响是什么呢？ WCHI 会在播出许可费上损失 100 万美元，但是多播放两次可以多拿 160 万美元，最终 WCHI 多拿了 60 万美元。换句话说，协议 2 让谈判双方都得到了更好的结果！

Moms.com 播放权谈判和第 1 章的汉密尔顿地产谈判有一个本质的区别。汉密尔顿地产只有一个谈判议题，在这个议题上双方的利益完全相反，是零和的（一方获益等于另一方所失）。*Moms.com* 谈判则有多个议题，是非零和的：一方

可以在获得更多利益的同时不损害对方的利益。简单来说，多议题谈判使创造价值成为可能。在 *Moms.com* 谈判里，谈判者通过提高播放次数把“蛋糕”做大了（谈判结果的总价值，见表 2-4）。

表 2-4 修改谈判结果后创造的价值

单位：万美元

协议	对豪利威尔的价值	对 WCHI 的价值	总价值
协议 1	200	100	300
协议 2	250	160	410

如表 2-4 所示，修改谈判结果之后双方的总价值是 410 万美元。而原来协议 1 的协议区间总价值只有 300 万美元，这相当于通过在每集 8 次播放上达成协议，你们一共创造了 110 万美元的额外价值。如果谈判者没有同意播放 8 次，基本上相当于在“烧钱”，这些价值就彻底没有了。

注意，最终的播出许可费和创造的价值是没有关系的，只能决定双方谁拿到了“蛋糕”的大部分。因为播出许可费的总价值对双方来说是一样的，任何分配比例的改变给一方带来好处的同时一定意味着另一方的损失。换句话说，这场谈判不只是有创造价值的环节，争取价值仍然是很重要的一个方面。但是，谈判天才不会因为关注于争取价值而忽略掉创造价值。

Moms.com 这个案例告诉我们，高效的谈判者会积极寻找机会在多个议题之间进行交换以创造新的价值，比如出让播放次数来换取更高的播出许可费。这种交换就叫作“互换”（Logrolling）。互换的前提是你不但知道自己的优先级，也理解对方的优先级。如果某个议题对对方的价值明显大过对你的价值，你就应该作出让步，来惠及对你来说更重要的议题。在联合国的谈判中，霍尔布鲁克就是这样做的。当在联合国会费的问题上发现时机比份额更重要后，他就重新设计了一个协议，不仅让美国在最看重的议题上（调整份额）达到了目的，同时让其他国家在他们看重的议题上（延迟执行时间）也实现了期望。

现在，假设你非常讨厌 WCHI 电视台的代表基姆，你认为他自私又自大，只关心自己的谈判结果。这种情况下，你希望每集播放多少次呢？你可能想的是 4 次甚至 6 次。这个时候你就要仔细想一想了。在谈判里，即使你不喜欢对方，你也要能够做到在必要的时候让利给对方。这不是无私或者善良，而是为了创造价值。如果你创造出了新的价值，你就有机会获得创造出来的价值的一部分，就像我们把协议 1 变成了协议 2 一样，“蛋糕”做大了。

互换是谈判中一个非常关键的概念：谈判者应该抓住任何机会来创造价值。如果对方比你更看重某一样东西，让给他们，这不是无偿转让，而是“卖”给他们。当然，如果你很关心对方，就更要创造价值了。但是你一定要记住，创造价值并不是好心的谈判者为了关心对方才做的事，而是谈判天才一定会做的事。

你的目标应该是最大化价值

通过引入新议题来创造价值

本轮谈判中，公司只派你去谈有关播出许可费和播放次数的事情。但是，你还可以引入其他的议题来为双方创造更多的价值。具体来说，你想要以 100 万美元（其他人的出价）以上的价格卖掉《年轻人》这个剧。基姆在谈判中提到了 WCHI 也想买这个剧，但是你把问题撇在一边了。如果你和基姆讨论了《年轻人》这个剧会怎样呢？你可能会发现 WCHI 愿意付高达 200 万美元来购买《年轻人》！这样一来，没有就这个议题展开谈判让双方损失了 100 万美元的价值。换句话说，《年轻人》的协议区间是 100 万～ 200 万美元，然而双方并没有达成协议。

《年轻人》的销售会如何影响最后的谈判结果呢？表 2-5 在表 2-4 的基础上引入了《年轻人》议题，假设双方同意 150 万美元成交。这个协议给双方分别带来了 50 万美元的附加价值。注意，如果双方签订了一个更高的价格，你作为卖方得到的价值会更高；如果价格更低，WCHI 就得到了更多的价值。总而言之，引入《年轻人》这个议题所创造的总价值是 100 万美元。

表 2-5 引入新议题后创造的价值

单位：万美元

协议	对你的价值	对 WCHI 的价值	总价值
协议 1	200	100	300
协议 2	250	160	410
协议 3	300	210	510

如何处理《年轻人》这个议题反映了好的谈判者和谈判天才之间的区别。一个好的谈判者会竭尽所能地谈出一个结果，而谈判天才会竭尽所能地最大化一场谈判的价值。好的谈判者可以把谈判这个游戏玩得很好，谈判天才则彻底改变谈判的本质，这就意味着去发现并且追求那些并不明显的创造价值的机会。

引入议题是谈判中创造价值的关键所在。道理很简单：更多的议题就意味着更多的价值。议题越多，就越容易发现互换的机会。假设你同意了每集播放 7 次，播出许可费 650 万美元。你知道播放 8 次能够创造更多的价值，但是你让步的条件是对方给你一些回报。不过，这个价格已经达到了 WCHI 的底线，WCHI 无法支付超过 650 万美元。这是否就意味着你应该放弃创造价值的机会了呢？如果谈判中只有两个议题，这个答案就是“是”。但是，如果你引入了《年轻人》这个附加议题，你就可以继续通过互换来创造价值了。你可以对基姆说：“对我来说，给你们更多的播放次数会有损失，但是要看我们在《年轻人》这个剧上谈的结果如何，也许我可以给你 8 次播放权。”如果基姆同意花 125 万～ 280 万美元之间的任一价格来购买《年轻人》这个剧来换取 8 次播放权，你们双方都会有好处。注意，基姆可能愿意接受比《年轻人》实际价值高出 80 万美元的价格，因为每多一次 *Moms.com* 的播放权会带来 80 万美元的收入。这个例子告诉我们，谈判的目标不是在单一议题上得到最好的结果，而是平衡所有的议题从而达到一个最高的总体价值。

另外，这个讨论也弄清了互换和妥协之间的根本区别。很多非常有经验的谈判者都相信谈判必须有一方妥协，其实并不是这样的。谈判有时候的确需要妥协，但并不是简单的妥协。例如，我们的高管学员在谈判 *Moms.com* 播放权的时候，通常会在所有的议题上妥协。“我们的提案分别是 4 次和 8 次播放权，最后妥协到了 6 次，这是一个双赢，因为双方都很满意。”但是，如果谈判双方考虑更成熟一些，能够意识到 8 次播放权比妥协到 6 次播放权对双方都更好，那么结果一定让双方更满意。所以，我们的目标并不是帮助你实现一个双方“认可”的双赢，而是帮助你最大化价值。那么，最大化价值需要什么呢？

事实证明，只是想要双赢是远远不够的。一个人和自己亲密的人（比如夫妻）之间谈判的结果常常比和他们不在乎的人谈判的结果更差。为什么呢？因为亲密关系中的双方容易在所有问题上都作出妥协，以避免显得贪婪和自私。结果导致他们经常忽略互换的机会，因而破坏了价值而不是创造了价值！不管是生活中还是商业上的优秀的伙伴，都需要掌握分享真实需求和优先级信息的能力。有了这样的沟通能力，就能够识别所有潜在的议题，通过促成合作来最大化价值。一旦创造了最大的价值，你就可以追求你认为在双方关系中最合适、最公平的价值分配了。

假如谈判的内容是关于分配的问题，而且双方都不愿意让步，这种情况下引入新的议题就尤为重要。例如，19 世纪的美国，南北双方就“黑奴”问题争论得不可开交，焦点是新加入的州应该是自由州还是蓄奴州。1819 年，单从数字而非道德上来说，全美是均衡的，有 11 个自由州和 11 个蓄奴州。但是密苏里州的加入请求，引发了双方巨大的争执。任何一方都想争取密苏里州成为自己的一员，否则就会导致在参议院的席位上落后。看起来这是一个很难解决的问题。直到 1820 年缅因州申请加入，双方才达成了一个《密苏里妥协案》（*Missouri Compromise*）。两个问题被联系在了一起：双方都同意缅因州作为自由州加入，而密苏里州在奴隶问题上则没有限制。

在商业谈判中，价格通常是最容易出现分歧的议题。聪明的谈判者意识到单议题谈判的局限性，会努力扩大谈判的范围。下次谈判的时候，如果对方过分关注价格，你可以尝试引入下面这些议题：

- 交货时间。
- 贷款。
- 合同期限。
- 仲裁条款。
- 独家条款。
- 售后服务。
- 质量保证。
- 未来的商务合作。

可以谈的议题越多，双方得到各自更看重的价值的可能性就越大，就更愿意在相对次要的问题上让步。

达到帕累托最优

前文中表 2-5 显示了如何通过引入议题让谈判双方都得到更多好处，经济学中把这种调整称为帕累托优化，即改变一个结果让至少一方得益，但是不会让另一方受损。对任何一个谈判者来说，谈判目标应该是持续不断地寻找帕累托优化的机会，直到达到帕累托最优，即再也无法让一方得益而不损害另一方的利益。根据表 2-5，帕累托最优的结果就是那些能够创造 510 万美元的机会。

帕累托最优的优点是不会浪费价值，不会把价值“遗弃在谈判桌上”。但是这里需要注意，帕累托最优强调的是双方创造出来的价值总和，而并不设计双方如何分配所创造出来的价值。比如在 *Moms.com* 谈判中，就有可能出现一方把创造出来的所有价值据为己有这样的情形。如果你得到 100 万，而 WCHI 得到了 410 万，这个谈判结果仍然是帕累托最优，因为这时再也没有办法让一方得益而另一方不受损。换句话说，双方可以同意每集播放 8 次并且采购《年轻人》，但是在播出许可费和《年轻人》上争取到好价格的一方会得到更多的价值。因此，你在谈判中不应该把达到帕累托最优作为唯一的目标，还应该尽量从所创造的价值中争取到更多的利益。如果你的目标是拿到一个“公平”的结果就可以，而更重视和对方建立一个良好的伙伴关系，这种情况下你可以考虑放弃一部分创造出来的价值给对方。

那么，如何才能知道是否已经达到帕累托最优呢？这个问题没有确定答案。有一个测试方法就是问问你自己是否很好地理解了对方的顾虑。如果在离开谈判桌的时候你还不了解对方的需求和优先级，你就很有可能把一部分价值遗弃在谈判桌上了。

回到 *Moms.com* 的谈判案例，想一想你错过了几个创造价值的机会？

通过权变协议来创造价值

在 *Moms.com* 播放权谈判里，你是否记得曾和基姆争执关于收视率的问题？基姆认为这个剧的收视率会很低，为 3% ～ 4%；你认为他可能在撒谎，因为你的调查显示收视率应该是 5% ～ 6%。当出现观点分歧的时候，你是怎么做的呢？你选择了忽略这个分歧，觉得应该在这个问题上求同存异，然后换到了另外的议题上。这是处理分歧最好的办法吗？肯定不是的。下面我们来讨论当谈判双方对一种产品或服务的未来结果、质量或者绩效有不同预期的时候，有没有更好、更系统的解决方法。

第一个可行的办法是搞清楚谁对谁错。比如你们可以分享彼此的研究，一起对数据进行分析。你们也可以一起作进一步的调研，或者找双方都信任的中立第三方来作调研。然后，你们就可以在共同的假设和分析的基础上继续谈判。你当然希望进一步的研究会证实你的观点，即预测收视率会更高。如果你们双方都同意预测收视率和预期收益会更高，你就能拿到更多的价值。

另一个解决分歧的方法是双方都作出让步。换句话说，你们可以认为双方的估计都是不准确的，平均一下双方的评估（4% ～ 5%）可能才是最合理的估计。这种方法的好处是不需要花更多的时间和财力或者雇用第三方来收集更多的数据。但问题是，如果你确信自己的数字是正确的，认为对方要么能力不够要么是在撒谎，你可能根本就不想妥协。为什么对方说你错了你就要放弃自己的判断呢？对方完全有理由故意低估这个预期收视率嘛！

这就引出了第三个方法。这个方法既可以避免收集更多数据所耗费的成本，又可以省去说服对方的麻烦，还可以防止向对方投降，那就是使用权变协议。如同第 1 章讨论过的，权变协议让谈判者可以避免因未来发生的未知情况而争执不下，对未来持观望态度。在 *Moms.com* 谈判中，谈判双方可以参考协议 4：

- 播出许可费：650 万美元。
- 每集播放次数：8。
- 《年轻人》的价格：150 万美元。

权变条款：

- 如果次年的收视率低于 4%，豪利威尔向 WCHI 退款 100 万美元。
- 如果次年收视率高于 5%，WCHI 向豪利威尔追加支付 100 万美元。

换句话说，如果这个剧的市场效果如你所预期非常好，WCHI 将多付豪利威尔一些钱。但如果 WCHI 的预测是正确的，豪利威尔就退回一部分播出许可费。那么，双方会不会同意这样的条款呢？如果双方都相信自己的预测，就应该会的。

我们来详细看一下这个议题。表 2-6 显示的是双方的预测。谈判之前你只知道豪利威尔一方的预测，而上表向我们揭示了买卖双方的确对这个剧成功的概率有不同的预测。基于不同的预测，双方会如何评估前面这个权变协议呢？豪利威尔相信自己有 70% 的可能性是对的，会赢得这个赌局，收视率会高于 5%；20% 的可能性会错，会输掉这个赌局，收视率会低于 4%；还有 10% 的可能没有影响，因为收视率会在 4% ～ 5%。同时，WCHI 也相信他们有 70% 的概率会赢，20% 的概率会输，10% 的概率没有影响。

表 2-6 买卖双方对收视率的预测

单位：%

收视率	豪利威尔预测的可能性	WCHI 预测的可能性
2 ～ 3	10	20
3 ～ 4	10	50
4 ～ 5	10	10
5 ～ 6	50	10
6 ～ 7	20	10

基于这些预测，这个权变条款对双方预期价值的影响如下：

- 豪利威尔:（0.7x100 万美元）+（0.1x0 美元）+（0.2x−100 万美元）= 50 万美元
- WCHI：（0.2x−100 万美元）+（0.1x0 美元）+（0.7x100 万美元）= 50 万美元

显然，根据这个权变条款，双方都将预期得到 50 万美元的额外收入，因此双方都应该愿意接受。表 2-7 把协议 4 的价值和前面几个协议的价值进行了比较：

表 2-7 不同协议创造的价值对比

单位：万美元

协议	对豪利威尔的价值	对 WCHI 的价值	总价值
协议 1	200	100	300
协议 2	250	160	410
协议 3	300	210	510
协议 4	350	260	610

在第 1 章里，我们曾向你讲述了如何利用权变协议保护自己免受对方的欺骗。这里也有同样的好处：如果基姆的预测不是真实的，明知这个剧的收视率会更高，那么他就不会接受这个权变条款。不愿意为自己的说法“买单”，明显意味着他可能在撒谎。

从 *Moms.com* 这个案例中我们可以看到，权变协议还有另外一个好处，就是可以让谈判双方不在彼此不同的评估上过分纠缠，而是通过构建差异化的条款来确保双方都能够适时获得更多的价值。如果双方都对自己的预测有信心，那么这个权变协议就对双方都有好处。严格来说，权变协议并不像“互换”或者引入议题那样可以创造出真正的价值。因为等明年收视率的数据出来之后，这个协议就是让一方付给另一方 100 万美元。虽然本质上这是“零和”，但是权变协议创造出了“期待”价值。在签订协议的时候，双方对协议价值的“预期”都提高了，这也是帕累托优化。

当谈判双方对未来的判断差异极大的时候，往往是没办法也不可能达成一致的。在这种情况下，权变条款的价值就非常大了。例如，如果一个客户怀疑律师的能力，她就可以选择签一个权变协议（也叫对赌协议），如果官司打赢了就付一大笔的律师费，如果打输了则分文不付。同样，出版社通常会先给作者一部分稿费的首付，然后按照销售额提成。如果出版社对作者的能力有所怀疑，就应该用高一点的提成来换取低一点的首付，或者提出如果书畅销了就加一些奖金。如果作者对自己的作品非常自信，他就应该会同意。

权变协议的威力巨大，甚至可以拯救整个谈判。1997 年，美国职业篮球明星丹尼斯·罗德曼（Dennis Rodman）和芝加哥公牛队谈合同。罗德曼最有名的是他的防守和篮板能力，但也是出了名的状态不稳，蔑视职业规则，甚至经常缺席比赛，仅仅在前一个赛季的 82 场比赛他就缺席了 27 场。由于合同条款的限制，公牛队不得不为这些他没打的比赛支付了将近 300 万美元的工资！为避免重蹈覆辙，公牛队和罗德曼签署了一个史无前例的权变协议。根据这个协议，罗德曼的收入最高可达 1 050 万美元，但是其中确保拿到的部分只有 450 万美元。剩下的收入和各种条件挂钩，比如季后赛全勤可以拿到 100 万美元，拿到篮板王 50 万美元，59 场比赛之后每参加一场比赛多拿 18.5 万。结果呢？罗德曼连续 7 次拿了篮板王，参加了整季 82 场比赛里的 80 场（因伤缺席了两场），公牛队又拿了冠军。

权变协议对创造价值和激励绩效都很有帮助，但也有一些问题需要注意。

第一，如果对方比你掌握的信息更多、更准确，那么权变协议就是危险的。例如，假如 WCHI 对收视率的评估更有把握，然后提出与豪利威尔对赌，你就需要慎重行事。

第二，权变协议起作用的前提是在未来有客观的标准来解除目前的不确定性。比如你雇用了一个员工，许诺如果她表现好就可以升职，那么就要提前确定双方都明白“表现好”的意思是什么。你评估绩效的指标是什么？是公司的收益，工作时间，项目的完成程度还是工作态度？很多指标都并不容易找到十分客观的衡量标准。因此，如果将来你们可能会在谁输谁赢上大费口舌，那么现在就不要去“赌”。在 *Moms.com* 谈判中，双方需要提前同意使用某一具体资料来源（如尼尔森媒体研究公司）的报告作为权变协议的标准。

第三，你还要理解权变协议对对方动机的影响。假设你在 *Moms.com* 谈判中的权变条款不是针对 100 万美元而言，而是 2 000 万美元。这样一算你的期待价值就会是 1 000 万美元，听起来很美，是不是？这里面有一个大问题。你把很大的赌注压在了高收视率上，但是 WCHI 现在有了动力，并且有办法保证这个剧只拿到非常低的收视率。他们可以主动选择少做广告，在不好的时间段播放。虽然这样做会降低他们的收入（大约 700 万美元），但是根据这个权变协议，他们可以得到 1 000 万美元退款。因此，一定要确保你的权变协议对双方的激励方向是一致的。也就是说，权变条款的内容应该为对方提供激励，保证对方也有动力去实现协定。

创造价值的 4 大准备策略

前面所讲的是创造价值背后的逻辑，以及创造价值的一些最主要的方法。那么，谈判者想要创造价值的话，应该如何提前去准备呢？前一章里我们指出了在准备谈判时需要回答的几个关键问题，比如一定要明确你的最佳备选方案，量化你的底线以及客观评估你的协议区间。这里我们再增加几个需要准备的问题。

策略 1：明确你的多个利益点

很多人在谈判之前想当然地认为谈判的内容无非就“那么多”。比如，很多人在进入谈判的时候心里想的是“今天我们就谈薪酬”或者“今天和客户谈延长合同期限”。这样想当然的想法是非常短视而局限的，真正有效的策略是去思考对方所能够提供的所有的价值。 比如除了谈薪酬，你还可以谈开工日期、带薪休假天数、工作内容、晋升规划以及期权等。

你谈判的目标不应该是通过向对方提出强势要求来镇住对方，而是给对方机会用更多的方式给你回报，满足你的需求。比如对方如果无法提高你的薪酬，也许可以通过更有价值的工作内容，更长的休假时间，或者更好的晋升规划来补偿你。这样双方都可以获益，他们得以不用提高工资就雇用到他们喜欢的人（你），你也可以得到一个满意的补偿组合。同样，假如你打算出售你的公司，你也要同时考虑所有你关心的内容。例如，你可能很希望保护公司的遗产，在董事会保留席位，保留一部分股权以及确保接手公司继续雇用你的员工等。在价格是唯一利益点的时候，你可能很不愿意接受对方的出价。但是，如果你能够保留一部分股权，继续留在董事会，并且保护你的员工和公司遗产，也许这个出价就可以接受了。

策略 2：建立一个评分系统

明确议题只是第一步。接下来你需要考虑这些议题的优先级。例如，为了换取更好的贷款条款或者交货日期，你愿意在价格上让步多少？为了换取期权，更好的晋升渠道，在某个青睐的部门工作，你愿意放弃多少薪水？

一个强大的评分系统可以帮助你清晰地组织好你的利益点和优先级，更有效地回答上述问题。要建立这样一个评分系统，你首先可以用表格把所有的议题都罗列出来，然后根据每个议题的重要性排列。你需要设置一个统一的单位来评估所有的议题，比如你可以根据每个议题的重要性排位按百分制分配出去。另外一个简单的办法是把每个议题都换算成金额，比如每个带薪休假日等于 600 美元的薪水。给议题设置一个通用的单位不仅能够帮助你评估对方组合提案的价值，还能够帮助你更详细、更有策略地构建你的还价组合。

策略 3：计算组合提案的底线值

不要去给每个议题都计算底线，相反，你应该用你的评分系统来计算一个总的底线值。例如，假设你的最佳备选是接受另外一家公司的提案，那么把该公司给出的条件输入到你的评分系统，得到一个总体价值（用分数或者钱数来表示），这个值就是你的组合底线值。这样在你目前的谈判当中，你就知道不应该接受总价值低于这个组合底线值的提案了。

避免给每个议题计算单独的底线值是因为这样会限制你的选择。设想一下，你可能不想接受低于某一数值的薪水，但是如果对方在其他问题上作出了重大让步以后你还是不肯接受吗？很多谈判者常常在每个议题（比如薪水、奖金、发货期、结款期、首付等）上人为地设定一个限制，他们觉得超过了这个限制就“不公平”或者“不合理”。但是，这种做法唯一的效果就是限制了谈判者的灵活性。如果对方在一个议题上不能够满足你的最低要求，但是在其他议题上的让步可以大大弥补你之前的妥协，这个时候你再坚持这个限制就会导致双输。

例如，假如你的公司要雇用咨询师或者合同工。某些咨询师或合同工也许在薪资要求上不能比别人低，但如果他们能够提供更好的服务，给更多、更全面的担保，甚至增加一些免费的附加服务，你可能就需要重新评估你设定的底线值了。

策略 4：明确对方的多个利益点

在谈判里，经常会有些议题是你并不在乎而对方却非常在乎的。找到这样的议题对谈判至关重要。例如，6 月还是 7 月开始工作可能对你来说并不重要，但是如果你的雇主强烈要求你越早工作越好，这是一个很重要的信息，你就可以在这些方面满足他们的要求，来换取对你自己有价值的东西。比如你可以提前一个月上班，但是签约奖就要多要一些。再比如，迪帕克在买房的时候发现卖方急于尽早完成销售。而对迪帕克来说，成交的早晚并没有太多区别。结果，他同意提前一个月成交，卖方也因此降低了价格。

NEGOTIATION GENIUS
哈佛经典谈判指南

创造价值的 4 大准备策略：

1. 明确你的多个利益点。
2. 建立一个评分系统。
3. 计算组合提案的底线值。
4. 明确对方的多个利益点。

创造价值的 3 大执行策略

通常情况下，谈判者在谈判开始之后往往只知道去争取价值，完全忽略了创造价值。因为大多数人把谈判看成一场战斗，认为谈判的目标是通过算计、谋划和讨价还价来战胜对方。这种心态的背后是一个非常危险的观念：谈判是一个零和博弈，一方赢必然需要另一方输。而我们在 *Moms.com* 谈判中已经看到，事实并非如此。实际上，几乎所有的谈判都有很多创造价值的可能性。在本书的第二部分，我们会仔细审视常见的心理偏误，这些偏误是我们对谈判形成错误心态的根源所在，因此我们还会讨论如何克服这些偏误。现在，我们只讨论正确执行谈判策略的方法。学会这些方法可以让你在谈判中成功地创造价值，达成更高效的协议，同时为自己赢得更多的利益。

策略 1：同时谈判多个议题

我们经常问那些经验丰富的谈判者这个问题：当你在进行一个复杂的多议题谈判时，你是先谈最容易的还是最困难的？大多数谈判者的回答是应该先谈容易的。他们的逻辑是先谈容易的议题能够让谈判双方建立信任，为最终的协议达成打好基础。如果一开始就谈很难的议题，可能谈判就无法顺利展开。从最容易的议题开始还有一个好处就是让你可以在谈判初期作出低成本的让步，而让对方在后期更重要的问题上作出让步。这个思路听起来有道理，但并不是所有人都认同。也有一些谈判者告诉我们最好先谈困难的议题，他们认为有些议题对整场谈判至关重要，如果在这些议题上达不成一致，其他次要的议题就根本没有必要谈了。当然，还有一些谈判者给出的回答是“看情况”。

我们认为这三个答案都错了。谈判者通常觉得最自然、最容易的谈判方式应该是一个议题一个议题地谈。但事实上，最好的谈判策略是同时谈所有的问题。为什么？因为逐个议题谈会排除掉互换的可能性。例如，在 *Moms.com* 谈判中，如果你们已经在播出许可费上达成了一致，然后开始谈播放次数，就几乎很难同意播放 8 次。唯有让 WCHI 在其他议题上让步，豪利威尔才会同意播放 8 次。从另一个角度来看，当逐个议题谈的时候，播出许可费和播放次数这两个议题都是“零和”的，买方和卖方在每个议题的利益点完全对立。只有当他们同时谈判这两个议题的时候才可能构建一个非零和的谈判，创造出新的价值。换句话说，虽然买卖双方在每个议题上都有利益冲突，但是他们对每个议题的重视程度不同。只有在同时讨论所有议题的时候，双方才能意识到这一点。

策略 2：给出组合提案

同时就多个议题谈判并不是说一定要真的同时讨论所有的议题，而是应该避免在所有议题都谈到之前就在任何单个议题上达成最终协议。当议题很多又很复杂的时候，最有效的方法就是先讨论各方在每个议题上的观点和偏好。然后，你们可以比较双方在每个议题上的相对偏好。最后，到了交换提案的时候，一定要提交组合提案。也就是说，不要在一个议题上提出单个的要求，而是提出一个组合提案，让对方知道你在所有议题上的要求。这样可以帮助对方找出你的提案中对他们来说有让步余地的部分，然后给出一个还价组合：在一些议题上提要求，而在别的议题上显示出灵活性。

假设你要购买一项服务，看看下面两种表达哪个更有可能创造出更多的价值。

- 感谢你们提供的信息。根据贵公司所需要的服务内容，按照你们的要求 7 月开始提供服务的话，我们的报价为 65 万美元。
- 感谢你们提供的信息。我们了解贵公司所需要的服务内容，并且知道你们希望 7 月开始服务。同时，也非常感谢你们清楚表达了对服务日期开始时间的灵活性以及对“附加服务”的兴趣。根据这些信息，我们准备了两种定价方案供你们选择——

  选项 1：如果服务期从 7 月开始，基本服务的价格是 65 万美元。如果加上附加服务 5 万美元，总价就是 70 万美元。

  选项 2：如果服务期从 3 月开始，那么我们可以把基本服务的价格降低到 63.5 万。如果加上附加服务 4.5 万美元，总价就是 68 万美元。

很显然，第二种表达会让你的客户理解互换是可能的，这样双方就更容易达成一个双赢的合约。

策略 3：利用各种差异来创造价值

每个人都是不一样的，因此人与人之间有冲突并不奇怪。我们看问题的角度、兴趣、需求、局限、职业生涯、教育背景和经历等等都不一样，这些差异在带来冲突的同时，也提供了解决冲突的途径。互换之所以能够创造价值就是因为各方有不同的优先级。如果各方的优先级是一模一样的，就完全没办法通过一方在一个议题上的让步来换取另一方在另一个议题上的让步。同样，大家想想权变协议的本质：权变协议之所以能够创造价值就是因为双方对未来的期待有所不同。如果他们的期待是一模一样的，就没有机会引入权变条款来提高双方的预期价值。

谈判天才理解创造价值的核心就是利用谈判双方的各种差异。例如，双方在风险偏好上可能存在差异。如果你倾向于规避风险，而对方对风险的承受能力很强，你就可以出钱让对方来替你冒险。听起来似乎有点儿怪，对吧？但这就是保险公司在做的事情。我们付钱给寿险、车险以及家居保险等公司，这样一旦出了差错，由保险公司来承担损失。平均来说，人们买保险是赔钱的。但是因为人们是回避风险的，所以愿意付钱给风险中性的保险公司来替你承担风险。这让双方都得到了好处，也就是说创造了价值。

另一个例子是利用时间偏好上的差异。假如你有东西现在不用，但是另一方需要马上使用，你就可以把这个东西借给对方来换取酬劳。听起来很熟悉吧？我们把钱存进银行就是这个意思。你把钱存进银行，因为你不需要马上使用。而银行以利息的形式给你付费，这样双方都得到了好处。

谈判的时候，不要忽视和对方之间的差异，也不要努力去调和或者克服这些差异，而是应该努力去寻找差异，找到办法利用这些差异来创造价值。下一次谈判的时候，假如对方不依不饶地纠缠在你提案中的某个部分，不要郁闷，去搞清楚对方愿意付出多大的代价来满足他们在这一点上的要求。如果他们真的很重视这个议题，也许可以在其他方面作出让步来换取你在这个议题上的灵活性。

NEGOTIATION GENIUS
哈佛经典谈判指南

创造价值的 3 大执行策略：

1. 同时谈判多个议题。
2. 给出组合提案。
3. 利用各种差异来创造价值。

创造价值的谈判后策略

真正的谈判天才在谈判达成以后也不会停下来，而是仍然努力寻找帕累托优化的机会。协议后协议指的是在签订了协议之后达成的新的协议，是创造价值的又一个利器。可以想象一下：

> 经过了若干个星期的谈判之后，你和 X 公司的 CEO 签订了一个很复杂的合约。双方都对合约的内容很满意。这个时候你最想做的就是赶紧回家洗个澡，开瓶香槟享受一下。但是你重新考虑了一下，决定尝试一些不同的思路。你问 X 公司的 CEO 是否愿意再看一下合约，看看是否还有可以提高的地方。她非常惊讶，马上问你是不是改主意了。

通常来说，你绝对不希望在一个冗长的谈判之后打开一个潘多拉的盒子，把之前的谈判带歪，也不想显得言而无信，刚签了合约就反悔，更不想让对方担心你没有足够的能力实现你承诺的内容，当然，你也不想作出更多的让步。

那么，是什么原因让你提出协议后协议呢？其实，有很多原因让协议后协议可以带来更多的帕累托优化。首先，这个已经签署的协议证明了双方有能力通力合作来达成一个为双方都创造价值的协议，并且营造了一个愉快的合作氛围。其次，一旦签署了协议，双方就没那么紧张了，通常也会更愿意分享信息。再次，如果表达得合适，双方都能理解协议后协议只有在对双方都有好处的情况下才会生效。换句话说，刚刚签署的协议成了双方共同的最佳备选方案。

这是一个很关键的点：你绝对不希望对方把协议后协议看作你试图反悔的工具，或者试图在最后一刻从对方那里压榨出更多让步的手段。相反，你需要把协议后协议呈现为一个能够给双方都带来好处的机会。你一定要一开始就把规则说清楚，除非双方都获得利益，否则就回到已经签署的原始协议上。

下面是我们的一个高管学员讲述的故事，他是医药行业一家小公司的总经理。

> 我当时已经连续谈判了 5 天，同意出售 8 种我们开发的新药，并且已经签字了。恰好随后上了一个哈佛的谈判课。下课以后，我给对方医药公司的代表打了电话，提出我需要更多的首付。对方听后吃了一惊。
>
> 但是，我利用这个机会向对方详细解释了我为什么想要作出这个改变。我需要用这些钱来增加我们的现金流，启动更多的项目，并且吸引天使投资投入更多的钱。他们听完理解了我的想法，表示想要的回报是未来两年内我们新研发项目的优先考虑权。
>
> 于是，现在我就不再需要通过银行贷款来支持这些项目的研发了，这个夏天就可以多启动 3 ～ 4 个项目，不需要等到下一年。这样一来，我们双方都得到了好处。

这个故事很具有代表性。一开始医药公司代表对这个总经理提出重新开始谈判感到很吃惊而且不安，很大程度上是因为他们以为这个总经理就是想多要钱，而没有考虑对方的利益。总经理陈述了自己的理由，并且表达了愿意给医药公司回报的意愿之后，情况就不一样了。协议后协议不仅能够促进互换，还能够帮助发现并引入前面谈判中提都没提到过的议题。在上面的例子里，双方在之前的谈判中就没有提到优先考虑权。

同样，协议后协议用在 *Moms.com* 谈判中也会带来很多的好处。假如双方在最初的协议签订之后继续分享信息，他们就会发现如果变成 8 次播放、在《年轻人》这个剧上达成协议以及用权变条款来协调双方对收视率的不同预期，这些都会给双方带来更大的价值。

虽然协议后协议的好处很多，但是现实中却很少有谈判者真的去使用它，很多人甚至从来没有听说过。谈判者担心重新开始谈判会带来新的风险，还有人不知道如何提出协议后协议。前文我们已经回答了前几个问题，现在看看有什么方法可以更好地提出协议后协议。

NEGOTIATION GENIUS
谈判天才指南

提出协议后协议的 4 步法：

1. 首先要重申双方在已经签署的协议上的进展。
2. 表达你还是希望最终结果的某些方面能够有所提高，同时一定要指出对方可能也有同感。
3. 指出你已经作出了所有可能的让步，但是你愿意“开开脑洞”，看看有没有办法帮助对方。
4. 明确表明，最重要的不是要找一个新的协议，而是要找一个双方都认可的、比当前协议更好的协议。

例如，你也许可以这样说：

NEGOTIATION GENIUS
谈判话术

恭喜大家！我们的辛苦付出终于得到了回报，现在我们可能都已经迫不及待想要早点收工了。但是我在想，你们是否愿意尝试一些新的调整？虽然我们都对这个谈判结果很满意，但是坦诚地说，合约里有些内容我还是希望能够向我们作出一些倾斜，可能在别的议题上你们有同样的感受。你们觉得我们花上几分钟来说说有什么潜在的改变的可能性，如何？也许我们已经考虑过了所有方面，但是最后看一次，看是不是有什么遗漏，也不失为一个好的主意。当然，如果我们无法找到让双方都更满意的办法，我们会对已经签署的这个协议更加有信心。如果你们也愿意，我们就来试一下。

记住，你不需要在签订协议之后马上就讲这段话。你也许可以先冷静一下，等上一个星期甚至一个月再回到这个协议上。关键就是你必须明白，谈判不应该在签订协议的时候就宣告完结，而应该是在穷尽了所有创造价值的机会之后才算完结。

创造价值的天才

本章所表达的所有观点、策略和战术都是想说明一个道理，达成一个好的协议不仅意味着争取到了尽可能多的价值，更重要也往往更艰难的任务是创造价值，把“蛋糕”做大。但是，太多的谈判者只把精力放在了争取价值上。他们把大把的“钱”留在了谈判桌上，还自信满满，不知道本来可以得到更多。读完本章，你应该考虑一下这个问题：你是更愿意要价值 100 美元的“蛋糕”的 70%，还是要价值 200 美元的“蛋糕”的 70%？这其实就是你在现实世界里谈判的时候所要面对的问题。即使你得到了一个大“蛋糕”小一点的份额（比如 50% ～ 60%），这个交换对你来说也是值得的。

这里提醒大家，我们并不是在推崇善良或者无私奉献，而是在传授创造价值的艺术与科学。记住：要想把东西拿走，你得先和对方合作创造出这个东西来。假如你关心自己的声誉，并且希望和对方保持良好的关系，你就更应该想尽办法来创造价值。

第 3 章

如何用侦探式谈判获取信息

NEGOTIATION GENIUS 谈判案例

“独家权”之争

克里斯是一家世界 500 强企业的高管。作为公司内公认的的谈判天才，他的名声背后是很多传奇的故事。比如，很多年前，克里斯所在的美国公司要生产一款新研制的卫生产品，需要从一家欧洲小公司那里采购原材料。双方协商同意以 40 美元 / 千克的价格每年采购 45.4 万千克，但却在“独家权”条款上有了分歧。欧洲供应商坚决不同意把全部原材料独家销售给美国公司，而美国公司则坚持如果自己的竞争对手也能够得到这种原材料，那么他们就不愿意在这款新产品上继续投资。这个争执严重到让整个谈判濒临破裂。

美国公司的谈判代表对这家欧洲小公司在独家权问题上的反应深为不解。他们确信这个供应商不可能有机会卖给任何其他人这么多产品。然而，因为对方的坚持，美国公司的谈判代表决定妥协，答应保证最低的订购数量，甚至表示价格还可以再谈。但是，供应商仍然拒绝给出独家权。美国谈判代表们感到难以置信，万般无奈之下，他们把电话打给了克里斯，请他火速飞到欧洲支援。

当克里斯坐到谈判桌前时，双方的争论还在继续。简单听了一下双方的表述之后，他只问出了三个字，就彻底改变了整个谈判的走向，成功帮助双方设计了一个彼此都能够接受的协议。这三个字就是“为什么”。

克里斯问供应商为什么不愿意提供独家权给一个订单量大到足以购买他们所有原材料的大公司。供应商的回答出人意料：独家权会破坏他和他表弟之间的合约，因为他表弟每年需要从他这里购买 113 千克原材料来制作一款本地出售的产品。根据这个信息，克里斯提出了一个方案帮助双方迅速达成了协议：除了每年卖给表弟的一百多千克之外，供应商把剩下的所有原材料全部卖给美国公司。克里斯乘坐下一班飞机就回家了。

克里斯的同事们至今仍然在传颂，他这个谈判天才如何通过惊人的侦查能力和创造力拯救了整场谈判。但克里斯自己怎么说呢？“我唯一做的不过是问问他们为什么不愿意提供独家权。”为什么谈判团队的其他人没有问出这么简单的问题呢？这是因为，基于以往的商业经验，他们认定自己已经知道答案了：供应商要么想要更多的钱，要么担心独家权会让他们失去未来更有利可图的商机。“锚”定到了这些假设上，这些谈判代表们开始试图通过不惜成本地让步来解决问题。事实上，因为假设的错误，他们的努力根本不可能解决问题。克里斯的成功之处就在于他愿意挑战假设，尽可能多地收集关于对方想法的信息。简单来说，克里斯使用了我们所说的“侦探式”谈判的第一个原则。

侦探式谈判的 7 大原则

侦探式谈判涵盖了一种思维方式和一个系统方法。侦探式谈判者像侦探对待犯罪现场一样对待谈判，他们的核心目标就是对谈判背景和当事人了解得越多越好。以下是这一类谈判的 7 个主要原则：

原则 1：不要只问是什么，还要问为什么

很多经验丰富的谈判者相信，聆听对方的目的在于去发现对方想要什么。这个思路听起来很有道理。毕竟，你必须得知道对方想要什么，才能构建一个对方愿意接受的协议。同样地，谈判者倾向于花很多时间用来告诉对方自己想要什么。不幸的是，这个听起来很有道理的“去发现彼此想要什么”的方法常常会把谈判带入歧途。这是因为过于关注人们“要什么”会分散你的注意力，忘了去发现背后的原因。

克里斯之所以能解决和供应商的谈判是因为他明白一个道理，那就是谈判要想有进展，双方必须停止讨论他们想要什么（是否设定独家权条款），开始讨论背后的原因。虽然他们在想要的东西上无法妥协，但是当他们把注意力转移到了“为什么”之后，解决方案自然就出现了——一旦供应商解释了他拒绝独家权是因为这个条款会让他对表弟食言，克里斯就得到了他所需要的信息来设计一个给双方都能带来价值的协议了。

霍尔布鲁克在和联合国成员国的谈判中使用了同样的方法（见第 2 章）。他没有直接接受对方提出来的要求（无法提高份额），而是询问了为什么。当一些国家解释说他们愿意提高份额，但是受年度预算程序的限制而无法立刻实现时，一个可行的协议就呼之欲出了。

多问一句“为什么”，多么简单而又有效的方法。这个方法在日常的谈判中也有奇效。迪帕克的夫人诗卡最近就用这个方法帮助自己解决了一个困境。在一个寒冷彻骨的冬日，她在波士顿市中心打车回家。当时正值交通高峰，几十辆载了客的出租车从她身边经过，她感觉自己要被冻伤了。终于，她发现红灯前停着一辆没有载客的出租车。但是，出租车的服务指示灯是熄灭着

的。她去问了一下，司机冲她摆摆手表示拒绝。但她没有放弃，追问司机为什么。司机解释说他要下班回家了，不载客。诗卡说："好吧，但如果我们去同一个方向你是否愿意载我一程呢？"结果发现他们要去的地方其实离得并不远。于是，她坐进温暖的出租车迅速回到了家，司机多赚了钱又无须改变自己的计划。

原则 2：努力调和利益点，不要在诉求上纠缠

谈判者常犯的最大的错误之一，就是全力以赴地试图调和双方的诉求。侦探式谈判者则超越诉求，关注其背后的利益点。在克里斯的例子里，买方和卖方的诉求显然是不相容的：一方要独家权，一方不给。只有当克里斯把注意力从双方的诉求转移到了背后的利益点上时，才让谈判有了转机。

当谈判双方的诉求看起来不相容的时候，谈判天才不会气馁。相反，他们会更深入地挖掘双方背后的利益点。这个策略让他们针对谈判的思路更加开阔，更有创造性，更有可能满足双方的利益需求。

2000 年美国总统大选时，一些政治活跃分子就是这样处理他们面临的一个危机的。当时，民主党候选人阿尔·戈尔（Al Gore）和共和党候选人乔治·布什（George W. Bush）之间的竞争十分激烈。通常来说，总统竞选是两方争夺选民，戈尔争取的是政治左派，而小布什争取的是右派。但是，对戈尔不利的是，绿党候选人拉尔夫·纳德（Ralph Nader）也加入了竞选，从而变成了三方逐鹿。纳德主要抢走的是极左派的选票。两个候选人瓜分左派的选票显然对共和党非常有利，每张给了纳德的选票都是戈尔的损失，而小布什在右翼则没有什么竞争对手。果然，戈尔和纳德的支持者很快起了争执。戈尔的支持者指责纳德的竞选是"自杀"，因为民意调查显示，全国只有大约 4% 的人支持纳德，他是不可能赢得大选的，但是他从戈尔那里吸走选票反而会帮助他们共同的敌人——小布什。

在激烈的竞选过程中，戈尔和纳德的支持者想到了一个非常有创意的办法。他们设计了一个方案，可以帮助戈尔和纳德的同时削弱小布什的实力。他们就是通过考察每个候选人背后的利益点来想出这个方案的。

显然，戈尔和纳德都想要争取尽可能多的选票，但是他们争取选票的目的是不同的。戈尔希望能够赢得大选。他并不需要在每个州都赢得绝大多数选票来达到这个目的，只需要赢得足够多的州来保证他的选举人团超过小布什的选举人团选票数就够了。在大多数州，得票最多的候选人将得到该州所有选举人团票数。

而纳德是没有希望赢得 2000 年总统选举的。但是，如果他能够达到全国总票数的 5%（不是每个州），他的党派在下次竞选的时候就可以拿到联邦配套资金支持。他未来当选总统的唯一机会（虽然很小）就来自这个配套资金，因此，纳德在 2000 年的总统竞选中非常投入。

表面上看，戈尔和纳德之间的冲突是不可调和的，因为他们从同一群选民里争取选票。但是仔细地看，他们各自想要满足的利益点是非常不同的，甚至是彼此兼容的。戈尔想要选举人团票，纳德想要总投票。如果那些戈尔必胜州的戈尔支持者可以和摇摆州（戈尔和小布什的选票很接近的州）的纳德支持者之间互换选票，那么戈尔和纳德都可以得到好处。比如，如果一个住在加州（戈尔必胜州）的戈尔支持者把票投给纳德，一个佛罗里达州（小布什和戈尔竞争非常激烈）的纳德支持者把票投给戈尔，那么纳德仍然得到了他的普通选票，而戈尔则可以提高他赢得选举人团选票的机会。为了促进这种交换，很多的网站匹配了各州的戈尔和纳德的支持者，每一对选民都承诺把选票给对方的候选人。

从小布什支持者的反应我们就看得出来这个策略无疑是有效的。有些小布什的支持者开始论证这种换选票行为在美国是违法的，并且威胁诉诸法律，这些威胁让一些这样的网站被迫关闭了。最终，戈尔和纳德都没有达到自己的目的。虽然戈尔赢得了全国普选的票数，但是没有拿到足够多的选举人团票数，没能当选总统。纳德也没有拿到 5% 的普选票数，未能得到 2004 年的联邦配套资金。

我们来看一个更常见的例子。一个求职者要求雇主给他高工资，但是雇主有预算的限制。如果双方都只是关注各自的诉求，那就没什么选择了。求职者要么接受现状，要么去找其他的工作。但是，如果雇主深究一下求职者诉求背后的原因会怎样呢？假设求职者想要高工资是为了有一个比较舒适的生活方式、更强的购买力、更多的自由和灵活性、更高的社会地位、更健康的体魄等，一旦关注到这些背后的利益点，雇主和求职者就会发现他们其实还有很多选择。即使不提高薪水，雇主还可以提供更多的假期、更好的职位、更舒适的工作环境、健康补贴或者入职奖金，等等。

原则 3：求同存异

你可能会觉得戈尔和纳德的支持者能够达成一致是因为他们有一个共同的目标，就是击败小布什。但事实证明并非如此。4 年之后 2004 年的总统大选，民主党候选人约翰·凯利（John Kerry）挑战共和党总统小布什，纳德又参加了竞选。民主党深知纳德基本上就是他们失去 2000 年竞选的主要原因，因此对他再次参选极为不满，就连许多曾在 2000 年支持过他的人都要求他不要再次参选。尽管民调显示纳德的支持率还不到 2%，他还是拒绝了退选。

2004 年夏天，媒体披露纳德收到并且接受了多笔大额赞助。这些赞助并非来自他的极右支持者，而是来自共和党。显然，共和党的目的是通过支持纳德来分流他们更危险的竞争对手凯利的选票。和 2000 年一样，这也是一个看起来零和而实际上不是的场景。这次的交换发生在纳德（收到更多的捐款可以吸引选票）和小布什（减少了主要对手凯利的选票）的支持者之间。尽管这个交易的本质非常明显，纳德的竞选伙伴彼得·卡梅霍（Peter Camejo）仍然为接受共和党的捐款而辩护说："我们当时并不知道这笔钱的目的。"

2000 年和 2004 年这两次美国大选的故事告诉我们，即使在互相憎恨的竞争对手之间也能够产生创造价值的机会，关键是理解并利用双方诉求背后的利益点。亚当 · 布兰登伯格（Adam Brandenburger）和巴里 · 纳勒布夫（Barry Nalebuff）两位教授创造了"竞和"这个词，来描述这种我们在面对竞争对手时经常会遇到的混合动机场景。根据竞和的原则，我们在和对方竞争的同时也可以合作。在第 2 章中我们就看到这样的例子了，当时我们设计了一个框架来帮助你在谈判中同时争取和创造价值。在本章的例子里，竞和的力量更加明显，那些把自己和对方的关系单维化（"他是我的敌人"）的人无疑等于放弃了创造价值的机会。而那些能够领会关系的复杂性，懂得利用双方利益点的人就可以建造出合作的平台。

试想一下，假如民主党在 2000—2004 年之间和纳德以及他的支持者们搞好关系，会有什么不同的结果。例如，民主党可以承诺纳德在一些竞选不是很紧张的州共同处理一些双方都关心的问题。作为回报，纳德的支持者可以承诺降低在竞争激烈的州的宣传力度。如果形成了这个局面，可以想象纳德和他的支持者将会把更多的"火力"对准小布什，而不是凯利。而事实上的结果却是，在 2004 年出现了"布什 - 纳德联盟"。

原则 4：把要求当作机会

我们有一个高管学员是一位非常成功的工程公司总经理，他给我们讲了这样一个故事。他曾经和一个买方谈判，对方要求建一座中型的商用写字楼。经过了几个月的谈判，终于要签约了。但是就在签约之前，买方提出在合同里追加一条全新的而且可能会代价不菲的条款：如果工程交付延期一个月以上，工程公司必须支付巨额的罚款。他一开始对这个突如其来的要求非常生气，因为这看起来就是买方试图在最后一分钟逼迫他让步。

这个工程公司的总经理列出了几个可行的选项：他可以接受买方的要求然后签约；也可以拒绝这个要求，同时希望对方不会毁约；他也可以通过谈判来降低罚金的额度。但在作出回应之前，他深入地思考了一下目前的情况。买方的这个要求说明了什么呢？至少说明对方非常担心延期，更希望按时甚至提前完成这个项目。想到这里，他向对方代表提出：如果交付延期，他愿意在对方提出的罚金基础之上再增加更多的罚金，但是如果提前完工，那么买方必须向他们支付一定数额的奖金。在修改了一些细节之后，双方同意了这个条款，都对结果表示非常满意。工程公司非常有信心他们可以按时完成交付，拿到奖金，买方也降低了延期的风险。

这位总经理的高明之处在于他能够去关注对方的需求和利益点，而不是自己的困境。一般情况下，当对方提出要求的时候，谈判者都会采取守势，他们想的总是："我应该如何拒绝这个要求？"而侦探式谈判者对待对方的要求和对待其他任何陈述一样，会进行这样的思考："从这个要求里能了解到什么？这个要求揭示了对方的哪些需求和利益点？如何利用这个信息来争取和创造价值？"

原则 5：不要把任何问题简单当作"对方的问题"而打发掉

我们往往对自己的局限非常敏感，却很容易忽视对方的局限。谈判者经常是这样的态度："这是他们的问题，又不是我的问题。"但是，在谈判里，哪怕是对方的问题也会迅速变成你的问题。例如，只要谈判一方正面对着截止日期的压力，那么留给双方谈判和决策的时间都会减少。同样，如果一方无法履行自己的责任，他可能会因此而承担法律责任，但最终的结果是双方都会受到损失。

下面这个例子是根据我们以前一个学生的经历改编的。"家居廊"是一个效益很好的知名家用电器生产商，他们的总经理和齿轮公司谈判采购机械部件。双方讨论了两个关键议题：价格和发货时间。和预期的一样，家居廊希望价格低一点，但是也希望能够马上发货；齿轮公司则想要高一点的价格和迟一点的发货时间。

根据市场价格，双方同意定价 1 700 万美元，发货期三个月。但齿轮公司对发货期表示出了担忧："三个月的发货期对我们来说难度有点大，不过我们会尽力，应该可以应付。"

家居廊总经理计算了一下，发现如果超过三个月发货的话会给家居廊带来 100 万美元的损失。于是，他向齿轮公司提出如果同意把价格降低 100 万的话，家居廊可以接受更长的发货时间。

"谢谢你的提议，"供应商回答说，"但是我们实在无法接受这么大的降价。"

正常情况下，谈判在这个时候就结束了。家居廊总经理已经尝试了通过互换来创造价值，给双方带来更好的结果，却发现没有这个可能。但是，这个总经理决定再进一步。"我有些惊讶，三个月的发货期对你们来说这么困难吗？"她问，"我以为你们产品的生产时间并不长。您能不能具体给我讲讲你们的生产过程，让我明白你们的困难所在，好吗？"

"其实不是生产产品的问题，"供应商回答道，"是运输成本太高了。这么短时间内加急货运的收费非常高。"

家居廊总经理听到这里，眼睛一下子就亮了。她原来以为是制造工艺的问题（没有更经济的生产方法），那么她也没有什么办法。但是，如果是运输的问题（没有便宜的运输渠道），家居廊就可以帮上忙了。家居廊参与大宗商品的运输已经很多年了，经常需要在短时间内运输货物。因此，家居廊和物流公司有着很好的合作。事实上，家居廊可以帮助供应商在三个月之内把货物运过来，运费只需要 50 万美元。而供应商原本打算合作的物流公司报价却达两倍以上（120 万美元）。

于是，家居廊总经理提出了下面这个方案，齿轮公司马上就接受了。

- 家居廊负责在两个半月内运输所有的部件。
- 供应商支付运费 50 万美元。
- 供应商把价格从 1 700 万降低到 1 650 万，这样双方都节省了成本。

这个新的方案还带来了另外一个好处。这个供应商现在和那个价格低的物流公司建立了合作关系，以后可以更加高效而且低成本地运输货物了。

家居廊的故事告诉我们，当对方的局限影响了价值的时候，不要天真地把这些局限简单视为“对方的问题”。如果你坐视不管，供应商受到高运输成本的限制，会给双方带来价值 70 万美元的损失。家居廊总经理的厉害之处就在于她主动去了解对方，并且成功利用家居廊的资源帮助对方解决了运输难题。同样，在联合国会费谈判里，霍尔布鲁克利用自己和泰德·特纳的关系解决了其他国家面对的预算时间限制。在这两个例子里，问题的解决并不是因为心地善良或者无私奉献，而是因为谈判天才理解“不受限制”的谈判对手比“束手束脚”的谈判对手能提供更多的价值。

原则 6：不要让谈判以自己的提案被拒作为终结

回想一下，你有过多少次费尽了周折，试图完成一次销售或者达成一个合约，结果对方拒绝了你最后的提案？这时你是怎么做的？如果你和大多数人一样，当对方拒绝了你之后，你就觉得自己已经尽力了，没有其他办法了。通常情况下，你是对的。但是有时候，就大错特错了。

琳达是一家公司的总经理，他们公司专门为世界 500 强客户生产定制礼品。她花了几个月的努力争取来一个非常大的客户，结果对方最后选择了她的竞争对手公司。当时，两家公司分别提交了最后的竞标方案，而客户选择了另一家公司。琳达虽然很吃惊，但是也没有办法，还是接受了这个结果。当她最后一次给客户打电话的时候，她其实并没有幻想能再赢回来这个合约。客户公司的采购副总裁接起了电话，琳达询问对方能否告诉她，他们最后的提案有什么不足。“这个信息能够帮助我们提升未来的产品和服务。”她解释说。

当对方副总裁阐明了她的竞争对手胜出的原因之后，琳达更加吃惊了。原来，琳达一直有一个错误的假设，就是对方最关心的点是价格。因此，在最后的提案里，她尽了最大的可能去降低成本，结果去掉了几项客户非常看重的有价值的产品功能。她的竞争对手要价很高，但是包括了那些功能。仔细听取了副总裁的解释之后，琳达感谢了他的坦诚，并且解释自己误解了客户的诉求。“有了这个新信息之后，”她说，“我觉得我们完全可以击败另一家公司的方案。”她接着问副总裁是否愿意再看一下她调整之后的方案，副总裁回答说可以。一周以后，琳达赢得了这个客户并签了约。

自此以后，琳达一直贯彻从这场谈判里学来的关键原则：谈判绝不应该以对方拒绝作为结束，而是要么以同意结束，要么以得到“为什么不”的解释结束。有时候，你可能发现对方的需求你就是无法满足，或者竞争对手提供的价值你无法提供。如果是这样，你可以坦然地结束谈判，因为协议的确不可能达成。但是，有时候你也可能会发现一些被你忽略了的选择，没有考虑到的需求，或者没有深入探讨的问题。侦探式谈判者在被拒绝之后，至少都会发出这个疑问：“我还需要做什么双方才能达成协议？”即使对方的答案确认了你无法赢得协议，你仍然学到了未来在面对类似谈判的时候可能会用到的重要信息。

简单来说，如果谈判中真的没有切实可行的协议区间，那么“不能成交”或者被拒绝并没有什么问题。如果你不能帮助对方创造最多的价值，你也配不上这个协议。但是，如果你本来能够创造最多的价值，却因为谈判不到位而造成协议未成，那就非常悲剧了。侦探式谈判者并不害怕被拒绝，但不会停留在被拒绝，他们会通过进一步的侦察来发现是否还有别的出路。侦探式谈判者理解“为什么不”往往是和“为什么”一样重要的问题。最重要的是，即使在协议注定不成、自己被要求离开谈判桌的时候，侦探式谈判者也永远不会停止学习。

原则 7:“推销”和“谈判”是不一样的

假如让你来观察一名推销员工作，你会看到什么？推销员用什么样的策略？什么样的方法？推销员的关注点是什么？

当我们让大家想象推销员的工作的时候，多数人想到的是这样的：推销员会给出一个产品的卖点，然后用各种理由来说服对方购买他们的产品。

现在再想象一下，假如你在观察一个谈判者谈判，你看到的是什么？他们用的什么方法？什么策略？他们的关注点是什么？

如果你想到的和推销员一样，那么你就没有弄清楚“推销”和“谈判”之间的关键区别。推销的核心是告诉人们你的产品或服务的优点，专注于你的强项，试图诱导对方同意和服从。这些对谈判的确有帮助，但是谈判者还必须关注对方的利益点、需求、优先级、局限和态度。谈判天才和卓越的销售人才都理解这个区别，也深知设计一个价值最大化的好协议不光是取决于他们的说服能力，更有赖于他们的倾听能力。

需要特别指出的是，本章所讲的大部分谈判案例不但满足了双方的利益点，而且不要求任何一方作出巨大让步。在 2000 年美国总统选举的例子里，戈尔和纳德各自的支持者之间的协议是为了帮助戈尔赢得选举人团选票而纳德获得普票，这样双方都不会有任何损失。同样，在克里斯和欧洲供应商谈判的例子里，克里斯确保了竞争对手不会得到同样的原材料，而供应商得以继续供货给表弟，双方都不需要让步。在出租车谈判的例子里，诗卡得以坐车回家，司机也正常下班，双方都无须作出妥协。这些成功的谈判案例告诉我们，如果你用侦探式谈判，也许就不需要“给一点才能拿一点”。而是可以得到你想要的一切，同时又不需要放弃什么，除非你错误地认为双方必有一失。

NEGOTIATION GENIUS
哈佛经典谈判指南

侦探式谈判的 7 大原则：

1. 不要只问是什么，还要问为什么。
2. 努力调和利益点，不要在诉求上纠缠。
3. 求同存异。
4. 把要求当作机会。
5. 不要把任何问题简单当作“对方的问题”而打发掉。
6. 不要让谈判以自己的提案被拒作为终结。
7. “推销”和“谈判”是不一样的。

从“口风紧”的谈判者那里获得信息的 5 大策略

现在你可能已经注意到，本章列出的所有原则和第 2 章提出的创造价值的策略都基于一个前提，即你可以发现对方的利益点、优先级和局限。要做到互换，双方必须都理解对方更看重哪个议题。同样，要在谈判中调和双方的利益点，双方必须愿意分享那些隐私的信息。不过，谈判者一般都不愿意分享信息。他们紧紧握着自己手里的牌，生怕如果对方知道了他们看重的东西，就会占他们的便宜。

那么，如何才能有效地索取信息，创造价值，解决冲突，达成高效的协议呢？我们在这里给出 5 个从“口风紧”的谈判者那里获得信息的策略。这些策略的顺序是渐进式的，第一个策略不奏效，再试第二个，第三个，以此类推。当然，你和对方的关系越好，这些策略就越容易起作用。

策略 1：建立信任，分享信息

人们更愿意向自己信任的人分享信息。当一个谈判者信任对方时，他就更愿意告诉对方自己的利益点、局限和优先级，这并不奇怪。让我们感到奇怪的是谈判者在谈判之前、谈判过程中和谈判之后，竟然很少有人专门花时间来建立信任。谈判天才不会简单地利用已经存在的信任，他们会在信任不足的时候主动地建立信任。

那么，如何建立信任呢？首先，你要理解谈判对任何人来说都是一件很焦虑的事情，即使是那些看起来喜怒不形于色、你极其不愿意面对的谈判者也不例外。之所以焦虑是因为谈判者都害怕对方一旦有机会就会占自己的便宜。如果你能够减轻这种恐惧，对方就会轻松很多，就更容易分享信息。这里有三个非常实用的减轻恐惧、建立信任的方法：

方法 1：用对方的“语言”来沟通

这个建议不只是对跨文化谈判情境有用。要知道，不同公司和行业的高管们的语言也不尽相同。我们就知道这样一个例子，一家咨询公司失去了一个价值几百万美元的项目，就是因为谈判的时候公司代表没有理解客户使用的一个专业术语。那么，如何避免这种情况的发生呢？其实这家咨询公司可以多花些时间来仔细研究一下客户的行业，或者让熟悉这个行业的员工当谈判代表。当你能够“说”对方的“语言”的时候，你不但拉近了和对方之间的距离，也给了对方一个信号，说明你关心他们的需求，愿意和他们建立长期互信的伙伴关系。

方法 2：加强各种联系纽带

如果你和谈判对手只是一个纯粹的商业或者政治关系，那么对方很有理由相信你一定会为了经济或者政治的利益占他的便宜。去了解对方的家庭和他们的生活，和对方在非正式场合聚会，分享共同的朋友，在共同的社区生活或者工作，这些都会加强信任。增加和对方在经济和政治上的联系也能够促进信任。想象一下，公司 A 给公司 B 提供为期一年的服务，公司 C 也卖给公司 B 多个长期服务，各个服务的终止日期各不相同。A、C 两家公司都希望在合同结束的时候与公司 B 续签合同，哪家公司更有机会培养足够的信任来建立和客户的长期伙伴关系呢？

方法 3：在谈判之外建立信任

建立信任最好的时机，是对方不觉得你的合作和善意具有目的性时。为了达成协议，谁都可以做个表面上的好人。而聪明的谈判者即使在没有明显的经济或者政治理由时，也能够注意保持和加强与他人的关系。和过去的客户保持联系，提供超值的产品和服务，超出预期地节约成本，做了这些事情，你就会发现下一次谈判的时候对方会更加信任你。这同时也说明了另外一个非常重要的观点：建立信任最好的办法就是让自己值得信赖。那些爱耍花招、斤斤计较、喜欢走捷径的谈判者通常无法让对方信任自己，也就很难促使对方分享信息进而创造价值。

策略 2：别忘了提问，尤其是当你吃惊或者有疑虑时

谈判者通常不愿意提问，他们觉得对方肯定不会回答他们的问题。这是一个巨大的错误。虽然的确无法保证对方会回答你的问题，但有一点是确定的：只有你问了，对方才有可能会回答；你不问，肯定得不到任何答案。当然，只是提出那些重要的问题也是不够的，真正的关键是知道如何去问，对方才会回答。

假如你想知道对方的底线，你直接问对方的底线是什么，是肯定得不到想要的答案的。但是，你可以问其他他们可以回答的问题，这些问题基本上可以给你同样的信息。下面这些问题就不那么有威胁性，让对方更容易回答：

- 你们计划如何使用从我们这里采购的产品呢？
- 你们的客户是哪些呢？

- 如果我们不能提供这些服务，你们打算怎么办？
- 咱们的合作项目在你们整体的企业战略规划里处于什么位置？
- 可以详细介绍一下你们的公司吗？

可惜的是，很多谈判者在谈判中只顾着争论谁对谁错，并不会去问出这些迂回的问题。

前面讲过，当你对对方的反应或者给出的信息感到惊讶或者有疑虑时，一定要提问。比如在克里斯的例子里，谈判团队本来不需要让他专门飞到欧洲去问供应商为什么不愿意签订独家权这么一个简单的问题的。供应商的拒绝，尤其是在他们进一步降低价格并且保证最低订货量之后依然拒绝，应该已经足够引起他们提问背后的原因了。同样，在第 2 章的 *Moms.com* 播放权谈判里，当基姆说他认为这个电视剧的收视率会很低的时候，你就应该抓住这个机会提问一些非常重要的问题。比如，你的预测背后的假设是什么？你们有多大的信心认为这个预测是准确的？万一这个数字是错的怎么办？这些问题就可以帮助你把谈判引向权变协议。

策略 3：提供一些自己的信息

假设你已经尝试过建立信任，并且已经问完了所有该问的问题，但对方仍然不愿意给你需要的信息。现在怎么办？

这时候，你可以根据互惠原则，做首先分享信息的人。例如，你可以说："我知道我们有很多需要讨论的内容。如果你不介意，我先讲一讲哪些问题对我们来说是最重要的。然后你来讲你们那边的想法。"这个方法就可以减少对方的焦虑。如果双方都在分享信息，那么双方都处于脆弱的状态。这里的关键是一步一步、逐渐地、你来我往地分享信息。这样做也可以降低你自己的风险，如果对方仍然不肯分享信息，那么你就应该也停止分享。

采用这个策略时，你必须知道什么信息可以分享，什么信息必须保留。首先，在任何情况下都不要告诉对方你的底线，至少在谈判的初期绝不可以。想想假如你告诉了对方你能接受的最低价是 15 000 美元，他们会出多少钱？通常来说，相对安全的做法是分享你在不同议题的优先级。但是这个建议也让很多人感到惊讶，他们的思路是这样的："如果我告诉对方我不看重什么，我就不能通过在这些问题上作出让步来换取对方更大的让步了。"注意，这里的关键点是分享相对优先级，而不是最小化任何一个议题的重要性。我们来对比下面的两个话术：

NEGOTIATION GENIUS
谈判话术

错误的表达："我们今天讨论的 5 个议题里，我只重视议题 2 和 4。其他议题我根本不在乎。"

正确的表达："我们今天讨论的 5 个议题都很关键，都会直接影响我们的盈利，在其中任何一个议题上作出让步对我们来说都很困难。但是，如果必须作出选择，议题 2 和 4 更重要，我们在这两个议题上的灵活性很小。"

分享这样的信息能够带来两个很重要的好处。首先，如果对方也是一个高水平的谈判者，他就会提出通过互换来创造价值。例如，他可能会建议他在第二个议题上让步来换取你在第一个议题上的让步。其次，即使对方不是个谈判天才，他也是人，人的天性是知恩图报。你对别人撒谎，别人也不会跟你说真话。你先道歉，对方通常也会表示后悔。当你给对方有用且可信的信息的时候，对方通常也会愿意和你分享信息。

策略 4：同时就多个议题进行谈判

我们在第 2 章中提过，互换的前提是谈判双方必须把所有的议题同时放在桌面上讨论，而不是一个一个地讨论，或者来来回回跳来跳去。同时就多个议题谈判也是获取对方优先级和偏好信息的绝好办法。如果你一次只讨论一个议题，对方会把每个点都当作谈判中最重要的议题来处理。同时讨论多个议题，可以观察对方的选择，对方会强调哪个议题，从而更清晰地了解对方真实的优先级。判断哪个议题对对方来说最重要，可以注意以下几个信号：

- 哪个议题对方总是会提到？
- 哪个议题让对方最情绪化或者紧张？
- 在讨论哪些问题的时候对方说得多，听得少？
- 哪个议题对方最不愿意让步？

策略 5：同时给出多个提案

假设你已经用尽了前面所有的办法，对方还是不分享信息，你就需要用一个对方意识不到的技巧来获取信息了。尝试一下这个办法：下次你给出提案的时候，不要只给出一个，而是同时给出两个。具体来说，就是给出两个对你来说价值一样，但是内容侧重点上稍有区别的提案。

举个例子，假设你和一个代理谈判，要聘用他来卖你的房子。代理合同通常有两个主要内容：佣金（代理会收到的最终房价的百分比）和合同期（多长时间内该代理可以独家卖你的房子）。代理期望高佣金（6%）和长合同（6 个月），你则期望低佣金和短合同。如何知道代理更看重哪个问题呢？首先，你应该先设计一个评分系统，量化这两个问题对你来说的相对价值（见第 2 章）。假设你觉得佣金降一个百分点或者合同期减少一个月对你来说价值是一样的，你就可以给代理下面这两个提案：

- 提案 1：2.5% 的佣金，合同期三个月。
- 提案 2：3.5% 的佣金，合同期两个月。

代理回答说，这两个提案都不能接受，但是提案 1 似乎好一点。这就是很重要的信息了。这两个提案对你的价值一样，但是代理的选择揭示了她更看重合同期，而不是佣金。这样，你就可以设计一个佣金低但合同期长的合同，以满足双方的需求。这里，代理的选择还会告诉你一些其他的信息，需要你格外留意。比如，为什么代理想要更长的时间呢？是因为她最近太忙，还是因为她不是一个好的代理呢？如果不同时给出多个提案，你就很难获得这样的信息。

还有一点，你无须等对方真正接受你的任何一个提案就可以判断出她的偏好。的确，代理可能会说两个提案都不能接受，因为两个提案都太苛刻了。没关系，这时候你可以问："哪个提案更接近你的想法？"或者："哪个提案是完全无法接受的？"再或者："如果我作出一些调整的话，从哪个入手呢？"对这三个问题的任何回答都会给你提供有用的信息。

多提案法还有很多非常显著的优点，不但可以帮助发现"口风紧"的谈判者的利益点，还可以让你"锚定"得更狠一点，同时看起来很灵活。你提供了选择，就表明了你的灵活性，表示你愿意作出调整，愿意适应对方的偏好和需求。

NEGOTIATION GENIUS
谈判天才指南

从"口风紧"的谈判者那里获得信息的 5 大策略：

1. 建立信任，分享信息。
2. 别忘了提问，尤其是当你吃惊或者有疑虑时。
3. 提供一些自己的信息。
4. 同时就多个议题进行谈判。
5. 同时给出多个提案。

谈判是一场信息游戏

谈判是一场关于信息的游戏。能够娴熟地获取重要信息的谈判者常常比那些死守自己所知的谈判者表现得更好。在本书第一部分的所有案例里，我们看到了在谈判中挑战自己的假设，探究诉求背后的信息帮助谈判者找到了更多的选择，达成了更高效的协议。一般来说，侦探式谈判法能够帮助你把竞争性的零和谈判变成合作性的，从而创造更多的价值，并实现双赢。

但是，光是有了争取和创造价值的系统性方法仍然是不够的。在本书的第二部分，我们将潜入谈判者的思维里，向大家揭示一些能够把最有经验的谈判者都引入歧途的心理陷阱。谈判天才深刻理解人类思想的运作方式及局限，他们不仅善于克服自己的心理偏误，而且还擅于应对和利用他人的偏误。

NEGOTIATION GENIUS

第二部分

谈判心理学

第 4 章

认知偏误：你看到的不是真的

NEGOTIATION GENIUS 谈判案例

劳资纠纷

美国冰球联盟和球员工会之间产生了劳资纠纷。2004 年 9 月 15 日，在经历了一系列冲突之后，联盟宣布“关门”。5 个月内几百场比赛被迫取消之后，联盟正式将整个赛季取消。于是，他们成了美国历史上第一个因为劳资纠纷而取消整个赛季的主要职业体育联盟。

问题出在哪里呢？美国冰球联盟在主席加里·贝特曼（Gary Bettman）的领导下，在 20 世纪 90 年代迅速扩张，在美国增加了 9 支新球队，建了很多新的体育馆，曝光率大大增加，也延长了电视直播时间。随着知名度和利润的不断提高，球员的薪酬也达到了联盟难以承受的高度。根据联盟的报告，2003 年，整个联盟所有收入的 75% 都用在了球员薪酬上，比 1990—1991 赛季高出了 34%。相比之下，美国橄榄球联盟的球员收入只占联盟总收入的 64%，美国职业篮球联盟占 57%。

2004 年，这个财务困境已经让联盟进退两难。30 支球队中，有 19 支球队的财务状况在 2003—2004 赛季出现赤字。整个联盟当年共损失了 2.25 亿美元，电视转播权的销售情况也很差。于是，冰球联盟管理层决定在 2004—2005 赛季强硬起来，提出把球员的平均工资从 180 万美元降到 130 万美元。除了工资，贝特曼还要求做到“成本固定”，设定每支球队的薪酬上限为球队总收入的 55%。

2004 年 12 月 9 日，球员工会同意降薪 24%，但不同意把薪酬和球队的收入挂钩。贝特曼将次年 2 月中旬作为截止日期，到时要么双方达成一致，要么就取消整个赛季。2005 年 2 月 14 日，冰球联盟的老板们提出用薪酬上限来取代薪酬和球队收入挂钩。又一番谈判之后，老板们把薪酬上限设定在每支球队 4 250 万美元，球员工会则把自己的要求从 5 200 万美元降低到了 4 900 万美元，还附加了一些特例。

“双方已经这么接近了，他们必须达成协议，”阿纳海姆小鸭队（Mighty Ducks）球员迈克·莱克勒克（Mike Leclerc）在截止日期临近时对《洛杉矶时报》如是说，“如果整个赛季取消了就太难看了。”但是，截止日期过去了，双方并没有达成协议。于是，赛季尚未开始，贝特曼就宣布本赛季结束了。700 多名球员中有 400 多人去了欧洲打球，很多老球员发现自己的职业生涯突然就被叫停了。许多人觉得联盟和球员工会背叛了他们。刚开始的时候，民意是两分的，但是矛头迅速转向了球员，认为他们不切实际，过于贪婪。

2005 年 7 月 21 日，联盟和工会终结了长达 310 天的关门，双方达成了一个劳资谈判协议，开启了 2005—2006 赛季。这个协议得到了近 90% 的球员的支持。根据协议，每支球队的薪酬上限定为 3 900 万美元，比 5 个月前工会提出的要求降低了 1 000 万美元，也比当时联盟提出的数字要低。该协议还加入了控制成本的相关条款，比如薪酬不能超过球队总收入的 54%，所有现役球员的薪酬降低 24%。另外，修改后的仲裁条款也对球员更加不利。而球员只获得了对方象征性的让步，比如保证每个球队的最低薪酬。美国冰球联盟是一个靠“大门”驱动的运动，联盟 3/5 的收入来自门票。现在，整个联盟需要考虑如何重新挽回流失的观众。

为什么球员工会 2 月的时候拒绝了 4 250 万美元的提案，却在 7 月接受了 3 900 万美元呢？为什么他们牺牲了整整一个赛季的时间和收入，换来的却是更差的结果呢？从各个方面来说，这个协议是完全可以在“关门”之前就达成的。那么，是什么让双方没能够避免一个赛季的损失呢？这些纠纷、“关门”和赛季取消都是必要的、不可避免的吗？我们认为不是的。我们认为这场谈判早期的失败是因为一些典型的本可以被避免的谈判错误造成的。

当理性失败时

2002 年的诺贝尔经济学奖颁发给了丹尼尔·卡尼曼（Daniel Kahneman），以表彰他和阿莫斯·特沃斯基（Amos Tversky）在“人的心理认知如何系统地偏离理性”这一领域的开创性研究。他们的研究成果给很多领域带来了影响深远的革命性进步，包括经济学、心理学、金融学、法学、医药学以及市场营销学等。当然，也同时改变了谈判学。在行为决策研究兴起之前，学者们能够给谈判者的建议通常就是要从理性的角度来展开谈判。换句话说，就是教他们用一些简单的逻辑框架以及更加“理性一点”。

行为决策研究认可应该教导人们在谈判的时候更理性一些，但也认为这是远远不够的。谈判者还需要了解那些会阻碍他们进行理性决策的心理习惯和偏误。行为决策研究领域的学者对人在谈判中所犯的很多错误的本质已经有了非常深入的了解，他们找到了很多方法来帮助人们避免这些错误，以及预测和利用别人行为中的这些错误。当谈判者准备不足，在谈判中遇到突发情况，或者贸然行事时，经常会犯很多错误。在接下来的几章里，我们会帮你建立一个理性的自我认知，帮助你克服这些困难。同时，我们也会帮助你提高对谈判对手的思维及行为的预测能力。

人是非理性的，常常会犯很多错误，这并不新鲜。但是，在谈判和决策的时候，很多错误都是系统性并且可预测的。下面我们将讨论即使是最精明的高管也经常会犯的 4 个认知偏误，分别是零和偏误、炫目偏误、非理性投入升级和表述陷阱。

零和偏误

大家回想一下第 3 章讲到的克里斯的故事，当时克里斯面对的是本公司谈判团队和欧洲供应商之间关于独家权条款的僵局。克里斯公司的谈判团队认为，在这个问题上有且只有一家公司可以满足自己的要求：要么给要么不给独家权。幸好，克里斯问了一个简单的问题，发现原来欧洲供应商不愿意给出独家权的原因就是想给表弟留一小部分原材料而已。其实，公司并不介意这个供应商每年卖几百千克给一家本地的公司，只要供应商承诺除此之外克里斯的公司是独家就可以。因此，这个独家权问题表面上看起来是一个问题，而实际上则是两个问题：关于几百千克产品的独家权和大宗订单的独家权。虽然表面上看起来很有误导性，实际上这并不是一个你死我活的输赢问题。

有时候，谈判的确只有一个议题。比如第 1 章里的汉密尔顿地产谈判，这种谈判通常在本质上就是零和的：一方所得必然是另一方所失（假设谈成的情况下）。这种谈判涉及的价值和资源总量是固定的：谈判双方唯一能做的就是划分这个固定大小的“蛋糕”，努力让自己多得一些。

但是，大多数谈判都包含不止一个议题。常见的比如有发货方式、服务内容、贷款、奖金、发货期以及双方关系，等等。在前面两章，我们解释过有了多个议题，谈判者就可以通过互换来创造价值，我们当时也提供了具体的策略来找到互换的好机会。在这里，我们想要提醒大家，谈判者不能创造价值往往是因为他们认定价值或资源的总量是固定的，然而事实上是有办法把“蛋糕”做大的。很多成功的谈判案例都告诉我们，要想谈判成功，就必须克服零和偏误，找到对双方都有利的互换。

即使是最有经验的谈判者也会受到零和偏误的影响，使得他们过分关注为自己争取价值，而忽略了去创造价值。马克斯曾经和乔纳森·巴伦（Jonathan Baron）以及凯瑟琳·肖克（Katherine Shonk）合著过一本书，里面记录了很多因零和偏误导致冲突，进而给社会带来损失的例子。我们来看看这个本杰明·科恩（Benjamin Cone）的故事。

> 科恩是一名护林员，1982 年在北卡罗来纳州继承了 2 914 公顷的土地。科恩种植饲料，有计划地焚林，限制伐木和木材销售，把土地管理得非常好。不出所料，他的土地上遍地都是鸣禽、野火鸡、鹌鹑和鹿。
>
> 1991 年，科恩雇用的一个生物学家在考察他的林子时发现了 29 只啄木鸟，它们属于一个濒临灭绝的物种。根据 1973 年的《美国濒危物种保护法》（*Endangered Species Act*），美国鱼类及野生动物管理局自动取得啄木鸟栖息地的控制权，占地大约 630 公顷，是科恩的土地的 20%。失去了这部分财产之后，科恩完全改变了他对剩下 80% 的林区的管理方式。为了不让啄木鸟占去他所有的土地，他把家传的可持续发展的护林方法，变成了每年把几百公顷的林区植被砍伐一空。如他所愿，彻底砍伐的确阻止了啄木鸟扩张它们的领地，但这场“胜利”却很惨烈。为了赢得和啄木鸟以及《美国濒危物种保护法》的斗争，科恩遭受了巨大的经济损失，也给环境造成了很大的破坏。

科恩的做法显然违背了《美国濒危物种保护法》作者在撰写这个法案时的初衷。但是，科恩之所以选择了彻底砍伐，是因为他觉得自己必须在砍树和让给啄木鸟之间进行选择。这个经济方面（对科恩来说）和环境方面（对社会来说）的纠纷必须这样两败俱伤吗？事实上，科恩还是有其他选择的。当时，保护法允许土地拥有者制订一个生态保护计划，只要他们采取一些措施来保护濒危物种，就可以不必完全遵守濒危物种保护法。这个计划的目的是寻找一个能同时满足濒危物种和土地拥有者利益的替代方案，进而克服零和偏误的影响。但是，科恩拒绝制订生态保护计划。他认为这个计划如果是对环保主义者有利的，就一定对自己不利。他的零和偏误让他采取了一个极端的防守性策略，也是一个自我毁灭的策略。

另外一个例子也能够显示出零和偏误的巨大力量。学者莉·汤普森（Leigh Thompson）的研究显示，即使谈判双方想要的是同样的结果，谈判者最终经常会达成另一个结果，因为他们认定必须通过妥协才能达成协议。汤普森设计了一个谈判模拟，里面有两个议题是双方合拍的，即双方有完全相同的偏好，都想要同一个结果。客观来说，在这两个议题上没什么可以谈判的，因为双方并没有实质上的冲突。但是模拟数据显示，39% 的谈判者至少在其中一个双方合拍的议题上没有达成相应的协议。那些达成了协议的人通常发现不了对方也在这个问题上获利了，他们认为自己在这个议题上谈赢了对方。

零和偏误不但使创造价值变得困难，还会带来反应性贬值。这是谈判者的另一个倾向性，常常只因为对方在一个议题上让步了，就诋毁和贬低这个议题，认为对方让步是因为这个议题没那么重要。

即使是你提出的同一个明显对双方都有利的条款，如果由对方提出，也会觉得对自己不利。同样，当对方在一个议题上作出了让步，谈判者就可能会因此而贬低这个议题的价值："她愿意在这个议题上让步，这个议题肯定没有那么重要。"或者，当对方看起来似乎很高兴的时候，谈判者也会认定自己拿到了一个很差的协议："她这么高兴，肯定是因为我们输了。"这些倾向性的起因都是零和偏误，让我们错误地以为对对方有利的一定对我们不利。这个偏误的影响在美国职业冰球联盟的谈判中也非常明显。双方过于关注薪酬矛盾，而忽略了那些可以把"蛋糕"做大的议题，比如如何去挽回这个赛季，如何提高收入，甚至包括继续打球。其实，球员们最终接受的提案还不如"关门"之前收到的那个。但是，就因为那个提案是老板提出来的，球员们马上就把它"贬了值"。

在第 2 章和第 3 章里，我们列出了一系列帮助创造价值的策略，比如同时谈多个议题，同时给出多个提案，使用权变协议等。但是，在你使用这些双赢策略之前，一定要提醒自己，你在谈判中那些初始的、自发的第一反应很可能就是零和偏误导致的结果，可能需要进行相应的调整。

归根结底，在进行任何重要谈判的时候，我们都应该时刻记得要以创造价值为目标。哪怕最后你发现没办法把“蛋糕”做大，也没关系。因为带着把“蛋糕”做大的心态发现自己错了，远胜过以为“蛋糕”做不大，而且永远发现不了自己的错误。

炫目偏误

名牌大学的 MBA 毕业生在和雇主谈判的时候通常处于很有利的地位。这些学生聪明绝顶，受过良好的教育，更容易得到全世界顶尖企业的青睐。因此，对这些人来说，通过谈判得到一个好的工作条件应该是件很容易的事。但是，如果真的是这样的话，为什么那么多的 MBA 学生在接受第一份工作之后很快就换工作了呢？一个重要的原因就是他们的炫目偏误迷惑了他们的决策。具体来说，他们在找工作的时候过于关注工作条件中那些炫目的部分，而忽略了那些不够炫目但对幸福感有很大影响的部分。即使对非常有经验的谈判者来说，这个偏误也是一个很大的陷阱。

在哈佛商学院有个斯潘格勒学生中心，MBA 学生们会花很多时间在那里活动。每当毕业季临近的时候，最常见的聊天话题就是关于面试和工作机会：

- 公司的医疗保险非常好。
- 公司离我长大的地方不到 20 千米。
- 我去总部访问的时候，感觉大家都工作得非常开心。
- 这份工作可以经常去欧洲出差。

- 起薪 14 万美元。
- 这个公司的员工对工作内容有很大的控制权。
- 办公室非常好，又大又宽敞。
- 对方是麦肯锡。
- 这份工作不需要经常出差。

你在看这些描述的时候，有哪条一下子就抓住了你的眼球？哪条会迅速在 MBA 学生当中流传？哪条会让人刮目相看？基本上，答案就是高工资（14 万美元）和麦肯锡（世界顶尖咨询公司）。这两条不但最容易传播，而且很容易评估。收到这样工作机会的学生会注意到，当他们与人分享的时候，其他学生的反应有多么积极，这些反应会加重这些信息在他们心里的分量。当一次又一次的对话都集中在这两个因素上，工作机会的其他方面就被掩盖了。结果就是，学生欣然接受这份工作，然后又迅速辞掉了那些知名公司的高薪工作。因为他们过于看重这些工作机会上炫目的因素，而忽视了其他对他们的职业发展和个人幸福感影响很大的因素，比如工作地点、同事关系以及出差需要等。值得一提的是，有研究表明炫目偏误对男人的影响大于对女人的影响。

一般来说，炫目的信息比那些不抓眼球但很有价值的信息对谈判者的影响更大。想象一下一群高管讨论如何在公司内分配研发资金。总经理问每个人的意见，每个人都强调应该给自己的部门更多的资金。为什么呢？部分原因可能是这些高管过于以自我为中心，试图最大化自己的利益。但在潜意识层面，每个高管都可以具体而鲜明地想象出自己的部门会如何使用这笔资金，而忽略那些不够醒目但是同样有价值的方面，比如其他部门会如何使用这笔资金。同样，总经理自己也会被那些炫目的选项（如预估销售额、成本估算以及投资回报率等）所影响，低估其他重要的因素（如项目完成时间、实施复杂程度以及机会成本）。

美国冰球联盟的球员和老板们同样受到了炫目偏误的影响。双方的强硬谈判行为显然是因为过分关注于某些因素，比如薪酬和球队收入挂钩问题以及薪酬上限问题。而其他同样重要的因素就被忽略了，比如停止比赛每天带来的收入损失、声誉损失。其实还可以想办法来把“蛋糕”做大，遗憾的是这些因素都被忽略了。球员们最终在这些炫目的问题上接受了比预期低很多的条件，估计是其他那些不够抓眼球的问题终于浮出了水面，促使双方达成了协议。当然，这时候一个赛季已经过去了。

那么，在谈判中应该怎么做才能避免高估炫目的信息呢？除了要预料到炫目偏误的影响，这里还有两个策略能够帮助你纠正这个偏误：

构建一个评分系统

在第 2 章里，我们描述了如何去构建一个评分系统，并解释了如何利用这个系统来评估提案，设计合适的还价。评分系统还能够帮你把注意力集中在你真实的利益点上，帮助你纠正炫目偏误。如果你能够随时用评分系统来矫正你的反应，调整你的策略，就能够避免在作决策时高估那些炫目的因素了。

一个以前的同事现在在卡内基·梅隆大学教谈判学。多年前他在寻找教职工作的时候就应用了这个系统。他先列出了一个工作机会里所有对他有价值的，包括诸如“我太太是否喜欢”（权重是 50%）、工作地点离最近的国家公园的距离以及年平均降雨量等近 40 个不同的方面。我们都觉得这个朋友有点儿过于细致了。但是，如果一个 MBA 毕业生的评分系统里没有 5 ～ 10 个选项，那么这个学生一定没有理性地思考工作谈判中可能涉及的重要议题。我们的那位同事可能只浪费了一个下午的时间，但是 MBA 毕业生可能就浪费了自己一年的时间。

把信息和“忽悠”分开

在第 1 章里，我们已经简单介绍了区分信息和“忽悠”的重要性。我们在这里再次讨论这个问题，因为它将帮助我们纠正炫目偏误。考虑一下这个场景，一个销售人员给你看《名车志》（*Car and Driver*），根据上面的评分来说服你他的车有多么可靠。然后，他又栩栩如生地描述了一个和你差不多情况的人因为没有买保险而不得不支付高昂修车费的事，来说服你给同一辆车买了一份昂贵的延长保险。虽然看上去互相矛盾，但是这两个信息都是在对销售人员有利的方向上影响你。根据数据，几乎 50% 的新车买主购买了这些价格过高的延长保险。他们显然并没有努力去分析这两件事之间的矛盾之处，很有可能就是受了炫目偏误的影响。谈判天才在面对一个艰难决策的时候，常常会问自己这样的问题：这个信息有价值吗？里面有新信息吗？我是否被信息的呈现方式影响了？

非理性投入升级

假设你参加了一节谈判课，同学们都是很有经验的高管。课堂上，教授掏出来 100 美元，对你们说：

> 我现在要拍卖这 100 美元。你可以自由选择参加或者看别人竞拍。竞拍从 5 美元开始，每个人可以以 5 美元的倍数竞拍，最后胜出的竞拍者将付费并得到这 100 美元。这个竞拍和传统竞拍的唯一区别是这次竞拍排名第二的人也要支付竞拍价，但是并不会赢到这张 100 美元。例如，假如玛丽亚竞拍了 15 美元，贾马尔竞拍了 20 美元，那么贾马尔会得到 80 美元（赢得的 100 美元减去他竞拍的 20 美元），玛丽亚作为第二高的竞拍者，将付给我 15 美元（她的竞拍价）。

那么，你会采用什么策略来竞拍？你会不会参与这个竞拍？

马克斯参与过几十次这个拍卖，以前拍卖 20 美元也有几百次了。一般来说，马克斯都会赢很多钱。

通常，事情会这样发展。刚开始的时候，竞拍很热烈。在竞拍到 60 ～ 80 美元这个范围的时候，大部分人选择了退出，只留下两个出价最高的竞拍者。这两个竞拍者一下子压力陡增。假设一个竞拍者竞拍 70 美元，另一个竞拍 75 美元。

出 70 美元这个竞拍者要么竞拍 80 美元，要么停止竞拍，失去 70 美元。继续竞拍虽然也有很多不确定性，但似乎比肯定会失去 70 美元的确定性更加有吸引力，于是他竞拍了 80 美元。对方会重复同样的想法。整个过程继续一直到 95 美元，然后 100 美元。这个时候，整个屋子都安静了下来，所有人都看着 95 美元的竞拍者，他必须决定是接受 95 美元的损失还是竞拍超过 100 美元，希望对方首先退出。95 美元的竞拍者竞拍出 105 美元的时候全班都笑了。这个拍卖一般会终结在 100 ～ 1 000 美元之间。

首先，为什么人们会参与这个竞拍呢？显然，他们是被赢钱的可能性吸引了。但是，为什么超过了 100 美元他们仍然继续竞拍呢？这是因为他们在心理上和策略上同时被困住了。从策略上来说，任何人一旦参加了这个百元拍卖，成为出价最高的两个竞拍者之一，他就会认为只需要一点小小的投入就可以不用退出，继续留下来。这看起来似乎也说得通，毕竟，也许再多拍一次对方就退出了。但是，如果双方用的都是这个看起来理性的策略，这个拍卖就可能达到一个极高的额度，给双方都带来灾难性的损失。

但是，策略并不是这里唯一的陷阱。和这个百元拍卖一样，在各种各样的谈判、纠纷和冲突当中，无数的个人、企业和政府都会在错误的行动上不断升级自己的投入。关于非理性投入升级的研究发现，谈判者有很强的动机（向自己和他人）要合理化他们过去的决策和行为。让谈判者承认他们当初的策略不好或者是错误的，是一件非常困难的事。为了避免认错，他们会持续投入，把成本抬到一个非常高的水平，甚至达到一个危险的地步。迪帕克和同事的研究显示，情绪是导致投入升级的一个主要因素。他们把这个现象称为“竞争狂热”，他们发现，如果给人际交往的过程中加入竞争和对抗的感觉，会让谈判者产生一种“不惜代价非赢不可”的欲望。当然，“赢”和“赢钱”可能是完全不同的两码事。就像在百元拍卖当中一样，当竞拍超过了 100 美元之后，即使“胜利者”也是输的。

生活中也有很多非理性投入升级的情境。比如争夺抚养权、劳资纠纷、罢工、法庭诉讼、价格战、种族冲突等，很多纠纷都非常容易失去控制。对胜利的信心、合理化当初策略的需要加上击败对手的欲望，所有这些会导致投入升级的因素汇集在一起之后，理智和常识就被抛到九霄云外了。如果冲突的参与者控制不住自己投入升级的欲望，那么那些开始看起来不错的策略（参与竞拍、威胁起诉、价格竞争等）都可能会带来灾难性的结果。如果谈判者觉得自己已经投入得太多了不能放弃，或者已经遭受了很大的损失，或者非常不喜欢对方想要不惜代价地赢，或者曾经公开表示对自己立场的承诺，那么投入升级的可能性就更大了。回想一下，在美国冰球联盟劳资纠纷的例子里，所有这些因素是不是都起了作用？

假设你正是当时的冰球运动员之一。"关门"已经持续了 5 个月，这个赛季看起来已经要泡汤了。你当然不希望损失剩下的赛季和收入，但是也不想放弃你的要求。你能够承认自己当初的策略错了吗？能够承认为了争取一个好的结果你这么久的坚持错了吗？能够承认你其实应该接受那个几个月前你一直认为不够公平的结果吗？能够克服你对老板们的敌意，向他们的要求让步吗？要做到这些并不容易。那么，有哪些可以避免非理性投入升级的好办法呢？

为了解决其他体育联盟中类似的纠纷，哈佛商学院教授詹姆斯·西本斯（James Sebenius）和迈克尔·惠勒（Michael Wheeler）设计了一个很有用的策略。首先，纠纷双方结束罢工马上开始比赛。但是同时规定，联盟老板和球员都不能拿到自己的分成和薪水。所有的收入都放在一个第三方账户里，一直到冲突解决为止。这个安排里还有一点十分关键，就是如果双方不能尽快达成协议，那么大部分收入将捐给慈善机构。换句话说，要么你们尽全力找到解决办法，要么这个"蛋糕"就会缩水。西本斯和惠勒认为眼看着资金的不断累积以及害怕这笔收入凭空消失的心态会促使双方迅速达成协议。

有人可能会说，一旦冲突升级、双方斗得火热的时候，让双方同意这样的做法就很不现实。但是看看另外一个例子。2005 年，美国东海岸高速火车的制动装置出现了问题。毫无疑问，火车刹车闸的质量至关重要，如果有裂纹必须替换。但是，谁应该对这些裂纹负责任，谁应该承担几个月停运的成本呢？三家公司都可能对质量问题负有责任：负责这些刹车闸采购的是美铁，制造了这些火车的是加拿大庞巴迪公司，制造这些刹车闸的是德国克诺尔集团。不出意外，各家公司对谁应该负责莫衷一是。但是，出人意料的是，三家公司迅速同意先解决刹车闸问题，让铁路尽快开始运营，然后再讨论谁应该为停运和维修成本负责。正是因为他们同意了先解决共同利益的问题，三家公司因此节省了几千万美元的损失，也避免了投入的升级。

西本斯和惠勒所提出的策略如此智慧，为什么在 2004—2005 赛季的时候，美国冰球联盟和球员工会没有采纳呢？个中原因，很大程度上是因为双方（尤其是球员）受到了非理性投入升级心理的影响，他们在追求自己最初的策略的时候被困了，忽略了那些应该改变策略的明显信号。

当处在激烈的争斗中时，应该如何避免投入升级呢？你可以考虑以下做法：

谈判开始之前就设定好退出策略。在百元竞拍活动中，双方都不知道对方什么时候会退出，因此很难确定再竞拍一次是不是一个错误的决策。然而，无论是参加百元竞拍的竞拍者，还是诉讼中的起诉者，或者参战国家的元首，对他们来说，这都是一个无底洞。这就是为什么事先确定一个止损点至关重要，到了这个点就必须退出。当然，如果你获得了新信息（如对方已经没有钱了），那么根据新信息，你就可以调整你的退出点。

设定一个“魔鬼代言人”的角色，还要给这个人相应的奖励。这个人的任务就是对你的决策挑刺儿，在你的逻辑里找碴儿。什么样的人适合承担这个角色呢？这样的人必须具备以下三个特点：必须是你信赖的人，他们必须和你最初的策略完全没有关系，而且和最终的结果也没有利益冲突。谈判的时候，你可能很希望召集那些容易相处，与你思路相同，能够支持你、提升你信心的人。但是，要处理投入升级这样危险的问题，你所需要的不是信心，而是清晰的思路和正确的判断。谁都不可能总是保持头脑清醒，因此最好你周围有这么一个你信任的人，能够给你提供没有偏向的公允判断。

提前对可能会引起投入升级的因素作出预测和准备。例如，如果你担心可能会需要向同伴解释你最初的决策，你最好就不要公开承诺要采取某个行动。或者如果你觉得对方的敌意可能会让你怒火中烧，让冲突升级，那么最好让你的团队或者公司里其他人在你情绪高涨的时候替你处理重要的谈判。

在投入升级的大背景下，谈判天才必须学会识别竞争陷阱，了解升级的原因和后果，提前准备好如何“降级”以及止损。理解了投入升级是怎么回事，不但可以让你避免代价不菲的错误，还能够让你更好地预测对手潜在的非理性行为。

表述陷阱

阿莫斯·特沃斯基和丹尼尔·卡尼曼模拟了一个对抗疾病问题，假设一种罕见的流行病在美国暴发，预计会有 600 人丧生。现在，有两个项目可以对抗这种疾病。以下是两个项目经过严格科学预测的结果，你会选择哪个项目？

- 项目 1：200 人会获救。
- 项目 2：有 1/3 的可能性 600 人都获救，2/3 的可能性无人获救。

请作出选择，你会选择项目 1 还是项目 2。选完之后再继续读下去。现在，同一个问题，下面两个选项你选择哪个？

- 项目 3：400 人会死。
- 项目 4：有 1/3 的可能性没有人会死，2/3 的可能性 600 人会死。

如果你读得很仔细，你会发现项目 1 和项目 3 是一模一样的，结果都是 200 人活下来 400 人死。项目 2 和项目 4 也是一模一样的，都是 1/3 的可能性救活所有人，2/3 的可能性失去所有人。换句话说，如果人们认为项目 1 好于项目 2，他们也应该认为项目 3 好于项目 4。但是，人们并不是这样选的。那些看到第一组选项的人，大部分认为项目 1 好于项目 2（特沃斯基和卡尼曼的开创性研究里的数字是 72% 的人）。而那些看到第二组选项的人，大部分认为项目 4 好于项目 3（78% 的人）。为什么人们的偏好会反转呢？

原来关键是这些选项是如何被表述的。这两组选项内容是一模一样的，但是在表述的时候，"获救"和"失去"两种不同的表述，对人脑判断机制的影响非常不同。在期望值相似的情况下，当想到可能的收获的时候，人们倾向于规避风险；而在可能面临损失的时候，人们更愿意冒险。换句话说，当我们想要得到什么的时候，我们更喜欢确定性；但在要失去的时候，我们就会想要搏一搏。这也解释了为什么人们在思考救活多少人的时候选择风险小的项目 1（一定救活 200 人），但是在想到失去人的时候选择风险更大的项目 4（1/3 的可能性救活 600 人）。这就是表述对判断和决策的影响。

关于表述效应的研究告诉我们，人们对待得到和失去的处理方式是非常不同的。这些不同的思考方式会直接影响谈判行为。例如，当我们谈判如何分配收益（利润、奖励、奖金、额外之财等）时，我们更容易作出让步，更愿意妥协。但在分配损失（成本、惩罚等）时就没那么灵活了，甚至不惜冒着谈判破裂的风险。在各类纠纷当中，与争论谁应该得到更多的利润相比，谈判者往往在争论谁应该对成本、损失和负债负责的时候更容易退出谈判，选择风险更大的诉讼。

考虑一下这个情境：

> 你来到一个赌场，坐下来玩"21 点"。你有 100 美元，你会如何下注？现在假设你已经玩了一个小时，已经输了 600 美元。你现在会如何下注你的 100 美元？大多数人在已经输了的时候更愿意冒险。输第一个 100 美元比输第七个甚至第二个 100 美元都要痛苦多了。一旦你已经成了"失败者"，只要还有跳出来的可能，你就不怕陷得更深了。
>
> 现在想象一下，假设你也是输了 600 美元，但不是输给了赌场，而是本周开始的时候，股市跌了，你的投资损失了 600 美元。你在"21 点"

> 的桌子前又会如何表现呢？你就不会像在赌场损失了600美元那样冒险了。换句话说，这里的关键问题不是你是不是“失败者”，而是你是否觉得在当前这个情境中是个“失败者”。而是否感觉自己像失败者则完全取决于参照点，取决于你在和哪些潜在结果作对比。把当前的情境和你进入赌场时兜里的钱作对比，以及和你的总资产作对比，两种情况下你的行为就会不同。

这个研究发现可以给赌徒提供一些指导，如果能够不断地调整参照点，赌徒就会少冒一些过大的风险。当你考虑什么时候应该离开赌场回家的时候，你应该回想一下事先设定的赌博上限。但是，当你决定一个赌注应该押多少的时候，应该永远把当前的赌注当成是今晚的第一注。提醒你自己，前面输的钱并不会影响你的总资产（但愿如此），所以自认为已经陷入亏空是很不明智的想法。

谈判者更要理解参照点的重要作用。在一场谈判里，并不是只有你可以影响参照点，对方也可以。假如你进入一场谈判时想着可以从中获得几百万的收益，结果似乎协议区间很小（你只能争取到几千元），你可能会发现自己陷入了“失去”的框架中。你会变得更有攻击性，更倾向于下最后通牒，更容易愤然离席。相反，如果谈判之前你的期待很低，你就会感到惊喜，可能就会采纳“获得”的框架，于是你倾向于规避风险，会变得和气，不那么有攻击性，更不愿意冒谈判破裂的风险。显然，这两种表述方式会导致非常不同的行为，但是这样对吗？这场谈判里所包含的总价值并没有改变，那么你的策略也不应该发生改变。

理解了表述和参照点的作用，就能够帮助你提前预测它们的影响，有针对性地提前作出战略规划。具体来说，我们推荐以下步骤：

- 尽量用多个参照点来评估你所处的情境。参照点可以包括现状、你的目标、你的期望、你害怕的结果等，然后从中选一个最合适的。
- 转换参照点，评估你的谈判策略是否仍然切实可行。

- 每当你决定要使用一个高风险的策略（比如下最后通牒或者选择诉诸法律）时，先思考一下如果换一个表述框架，这样做是不是仍然有道理。

例如，在美国冰球联盟的纠纷中，老板们提出降低球员的薪酬水平。从实际效果上来看，这就使得以前的薪酬成了球员的参照点，让他们处于一个“失去”的表述框架里。但是，假如老板们能成功地把球员的参照点转移到其他参照点上，比如与其他体育联盟（美职篮或者橄榄球联盟）相比冰球球员收入占球队总收入的百分比，或者与其他运动的球员相比他们的收入，或者他们有什么其他选择（最佳备选），这样就可能会让球员从“获得”的表述框架来看待问题，会降低他们冒险的意愿，也许就不会失去整个赛季了。

思想的偏误，心灵的偏误

正如行为决策研究结果所显示，谈判者不但要和对方的策略抗衡，还要对抗那些可能影响自身判断和决策的思维陷阱。下一章，我们将继续这个路经，让大家看到，认知偏误只是故事的一部分。谈判者的思维和行为在很大程度上还会受到动机性偏误的影响。我们每个人都想用自己独特的方式来看这个世界，加上我们自己的欲望，就会引起判断上的错误，这些就是动机性偏误。幸运的是，谈判天才不但能够学习、体会和弥补思维上的认知问题，也可以应付心理上的动机问题。

第 5 章

动机偏误：你就没想看到事实

NEGOTIATION GENIUS 谈判案例

护栏纠纷

几年前，在曼哈顿的一间合作公寓，一户租客和公寓的董事会为了 909 美元起了纠纷。当时，租客花了 909 美元安装了窗户护栏来保护儿童，但问题是谁应该为这个护栏买单呢？租客认为费用应该由公寓来支付，因为这属于安全责任问题。公寓董事会则认为，因为该租客是唯一一户想装护栏的，所以应该由租客自己来承担这个费用。纠纷不断升级，最终上了法庭。

一年之后，双方的诉讼费用加起来超过了 1 000 美元。也许这是一个停止诉讼、开始谈判的好机会，但是双方都坚持认为自己会赢，于是选择了继续诉讼。

又一年过去了，双方的诉讼费用加起来已经超过了 1 万美元，但双方仍然不肯庭外和解。现在他们的冲突已经不再是钱的问题，而是都坚信自己才是正确的一方。

最后，公寓董事会赢得了诉讼，法庭要求由租客来支付这909美元的护栏的费用。通常情况下，胜利的一方这个时候可以举杯庆祝了。然而令人遗憾的是，双方花在诉讼上的费用现在已经将近2万美元。

是不是很糟糕？但还有更糟的。

租客决定上诉，于是双方又花了3万美元在诉讼费上。最终，上诉法庭维持原判。至此，为了这场909美元的纠纷双方已经花掉了5万美元。

很糟糕吗？但是还没完呢。

公寓董事会决定起诉，要求租客赔偿董事会一方的诉讼费。这场诉讼又花了双方5万美元。最后，法官把双方赶出了法庭，租客被迫承担了董事会的部分诉讼费。

算了一算，打了6年的官司，花了超过10万美元的律师费，终于解决了这个909美元的护栏纠纷。

人们在谈判的时候会犯很多错误，但并不是所有的错误都产生于上一章中所讨论的认知偏误。情绪也有能够把谈判拉到“沟”里去的重要影响力。更要命的是，人类在遇到问题的时候，往往倾向于认为自己更公正、更宽容、更有能力、更大度、更值得且更有可能获得成功。这些动机偏误会带来什么样的后果呢？它会让我们作出不那么完美的判断和决策。本章中我们会讲解一些基本的动机偏误，以及这种偏误对谈判策略和结果的影响。这些动机偏误包括：动机不相容、自我中心主义、过分自信、非理性乐观、优越错觉、自利归因和后悔厌恶。

动机不相容

荷马史诗《奥德赛》里有这样一段故事：英雄尤利西斯在海上遇到了一

个难题。他知道自己很快就会经过一座海妖所在的岛，这些海妖会用让人无法抗拒的甜美歌声把男人吸引到岛上，然后把他们杀死。没有任何听过海妖美妙歌声的男人逃脱得了这个宿命，小岛的沙滩上堆满了男人们腐烂的尸骨。为了保护船员，尤利西斯让他们在耳朵里灌上蜡，以隔绝海妖的声音。但是，他自己又特别想听到海妖的歌声，因此不想在耳朵里灌蜡。要怎么办才能活下去呢？为了解决这个困境，尤利西斯让船员把他绑起来，命令他们，不管自己如何哀求，只能在驶过海妖岛之后才可以解开绳子。船员们遵守了约定。于是，尤利西斯得以聆听海妖的美妙歌声，同时也保住了自己的性命。

那么，你的“海妖之歌”是什么呢？如果谈判对手让你很生气，你很可能想说一些不好听的话或者采取一些行动，而这些话和行动长远来看可能会给你带来伤害，可能会终结你们的商业关系，毁掉你们的私人友谊，或者让你无法向老板交差，甚至导致更严重的法律后果。但是，人处在气头上的时候，要抗拒这种抨击对方或者报复的欲望是很难做到的。反过来说，如果对方给出了一个很有吸引力的提案，你可能兴奋地马上就想接受，哪怕你知道你应该更聪明一点，继续争取更多的有利条件，或者去签订其他更好的协议。注意，如果你是在给朋友提建议，估计你会提醒他们在这两种情况下都不要操之过急。但如果是你自己处在这种环境下，你就很有可能会控制不住情绪。

经济学家托马斯·谢林（Thomas Schelling）指出，每一个人在做事的时候，都像是两个人：一个想要有清澈的肺，而另一个喜欢吸烟；一个想要瘦身，而另一个喜欢甜点。人们经常需要和自己“谈判”，要在想做的（欲望自我）和应该做的（理想自我）之间作出选择。通常情况下，尤利西斯那种富有创意的解决方案是不存在的，谈判者必须作出艰难的取舍。在太多的谈判中，欲望自我主导了理想自我，带来的后果往往让人追悔莫及。那么，应该怎么办呢？

大部分的谈判老师、高管以及专业人士都认为，谈判者需要控制欲望自我，才能最大化长远利益。根据这个观点，理想自我比欲望自我更值得信赖，更知道什么对你最好。

但是，也有一些人持相反的观点。行为决策学者乔治·洛温斯坦（George Loewenstein）认为，忽视冲动、忽视欲望自我的反应是不明智的。他说："饥饿表示需要吃东西，疼痛意味着受到了伤害。我们的情绪有很多作用，能够干预混乱、重新梳理优先级以及自我激励等。"洛温斯坦认为，身体的反应会帮助我们意识到很多我们非常关注的问题，但因为这个社会要求我们要有责任心，要成熟，所以我们就倾向于去压制这些反应。

这两个不同的观点指出了我们的困境：那些从来不控制欲望自我的人会做一些短视的行为，往往带来很棘手的长期问题；反过来说，那些总是听从理想自我的人也会忽视欲望自我所发出的十分重要的信号。

我们的建议是：对谈判者来说，关键是能够在谈判之前预测到谈判中可能会遇到的"想做的"和"应该做的"之间的冲突，提前准备好解决方案。你将会发现，你的欲望自我和理想自我在谈判前后其实是一致的，只有在谈判当中这两者之间才存在冲突。在争论进行到白热化程度的时候，你情绪高涨，难免会冲动地去满足欲望自我，尽管它可能与你应该做的行为极不一致。好在欲望通常是可以预测的，于是就可以提前作出相应的计划。例如，你预测到对方可能会激怒你，或者你会产生立刻答应对方的冲动，再或者对方会诱惑你作出短视的行为，这样在谈判前你准备得越好，你就越不容易被冲动驱使而做出破坏自己真正利益的行为。因此，再重复一遍，提前准备对谈判的成功至关重要。

回想一下那场关于护栏的纠纷，租客和董事会显然在赢得诉讼和降低经济损失两个对立的自我之中迷失了，作出了错误的决策。那么，有什么办法可以调和呢？一个方法就是，双方可以事先就协商好上限，各自确定打算花多少时间和金钱来争胜。如果达到了这个上限，就应该停止诉讼，双方共同把护栏钱付了了事。在冲突升级之前，双方都不大可能打算花几万美元在这个纠纷上。因此，如果在谈判之前，各方在自己的欲望自我和理想自我之间取得一致，就不会浪费那成千上万的金钱了。

还有一个办法，双方可以安排一个为期一天的仲裁，不需要律师参加。当然，进行这样仲裁的前提是双方都必须接受最终的结果，放弃上诉。这样，双方都有机会陈述自己的观点，然后由一个中立的第三方来决定结果，同时又避免了成本高昂且流程复杂的法律程序。

除此之外，还可以考虑把谈判的控制权交给一个没有利益和情绪牵扯的第三方，这也是一个处理内部偏好冲突的好办法。例如，租客可以找一位信任的亲戚来作关键的决定，比如要不要请律师、要不要上诉以及应该花多少钱在诉讼上等。同样，在事态出现失控苗头的时候，董事会如果找一位非董事会成员，或者没有参与最初纠纷的董事会成员来把控，结果可能就会好很多。这个策略和英雄尤利西斯的策略异曲同工：放弃追求欲望自我，就可以心无旁骛地去追求理想自我了。这也可以解释为什么家里不放或者少放垃圾食品能够帮助减肥——当欲望高涨的时候，唯一能让你不吃的办法就是没得吃。

自我中心主义

以下内容是《美国新闻与世界报道》（*U. S. News & World Report*）的一则调查结果：

- 问题："如果有人控告了你，你胜诉了，对方是否应该承担你的法律费用？"——85% 的人回答"应该"。
- 问题："如果你控告了别人，你败诉了，你是否应该承担对方的法律费用？"——44% 的人回答"应该"。

为什么会出现这种现象呢？这是因为，我们每个人都很难摆脱自我中心主义，或者说，我们的认知和期待都会受到自身倾向性的影响。通常情况下，谈判者心中已经有了一个先入为主的理解、相信或者期待的结果，因为这些会让他们自我感觉良好。在先入为主的信念基础上，谈判者会去寻找看似公平合理的理由，来证实自己的偏好。因此，当有人提到让对方支付自己的诉讼费的时候，人们会认为这是公平的，理由是这样的政策会挫伤那些过于随意的诉讼，确保只有过错方受到惩罚。但是，当情境掉转，人们面对的是自己支付对方诉讼费的可能性，就会认为两种选择都有道理。他们会辩解说让一方负责所有的诉讼成本是不公平的，这样的政策会挫伤人们追求正义的合理诉求。估计如果请那些正处于诉讼中的人来回答这些问题，偏见会比这个调查的受访者更大。

不仅处于纠纷中的人会以自我为中心，这个问题在任何组织的日常沟通当中都十分常见。马克斯曾经和别人合作设计了一个谈判模拟，假定同一公司内部的两个部门之间进行谈判。这两个部门各有侧重：一个能够给公司带来更高的收入，另一个的利润率更高。参与模拟的人被要求代表其中一个部门进行谈判，并且可以从企业管理层那里得到不同程度的资源。大家的反应如何呢？大部分人都是当自己的部门得到了更多资源时才觉得公平，不管他们所代表的部门是强在销售额还是利润率。

这些例子告诉我们，评判对错、公平与否的方式有很多，而人们总是会找到最适合自己目标的合理化解释。当我们努力把自己放在最好的角度来看待时，会人为地贬低某些因素的作用，转而去强调其他因素的影响。结果就是，哪怕是面对同一个现象，我们也可能看到和其他人完全不同的内容。弗雷德里克·班廷（Frederick Banting）和约翰·麦克劳德（John Macleod）因为共同发现了胰岛素，同时被授予了1923年的诺贝尔生理学或医学奖。两个人都受到了自我中心的影响：班廷认为麦克劳德作为合作伙伴，对他的研究不仅没有起到任何帮助，反而带来了阻碍。同样，麦克劳德在诸多报告场合根本就不提自己还有一位合作伙伴。

如果你认为，只要我们真心关心或者喜欢对方，就不会存在自我中心这个问题，那就错了。看看这个例子，如果让一个家庭中的丈夫和妻子来评估自己承担家务的比例，然后把比例加起来，你会发现总数远高于100%，可见双方很可能都高估了自己做家务的比例。

当然，负面情绪会强化自我中心偏误。比如离婚的时候夫妻分割财产，即使双方都声称只要属于自己的“公平的”那部分，但还是很有可能一方要 55%，而另一方要 65%。自我中心使得双方都笃信自己应该得到一个高于第三方认定公平的部分，这就很容易引起冲突，并且进一步失控。因为当你觉得对方的要求太过分的时候，你的反应基本上不会是“哦，我们肯定是有不同的看法”，而更有可能认为对方不道德，想要欺骗你、占你的便宜。

自我中心主义不但非常常见，而且异常顽固，极其不容易矫正。自我中心主义也可能会导致巨大的代价。有两家我们认识的公司就因为一些法律方面的问题“打”了十多年官司。虽然两家公司在市场上和社会上都备受尊敬，但双方都认为对方公司很“邪恶”。为了打赢这场法律之“仗”，双方已经花掉了上亿美元。他们争执的焦点是一份多年前签署的合同。根据我们的评估，争执起源于合同的措辞不够清晰，而双方的自我中心影响了他们对合同中模糊条款的解读，进而引发了冲突，并且不断地升级。

我们每个人都渴望公平，但是如果我们要求的超过我们应得的话，不管出发点如何，都会被人视为不道德。当然，要求过高并不是说我们就是坏人，只是每个人在判断的时候都可能会有偏差。如果理解了自我中心偏误，再主动在行为中进行矫正，我们就可以从“想”要公平，到实际上做到公平。同时，这也会显著地减少争执以及因见解不同而导致冲突失控的可能。

那么，我们如何才能够克服自我中心主义呢？不妨参考一下哲学家约翰·罗尔斯（John Rawls）的建议。罗尔斯认为，当你在评估某个利益分配、贡献评估、价值判断是否公平的时候，可以试着用一下“无知的面纱”。就是说，你去设想一下，在这个谈判或者争执当中，假如在不知道自身角色的情况下，你认为公平的结果是怎样的。换句话说，在你知道自己代表哪一方之前，你觉得怎样才是公平的。克服了自我中心主义，我们就能够消灭谈判中一个重要的冲突来源。通过理解这个偏误对他人行为的影响，我们也可以对对方的意图给出更准确的归因，也更能理解对方。

过分自信、非理性乐观和优越错觉

加州大学洛杉矶分校的心理学家谢利·泰勒（Shelley Taylor）在研究中发现，在关于个人的毕业成绩、未来的工作、薪水、是否会喜欢第一份工作、是否会上报纸以及生育一个天资过人的孩子这些问题上，学生们的期待都过于乐观。他们普遍认为，和同伴相比自己更不容易成为酒鬼、被开除、离婚、抑郁或者出现身体健康问题。类似地，人们也往往高估自己的谈判能力——斯坦福大学商学院的罗德·克雷默（Rod Kramer）发现，在他的谈判课里，68% 的 MBA 学生都会预测自己的谈判能力处于班级前 25%。这些学生认为，与同伴相比，自己会从课堂里学到更多的东西，对课堂作出更大的贡献。一般来说，对自己能力的过分自信和对自身命运的非理性乐观会让我们相信我们的未来会比别人更好，更有前途。

这样有什么问题吗？当一支橄榄球队进攻的时候，四分卫越有信心，不是更有帮助吗？当一个销售人员推销自己产品的时候，如果他坚信他的产品非常出色，不也会更有帮助吗？的确，很多社会心理学家认为，我们对自身能力和未来的结果有积极的心理暗示在进化上是有利的。这些暗示对我们的身心健康都有好处，能维护我们的自尊，让我们在面临困境的时候能够坚持下去。除此之外，过分自信和非理性乐观也能够帮助我们应对生活中的挫折，激励创业者去冒险等。心理学家马丁·塞利格曼（Martin Seligman）① 甚至建议大公司在选择销售人员的时候要优先那些积极错觉程度更高的人，他称之为“习得性乐观”。

但是，我们认为在谈判的时候过分自信和非理性乐观是有害的。乐观自信也许能够帮助四分卫完成一次成功的进攻，或者帮助销售人员顺利卖出一单，但在制定谈判策略甚至最终决策的时候，你必须摘掉这些有色眼镜。不切实际的乐观会让你拒绝一个对你而言最好的工作机会，拒绝购买一所最合适的房子，甚至提

---

① 美国著名心理学家，积极心理学的创始人之一。塞利格曼在多本著作中讨论了如何建立持久的幸福感，以最终实现幸福、有意义的人生，如《持续的幸福》，其中文简体字版已由湛庐文化引进，浙江人民出版社出版。——编者注

出谈判对手不太可能接受的合约条款。过分乐观的谈判者往往在展开一场谈判之前只准备一个策略，他们认定自己的谈判策略一定会奏效，因而把所有的精力都投入在设计和执行这一策略上。而更现实的谈判者能够意识到一个策略并不一定能保证成功，更稳妥的做法是制定其他的备用计划。

即使在谈判桌之外，我们也可以看到过分自信和非理性乐观所带来的影响。太多人把自己一生的积蓄投资到成功率很小的创业项目上。太多员工以为自己对公司必不可少，结果出乎意料地被裁掉。还有很多求职者只发出很少的求职申请，因为他们主观地相信雇主会抢着要自己。太多人选择上法庭，错误地以为自己非常占理，甚至是一定能够胜诉，更糟糕的是，很多律师也会因为自身利益的驱使，帮助客户维持这个信心。比如前面关于护栏的纠纷，双方如果对自己取胜的概率、诉讼的成本以及完成诉讼所需要的时间有准确、客观的评估，还会愿意上法庭吗？几乎不太可能。

那么，为什么积极的错觉对四分卫和销售人员有帮助呢？因为和谈判者不同，四分卫和销售人员不是在作决策，而是在执行已经作出的决策。过分自信和非理性乐观给他们提供了努力工作、提高绩效所需要的动力和灵感。但是对于谈判者来说，这些错觉则会带来惨重的代价，因为谈判者在谈判前、中、后的各个阶段都必须不断地作出决策。

谈判者不仅常常对自己的前景抱有乐观的态度，也常常作出优于实际的自我评价。这种优越错觉让他们觉得自己比对方更灵活、更有能力、更理性、更诚实、更公平、更合作，从而导致太多平庸的谈判者认识不到自身的谈判能力其实亟待提高。

有意思的是，优越错觉不仅影响我们对自己的判断，同时也影响我们对自己所属群体的判断。我们倾向于认为我们群体的成员，比如本国、本公司、本部门或者自己的家人，都比其他群体的人更诚实、更有合作精神、更值得信赖、更努力、更刻苦。如果我们判定自己同伴的素质高于平均水平，那么我们又如何看待我们的对手呢？管理学者克里斯蒂娜·迪克曼（Kristina Diekmann）和安·坦布鲁恩瑟尔（Ann Tenbrunsel）发现，MBA 学生普遍认为自己的谈判能力在班里处于平均值以上，同时认为对手的水平低于班级平均水平。

这种诋毁对手的倾向对谈判有很大的损害。当你认为对手不合作、不公平或者不值得信赖时，你就不大可能与对方分享信息，也就很难创造价值。而且，那些自以为比别人更聪明、准备得更充分、更坦诚的谈判者经常贬低甚至无视对方的想法和提议，这样做不仅降低了达成一致的高效性，也提高了产生冲突的风险性。

自利归因

自我中心主义、过分自信、非理性乐观和优越错觉都是因为我们内心强烈渴望从一个积极的角度来看待我们自己的世界。但是，为什么这些偏误如此难以消除呢？为什么我们不能从经验中学习，进而调整关于自身贡献、能力和成功概率的评估呢？原因就在于，即使我们努力去从经验中学习，我们还是倾向于从自我保护的角度评估我们的过去。那些我们讲给自己的故事，那些我们对自身和他人作出的归因，我们都倾向于接受能够让我们自我感觉良好的那些。

约翰·肯尼迪（John F. Kennedy）曾经说过："胜利有一千个家长认领，失败却注定是个孤儿。"这句话对谈判者来说再合适不过了，我们很容易把功劳揽到自己身上，而推卸失败的责任。谈判者在解析那些成功案例的时候，通常归因于其内在的个人因素，比如技巧、毅力或者他们在把握谈判进程上的创造性。相反地，让他们解析失败时，绝大多数谈判者都归咎为外部原因：谈判的情况太复杂、对方太愚蠢或者是运气不好。这种倾向性会带来一个非常严重的问题——对失败的外部归因会阻碍我们从经验当中不断学习的能力。

更有甚者，当对手比自己更成功的时候，谈判者会作出扭曲的评估。例如，那些在谈判模拟里表现不好的商学院学生更愿意把其他同学的成功归因于不合作，或者使用了不道德的谈判手段、竞争性太强以及以自我为中心。我们把他人的成功视作不道德或者竞争性太强会有什么后果呢？我们就不会努力地向他们学习，并且会尽量避免和他们谈判。当我们不得不和他们谈判时，我们会更容易合理化我们自身不道德的谈判行为。

当我们的“自己人”和“外人”谈判的时候，也会出现自利归因。例如，两家公司围绕交易展开谈判，双方都不可避免地需要作出一些让步。当我们自己公司的人作出让步的时候，我们会觉得这是因为我们慷慨大度，或者我们很睿智地意识到了互相支持的重要性。当对方公司的人作出让步的时候，我们会觉得是因为他们被我们的智慧所折服，或者是因为他们没有别的选择。

为什么自利归因是一个很大的问题呢？因为当我们把对方的合作姿态归因于条件限制（比如他们的法律义务或者合同规定），而非他们的良好意愿或者正直人品，就很难建立彼此的信任。要建立信任，谈判者必须把对方的合作视为对方的主动选择，而不是对方不得已才做出的行为。没有信任，谈判者就不愿意作出让步，分享信息，或者承担风险来建立一个互惠互利的关系。

谈判天才很明白，即使在一个竞争性很强甚至充满了对抗性的环境下，也必须和谈判对手建立信任；那些把对方的善意理解为软弱，把沟通失误理解为恶意的想法同样是错误的。因此，他们在作出反应之前一定会花时间去准确评估与分析对方的行为。

后悔厌恶

假设你是一名参加奥运会的运动员。你是愿意赢银牌还是铜牌？显然，所有人都更愿意赢银牌。但是，银牌和铜牌哪一个更能让运动员开心呢？事实证明，那些赢得了铜牌的运动员比赢了银牌的运动员更开心。心理学家维基·麦德维克（Vicki Medvec）、斯科特·马岱（Scott Madey）和汤姆·基洛维奇（Tom Gilovich）联手揭示了这个现象：他们让人观看奥运会运动员接受颁奖的录像，然后评估运动员的面部表情，因为关掉了声音，也看不清奖牌，评估的人并不知道每个人领的是什么奖。结果呢？评估的结果是铜牌获得者看起来比银牌获得者高兴多了。

为什么会这样呢？这里，我们再一次看到了参照点的重要作用。也就是说，我们在作自我评估的时候会和比较明显的、可能的结果进行对比。而“差一点儿就如何”是一个非常常见的对比情境。铜牌获得者心里想的估计就是“我差一点儿就得不到任何奖牌了”，因此对于能够得奖非常知足。而相应地，银牌获得者则非常失望，因为他们差一点儿就能够拿到金牌。客观上来说，银牌获得者的成就更大，但是他们体会到的遗憾也更大。

遗憾是一种非常痛苦的心理状态，因此人们都会努力避免可能带来遗憾的情境。假如你在一门功课上得了 B+，但是又不能去找老师谈判来改成绩，你想不想知道你离得 A 差了几分？你去参加一个电视游戏竞赛，没有得到大奖，你想不想知道如果拿到的话奖金是多少？如果你参加了一个封闭投标，你是宁愿做排名第二的竞标者（差一点儿就赢了），还是排名第五的竞标者（离赢得竞标差得很远）？在谈判中，如果当前这个提案你在将来有可能发现并不是你能得到的最好的，你会不会接受它？事实上，研究发现，假如未来可能会有明确的证据来告诉我们今天作了错误的决定，谈判者会主动调整自己的决策来避免这些遗憾的发生。另外，与没有行动相比，已经做过的行为会带来更大的遗憾。

为了避免决策以后后悔，谈判者会倾向于过于坚持。再想想前面讲过的合作公寓的护栏纠纷案，花了几千美元在诉讼上之后，双方肯定都认为停止诉讼（还要付护栏的费用）是一个很大的遗憾。如果再坚持一下会怎么样？双方都会这么想。如果能够提前给我们看到“未来”，我们的决策一定更加倾向于不让自己后悔。例如，如果相信房价会在卖房之后就会上涨，卖房人就会拒绝报一个合理的价格。同样，投资人坚持持有一份表现很差的股票，就是因为害怕卖了之后股价马上反弹。

有太多的谈判者过于看重“可能会怎样”。事实上，不确定性是生活无法回避的一部分。事后来看，我们常常会“看”到一些事先不可能预测到的结果。这种事后思维有时候让人抓狂，但是真正的解决方案并不是“忽略”它们。既能够控制事后思维同时又不过分强调它的方法是，关注我们能够从过去的经验学到什么，如何能够帮助我们在未来作出更好的谈判决策。如果思考“要是当时那样做现在会怎样”能够帮助我们优化未来的谈判行为，我们就更有理由认真地分析一下过去的经验。如果除了未卜先知的水晶球，谁也无法解决我们的遗憾，那么我们就应该提醒自己，只要我们作出了好的决策，未来的结果就一定会更好。

消除偏误

你很可能已经意识到了，本章的内容不只是关于谈判，还是关于人的实际心理状态。即使是那些受过高等教育、聪明又努力想要保持公平客观的人也会出现这些心理偏误，认识到这一点十分重要。我们是人，因此会有偏误，而不是因为我们很坏或者很愚蠢。这就意味着我们必须警醒自己，主动纠正自身的偏误。也意味着我们应该更加理解别人表现出来的偏误，并且应该去帮助他们纠正这些偏误。下一章我们就来讲解纠正偏误的方法。

第 6 章

自我偏误与他人偏误：在非理性世界里理性地谈判

哪怕你再怎么聪明，也无法逃脱认知和动机偏误的影响。你可能人际沟通能力超群，直觉非常准，善于把握时机，清楚什么时候应该争、什么时候应该守，但你的直觉并不能保护你免受这些偏误的干扰。让很多人感到意外的是，个人经验也无法帮你消除偏误。一般来说，经验是很有价值的，但如果那些经验缺乏了对谈判中隐形陷阱的深刻理解，也会变得十分危险。

接受过我们谈判培训的高管学员成千上万，根据我们的总结，人们普遍过于相信自己的直觉和经验。然而，对于企业高管来说，过分专注于从经验中学习可能会带来灾难性的后果。因为越是成功（或者说幸运）的人越是愿意神化自己的经验，错误地认为自己的经验是无往不胜的。这个错误的认识会让人习惯性地把自己的经验泛化到完全不同的领域，并且无法充分地监督和纠正自己的行为。很多人可能的确在某个领域内的谈判水平很高，但是在别的领域就不一定行。比如，有些人谈销售合同非常厉害，但在个人生活中就冲突不断；有些人对兼并和战略联盟谈判了如指掌，但在薪酬谈判方面却一塌糊涂。为什么呢？因为一个谈判者可能在一个领域有很多的经验，甚至很成功，但却并不清楚自己在这个领域这么成功的原因，结果就导致这份成功无法复制。

我们并不是在怀疑经验的价值。有太多的证据证明，即使是那些经验丰富的专业人士，比如投资人、分析师、地产代理、医生、政治家等，也难免会受到心理偏误的影响。玛格丽特・尼尔（Margaret Neale）和格雷格・诺思克拉夫特（Greg Northcraft）是著名的组织行为学专家，她们指出，消除偏误不能仅仅靠经验，必须通过专门的训练来提高专业技能。尼尔和诺思克拉夫特认为，多次重复同一类型的谈判所积累到的只不过是经验而已，而从战略层面建立有效谈判的知识储备才是专业技能。她们关于专业技能的观点和我们关于谈判天才的观点是一致的。为了更有效地消除偏误和展开谈判，你需要一个框架来辅助你系统地，有策略地分析、准备和执行谈判。谈判天才十分清楚自己和他人都会受到偏误的影响，因此会主动地去努力去消除它们。本章将会提供一些工具和框架来帮助你消除自己的偏误，进而更有效地面对你的谈判对手的偏误。

直面自我偏误的 3 大策略

我们将介绍3个非常有效的策略来管理你自己在谈判中的偏误：系统2思维、类比思维和“局外人”视角。

策略 1：系统 2 思维

认知和动机偏误影响下的思考和行动与理性的思考和行动之间有什么区别呢？根据基思・斯坦诺维奇（Keith Stanovich）和 R. F. 韦斯特（R. F. West）的理论，我们的思维有两个系统：“系统1”和“系统2”。系统1思维对应的是直觉，特点是速度快、自动发生、不需要主观努力、内隐发生、不上升到意识层面、本质上是情绪和感觉。我们生活中的绝大部分决策都是用系统 1 作出的。第 4 章和第 5 章所描述的认知和动机偏误在我们使用系统 1 的时候非常常见。系统 2 对应的则是理性思考，特点是速度慢、需要意识参与、需要主观努力、外显并且有逻辑性。当时间紧迫的时候，我们更倾向于采用系统 1。也就是说，那些繁忙的专业人士会更多地依赖系统 1 思维，尽管他们并不应该这样。

当然，我们并不是说你作的每一个决策都应该依赖于完整的系统 2 思维。如果你是在超市买大白菜，或者回一封不重要的电子邮件，或者开车去上班，系统 1 就足够用了。但是在作重要决策和谈判的时候，你就应该采用系统 2 思维。（当然，要想成为谈判天才，在早期阶段，即使是很普通的谈判，我们也建议你多用系统 2 思维，能够帮助你更快提高。）作为一个谈判者，你需要学习如何去辨别哪些情境需要从直觉性的系统 1 思维转移到逻辑性的系统 2 思维。具体应该怎么做呢？

列一个系统 2 清单。在每个月初或者年初，列一个你即将要进行的谈判清单，标出那些你认为应该采用系统 2 思维来作决策的重要谈判。这个清单可以包括以下这些：非常有价值的重要谈判、内容复杂的谈判、参与方比较多的谈判、客户非常重要的谈判或者谈判中包含很多不确定性的谈判等。提前准备能够帮助你更合理地分配时间，提醒你在谈判之前积极主动地参与谈判前的讨论，以及确定重要谈判内容的讨论步骤。要知道，谈判中最糟糕的一种情况就是需要突然面对一场你还没准备好的谈判。

避免在时间压力下谈判。当我们感觉到时间紧迫的时候，系统 1 思维就会占据上风。而聪明的谈判者能够预料到这个问题，会主动避免在时间压力下谈判，或者至少能够辨别真正的时间压力和对方人为制造的时间压力之间的区别。为了避免时间压力，一定要给自己足够的时间。比如你觉得一个午餐就解决的谈判，也要给自己留出整个下午的时间。或者如果有人突然打来电话或者登门拜访，要讨论一个非常重要的问题，而你还没有准备好，你就一定要有礼貌地请对方重新安排一下，换个时间再谈。有些谈判者极其喜欢强迫别人，要求别人给出承诺或者作出快速的答复。不过，因为害怕达不成协议或者惹恼对方，很多人都会受到这种手段的影响。那么，你应该如何应对呢？在绝大多数情况下，没有什么特别的理由不能推迟谈判或者作出决定。如果对方给你一个具体且可信的信息表明的确时间紧迫，那就另当别论。否则，你就一定不要屈服于对方的时间压力策略。这也是区分信息和"忽悠"的一部分。例如，一家公司给你一个工作机会，但告诉你"我们需要在周五之前得到你的回复"。显然，这么短的时间很难作出一个深思熟虑的决策。这个时候你就应该多问一下，这是不是一个真实的最后通牒。当然，你应该首先表达清楚你对这个工作机会的感激和热情，然后可以问以下问题：

- 这是不是一个很严格的期限？
- 如果我因为个人的原因需要更多时间来作这个决定，应该走怎样的程序？

把谈判过程分为多个阶段。你一定要明白，任何谈判都不要指望一次就谈成。无论你准备得多充分，在大多数复杂的谈判当中，你都可能会收到意料之外的信息、议题和手段。在这些突发情况下，要避免系统 1 思维的影响，你就需要建立一个系统的处理过程，让你能够在需要的时候重新分析谈判，重新制定策略。例如，你可以在每谈一两个小时之后安排一个休息时间，这样你就可以有充足的时间来评估得到的新信息，然后重新构建你的谈判策略。或者你可以把谈判分散在好多天里进行，比如第一天通过电子邮件交换信息，第二天通过电话进行讨论，第三天进行深入的面对面谈判。这样一来，你就有充裕的时间在整个谈判过程中使用系统 2 思维。

策略 2：类比思维

很多人以为，我们从失败当中能够学到更多的东西。如果这句话是对的，那么谈判者就应该能够从他们决策偏误的不良后果中学到很多，进而对自己的行为作出相应的调整。但事实上，谈判者很难从过去的错误中吸取教训，反而是一遍又一遍重复同样的错误。为什么呢？这是因为在现实当中，影响谈判结果的因素非常多，让人很难评估一个错误是因为策略错误还是运气不好。即使觉得是策略的问题，你也往往很难确定策略的哪一部分有问题。

那么，谈判者如何才能从经验中学到东西呢？只有在能够总结出抽象的理论的时候，人们才能够从个案、活动和现实经历中真正学到东西。换句话说，直接告诉谈判者在一个情境下应该如何去做对提高他们的谈判能力没什么帮助，但是如果让他们从个案或者经验中去发现规律，明白在未来类似的情境下应该考虑哪些因素，就会对提高他们的谈判能力有很大的帮助。因为没有任何两个情境是一模一样的，所以谈判者从经验中学习的最好办法是从过去的经验中总结出能够应用于其他情境中的理论，而不是得到正确的答案。

那么，如何总结规律和理论呢？有一个方法就是使用类比思维，即有意识地比较各种情境的异同，有很多研究证据都证明了这个方法是有效的。

在心理学家杰弗里·洛温斯坦（Jeffrey Lowenstein）、莉·汤普森和德瑞·金特纳（Dedre Gentner）的研究中，他们让参与研究的人阅读两个非常复杂的谈判案例，这两个谈判背后的教训十分相似（即解决这两个谈判问题可以采用类似的方案）。他们让一半人针对每个案例单独解释自己从中学到了什么教训；而让另外一半人解释两个案例之间有什么联系，从中得到了什么共同的教训。结果证明，对两个案例进行比较这一组人更容易找到共同的教训，从而在后面的谈判中克服类似的问题。简单来说，如果一个案例一个案例地学习，我们通常会过于关注这些情境的表面因素，而把不同的个案结合在一起进行比较则能够让我们更容易找到深层次的结构性因素。

例如，某高管反思最近一个商业合作伙伴关系的解体，他可能会得出这样的结论：关于解散伙伴关系的谈判非常困难，必需第三方的调停。这个想法看起来很有吸引力，但事实上毫无用处。因为也有很多和平分手的伙伴关系，不一定会经历严重的冲突。而另外一个高管同时反思过去的多个谈判，就可能会得出结论：不管背景如何，当有律师参与以及情绪激动的时候就很容易带来非理性投入升级，进而导致冲突升级。于是，这个高管可能也会决定当他再次遇到类似情境时需要引入第三方。但是，这个结论有用是基于对谈判的深入理解之上的。

那么，如何用类比思维来提高你的谈判水平呢？你可以试试下面的技巧：

同时解读多个谈判个案。重要谈判结束后花时间反思是谈判天才必须养成的习惯。在反思时，你应该同时回顾多个谈判，而不是只关注刚刚结束的这一个。当你解读谈判的时候，一定要问自己这些谈判的相同和不同之处。如果可以的话，请你的团队或者公司其他人帮你批判性地解读你的经验、策略和结果，这样他们还可以在分析解读的时候加入自己的谈判经验，会更加有帮助。

通常情况下，当公司聘请我们给他们的员工作谈判培训的时候，我们会组织一个团队汇报活动，每组 4 ～ 6 个人。汇报过程中，我们会问每个员工近期要进行或者正在进行中的谈判，然后大家一起从他们的经验中提取教训和观点。这个活动对提高学习效果非常有帮助，更能够鼓励谈判者比较不同的谈判情境，形成类比。

关注原则，而不是细节。回顾谈判案例的时候，你应该努力从结构和概念层面来解读整个谈判的过程和结果。不要过分纠结每个具体谈判情境的独特之处，而是要把你的谈判经验元素化，并把这些更细微具体的元素放在本书里讲的谈判框架里进行解读。虽然所有的谈判都是独特的，但每一个谈判都有最佳备选方案、底线、协议区间、利益点、信息交换等。使用这些概念可以帮你总结过去的谈判经验，进而应用到未来的谈判当中。

策略 3："局外人"视角

为什么我们对自身能力的判断总是过分自信，而在评估他人时却能够更准确呢？丹尼尔·卡尼曼和丹·洛瓦罗（Dan Lovallo）认为，这是因为人们在作决策的时候使用了两个不同的视角："局内人"视角和"局外人"视角。谈判者在作决策的时候，沉浸在谈判的具体情境和背景当中，通常采用的是"局内人"视角。而当我们离开这个具体的情境后，就能够采用"局外人"视角。"局外人"视角能够让我们看得更清晰，显然，更清晰的视角更好。但是，当我们深陷谈判或者冲突之中时，默认视角通常并不是"局外人"视角。因此，谈判者虽然心里很清楚从开始推销到签订合同可能需要 6 ～ 12 个星期，却还是相信自己能够在 3 个星期内完成。更危险的是，即使过去的经验已经证明自己是错误的，谈判者还是会继续保持过分自信。所有这些都是因为“局内人”视角只关注当前的情境，而“局外人”视角则能够更好地把多个情境的信息整合在一起。

我们来看一个例子，一个人想要盖一栋新房子，打算雇用一个建筑商。房主从朋友那里了解到盖新房子通常会超过预算 20% ～ 50%，完成时间会比预计时间长，这就是一个“局外人”视角。但绝大多数房主相信自己的经历会不一样，自己的房子一定能够按时建成，而且不会超出预算，这就是“局内人”视角。因为视角不对，他们在计划的时候就会犯错误，往往导致需要在最后一分钟借钱而增加成本，或者不得不放弃最初非常喜欢的设计方案，甚至因为房子没有按时盖好而需要到处去蹭住。

卡尼曼讲过一个他自己的“局内人”视角的故事。他曾经成立了一个课程设计组，与一些同事合作设计一个新的课程，同时打算出一本书。课程设计组预测整个项目需要 18 ～ 30 个月来完成。团队里的一位成员是课程设计方面的著名专家，卡尼曼问他：“我们肯定不是唯一一个尝试开发新课程的吧？麻烦你多回忆几个案例，把我们目前研发所处的阶段和这些例子作一个比较。看看从当前阶段到最终完成，其他团队花了多长时间？”这就是采用“局外人”视角的例子。课程设计专家回答说最短的也用了 7 年时间，其中 40% 一直都没有完成。最后，卡尼曼他们组用了 8 年的时间完成了这个项目。

对想要创业的人来说，虽然“局内人”视角更加有吸引力，但为了更真实地了解创业的风险，也应该采用“局外人”的视角。有研究发现，超过 80% 的创业者认为自己创业成功的机会有 70% 甚至更高，1/3 的人认为自己一定会成功。这显然是“局内人”视角。站在局外人视角很容易就会发现，创业企业 5 年的存活率只有大约 33%。为什么这些又聪明又有热情的人愿意把自己不菲的财产、很好的名声和生命中最重要的光阴花费在一个被“局内人”视角扭曲了的决策上呢？如同第 5 章所讨论过的，人们往往有很强的欲望要从积极乐观的角度看待世界和自己，而这个倾向性会对我们的决策产生极大的影响。

为了帮助你消除判断中的偏误，我们根据局内和局外人的区别，提供了一些技巧：

引入一个“局外人”。当你为一场重要的谈判作准备的时候，请一个局外人来参加。你可以在公司内部找一个专家，或者雇用一个外部专家来提供咨询服务，甚至可以和朋友进行交流。一定要记住，当你的朋友而不是你自己在盖房子的时候，你更有可能准确地预料到会超过预算；而当你自己盖房子的时候，你就很可能对结果作出过于乐观的预期。谈判也是如此，其他人能够看到你忽略的因素，他们对负面信息的评估会更恰当，能够从客观的视角对整体情境有一个宏观的判断。这些都是你作为局内人很难做到的。

主动采用“局外人”的视角。通常情况下，在分析当前谈判情境的时候，你可以简单地问问自己，如果处在一个“局外人”的位置你会如何评估。这是一个成本很低但非常有效的方法。通过这样提问自己，会让你回想起别人在面对一个相似的情况时发生的事情，或者会促使你收集在当前的情境下理性预期的数据（比如业界平均值）。或者不妨问自己另一个简单的问题：如果一个我很关心的人要进行这样一场谈判，我会给出怎样的建议？

总的来说，下一次谈判的时候，你可以用系统 2 思维、类比思维和采用“局外人”视角来分析，减少决策偏误。想要成为一个谈判天才，你就必须学会习惯性地运用这些策略。太多时候，那些企业高管参加了谈判课程（抑或是读了一本很好的谈判书），从中发现了很多有趣的观点，但是他们并不会真正地改变自己的行为。仅仅学习到了新的知识是远远不够的，真正的改变要求你必须先“解冻”现有的决策过程，理解那些能帮助你改进的策略和技巧，然后再把这些策略和技巧融入你的思维和行为当中。换句话说，你必须首先明了偏误的存在，然后明白如何去避免或者克服这些偏误，然后通过努力把更有效的新策略转变成为你的谈判习惯。

直面自我偏误的 3 大策略：

1. 系统 2 思维。
2. 类比思维。
3. “局外人”视角。

直面他人偏误的 4 大策略

大家需要知道，坐在谈判桌对面的人的偏误也可能会严重影响到你的谈判结果。在本章剩余的部分里，我们来谈谈如何把对方的偏误也结合在你的谈判策略当中，为什么以及如何帮助对方减少偏误，为什么以及如何调整你从对方那里收到的信息，以及如何通过协议来应对对方的决策偏误。

策略 1：在你的策略里考虑到对方的偏误可能带来的后果

美国各个棒球队的总经理都要花大量的时间来决定如何评估他们想要招募的人才，根据评估结果来决定和谁谈判。比利·比恩（Billy Beane）是奥克兰竞技队的总经理，他找到一个好办法，成功地把球队从弱队变成了强队。1999—2002 赛季里，在预算非常有限的情况下，比恩带领奥克兰竞技队拿到了美国职业棒球大联盟亚军的好成绩。虽然球队球员的平均收入还不到纽约洋基队球员的 1/3，但在这 4 年时间里，他们赢得的胜利比洋基队还要多。

比恩是如何取得这样骄人的成绩的呢？在哈佛经济学毕业生保罗·迪波德斯塔（Paul DePodesta）的帮助下，通过研究其他总经理所犯的错误，比恩制定了更好、更聪明的谈判策略。在《点球成金》（*Moneyball*）一书里，迈克尔·刘易斯（Michael Lewis）指出，比恩和迪波德斯塔的成功之处正是在于，他们识别出了大联盟其他总经理会一直犯的三个系统错误，并且成功地利用了这三个错误。这三个错误分别是：过分泛化自己的个人经验，太受球员近期表现的影响，以及过分相信自己的眼睛而忽视了球员多年的绩效数据。换句话说，绝大多数棒球队总经理都过于依赖系统 1 思维。

比恩和迪波德斯塔决定不再依赖个人经验，而是依靠冰冷的数据。他们发现从大学出来的选秀球员比那些从高中出来的选秀球员更容易成功，但是棒球队总经理们却习惯性地高估高中球员，低估大学球员。根据这个数据，比恩停止了从高中选拔人才。另外，比恩和迪波德斯塔发现，有些球员可以拿到更多自动上一垒的机会（对方投球手 4 次投球均不在击打区，无须击球自动上一垒）。整个棒球界都严重低估了这个数据的价值。

比恩和迪波德斯塔的方法的成功揭示了一个道理，就是系统严谨的分析比许多谈判者经常使用的系统 1 思维要优越得多。事实上还远不止这些，比恩和迪波德斯塔还利用其他球队总经理的决策偏误来和他们交易，用未来成功概率小的球员来交换成功概率大的球员。因此，他们把自己的系统 2 思维与对方系统 1 思维的结果相结合，来作出对自己一方非常有利的交易。

谈判者能从这个例子中学到什么呢？就是不仅自己需要使用系统 2 思维，还要准备好应对对方的系统 1 思维带来的错误影响。例如，有些人因为某个经纪人提到了一个价格，或者某个朋友卖公司是一个价格，就执迷于在这个价格上出售自己的公司。原因就是这个数字在他的记忆里栩栩如生。这种情况下，与其与之对抗，你可以试试有创造性地迎合他“栩栩如生的记忆”。怎么做呢？答应给他他想要的数字，而换取他在其他你更看重的议题上的让步。比如你可以让他赠送一些附近的地产，或者提供更好的付款条件等。事实上，有太多的谈判者过于关注钱数。如果对方声称“绝不接受任何低于 4 000 万美元的价格”，但是可能可以接受多年的分期付款，当你意识到这可能是对方的决策偏误的时候，你就可以系统地设计谈判策略来应对这些偏误。

策略 2：帮助对方减少偏误

学生们经常会问："你更愿意和一个好的谈判者还是一个差的谈判者谈判？"我们的答案很简单，我们更愿意和一个好的谈判者谈判，因为差的谈判者常常会破坏一个本来可以很好的交易。然而，许多人错误地以为谈判对手如果不理性、有偏误的话，会给自己带来竞争优势。当然，有时候的确是这样的，但是有偏误的谈判者也有很大的可能会完全颠覆整个谈判。例如，如果你的谈判对手过分自信，他可能会坚持等待一个你不可能同意的条款。如果他非理性地过分投入，锁定在某个立场上，他可能就会拒绝分享信息，毁掉创造价值的机会。在这种情况下，对方的偏误不但会伤害他们自己的利益，也会伤害到你的利益。

因此，通常来说帮助对方把问题考虑得更清晰对你也是有益的。如何才能推动对方进行周密的、深思熟虑的、系统的思考呢？前面讲过，谈判者在时间压力大的情况下更容易产生偏误。那么，如果你想让对方明白你的提案比你的竞争对手的提案更好的话，多给他们一些时间来想清楚，而不是要求他们马上答复。在时间压力下，谈判者倾向于过分自信，认定自己能够拿到更好的协议，在本该同意的时候更容易选择拒绝。如果你有信心你们给出的是他在别处无法得到的，那么最聪明的做法就是鼓励他们去找别的机会，在比较了所有机会之后再来回复你。

大多数人觉得应该在对方没有准备好的时候和对方谈判对自己最有利。事实上，准备得不好的谈判者通常一次只想就一个议题谈判，而且不愿意分享信息。他们通常无法很好地评估多议题提案，也很难提出多议题提案。这些都会限制价值创造。当面对一个准备得很差的谈判者时，你应该鼓励他去仔细思考一下每个议题对他的相对重要程度。另外，率先在多个议题上进行谈判，率先提出组合提案，并且鼓励对方去这样做。同时，你也要说明哪些议题是你更看重的，表明你非常希望能够和对方一起共同找到互惠互利的互换方法。

最后一个你能做到的帮助准备得很差的谈判者（也帮助你自己）的好办法就是让对方更好地准备。如果谈判进展不顺利，你可以建议双方都花点儿时间思考一下讨论中浮现出来的议题，这样对双方都有好处。你还可以和对方一起制定一个时间线，包括一些里程碑，来鼓励对方作好充分的准备和信息分享。例如，你们可以约定一周后，双方都发一个电子邮件，列出来各自的优先议题和顾虑；再过三天后，你们双方中的一方负责提出一个初步的组合提案；然后，在另一方有了几天的考虑之后，双方再见面讨论细节问题。虽然大多数人认为给对方这么多的时间来准备是危险的，但谈判天才能够意识到，只有在谈判对手充分了解自己看重什么之后才可能作出聪明的交易，把"蛋糕"做大，接受你的创造性提案。而这个自我了解的过程是需要时间的。因此，下次你遇到一个准备充分的谈判者的时候，你应该感到欣慰，因为你们很有可能达成一个完美的协议。不必感到紧张，或者怕被对方欺负或者利用。

策略 3：校准对方提供的信息

假设你要搬到一座新的城市，要找一个代理来出售你现在的房子。当然，你希望你的代理是一个好的销售员，但是你也希望他能够对你的房子作一个准确的估值。因为只有在知道你的房子能卖出什么价格之后，你才能判断在新的城市能买得起多贵的房子。这是一个很现实的困境。代理们知道你希望卖个好价钱，因此如果给你一个较高的估价会让你更愿意雇用他们。但是，这个估值越虚高、越不准确，就越影响你买新房的决策。

那么，如何能够识别一个代理是否过于乐观，并且在试图把这个乐观估计传递给你呢？你可以试试这个方法：不要只找一个代理，而是同时询问 4 个不同的代理，让每个代理都给出他们认为合适的报价。然后，再让每个代理给你打印出来他们最近售出的 10 所房子的报价。这些信息是公开信息，所有代理都可以得到。同时，为了确保他们提供数据的准确性，你甚至可以让代理们互相检验一下别人提供的数据。这样一来，有了代理给你的房子的报价建议，加上代理们的报价和售价之间差别的历史数据，你就可以更准确地评估你的房子的真实价值了。

你还可以根据这些数据来挑选代理——选那个不但房价卖得高，而且更务实、更诚实的代理。

当然，在其他类型的谈判里，你需要选择的数据就会不同。假设你是一家零售公司的高管，很多区域经理向你汇报工作。每个区域经理大约管理全国的 1/8。每年你们见面一次讨论下一年该区域的广告预算。会议刚开始，去年最成功的两个经理马上提议应该根据去年的销售业绩来分配资源。他们强调去年的销售业绩能够最好地预测今年的业绩，而业绩是衡量广告效果的最好指标。这个逻辑里有什么问题?

首先，有些区域不管广告投入高低都会有很好的销售额（在美国，雪铲的销量北方一定高于南方）。因此，这两个区域经理可能就是强调对自己有利的标准而已。如果是这样，那么解决办法就是让区域经理们报告近十年广告投入的增益效果分析。这个逻辑的第二个问题是没有考虑到很多结果都有一个回归均值的趋势：优秀的学生经常会有不那么成功的兄弟姐妹，个子非常高的父母经常会生出比他们矮的子女，表现极其出色的新手往往第二年就很平庸（所谓的“第二年霉运”），销售业绩极其突出的区域往往下一年的业绩会比上一年差。为什么呢?因为影响业绩的因素非常多，其中有一些是你可以预估到的（如技能、广告费等），但是也包括一些机会或者其他未知因素。我们不能指望每年都运气好，因此就必须下调我们的评估。“回归均值”现象并不是说立足过去就完全不能预测未来，而是说，过去对未来的预测能力没有我们想象的那么高。

了解了这些偏误之后，你就能够更好地和区域经理们谈判了。你可以期待去年表现最好的两个经理会继续有很好的绩效，但是不一定会得到和去年一样的结果。这里的关键是：如果考虑到了别人的决策偏误，你就可以在量和质上都能够校准别人提供的信息、数据和论证。

策略 4：用权变协议来解决偏误带来的冲突

想要完全“医好”谈判对手的偏误常常是行不通的。对手可能已经对未来极度自信，而你也非常坚信他是错的。这种情况下，就这个问题争执不休显然不是一个好办法，更好的办法是利用对方有偏误的预期。如何去做呢？一个办法就是使用权变协议。在第 1 章和第 2 章我们讨论过，权变协议让谈判双方可以根据自己对未来的预期下注。当你知道对方是有偏误的，你可以拟一个协议允许对方在你认为不准确的信息上下注。这样，你就同时也在这个你认为会对你有利的结果上下了赌注。

假设一个销售人员向你推销他们的产品，声称功能比竞争对手的要好。你打算买这个产品，但是比较确定你对该产品的使用方式和他的描述是有差异的。这种情况下，买这个产品就有很大的风险。但是，跳出来指责对方撒谎或者试图证明对方是错的都不是很好的办法，更好的办法是提出一个权变协议。如果产品的确像他说的那么好，就按他开出的价格付钱。但如果达不到对方承诺的效果，就要求一大笔折扣。如果对方是故意夸大其词，他就不会接受这个协议。如果对方是过分乐观，他就会答应，这样你就会得到一个很好的合约。当然，如果结果证明他是对的，你会付得比较高，但是产品也证明比你预期的要更好。你还会发现对方可以信赖，他的信息更可靠。

NEGOTIATION GENIUS
哈佛经典谈判指南

直面他人偏误的 4 大策略：

1. 在你的策略里考虑到对方的偏误可能带来的后果。
2. 帮助对方减少偏误。
3. 校准对方提供的信息。
4. 用权变协议来解决偏误带来的冲突。

下一步

很多聪明人都会面对这样的情境，他们怀疑对方谈判者的决策过程有问题，但是又找不到合适的语言来说清楚对方逻辑中的问题所在。在第4章到第6章里，我们总结了谈判里常见的认知和动机偏误，这些偏误经过了非常透彻的逻辑分析和研究论证。如果你想练习一下如何识别他人的这些偏误，不妨读读新闻或者看看电视上的体育节目。看看记者、政客、体育评论员和诸多“专家”的表达，很容易就能够发现我们这里列出的偏误。但他们并不是唯一有偏误的人。你现在可能犯的最大错误，就是以为前 3 章讲的都是“他人”是如何受到偏误的影响的，其实你也在这个范围之中。

谈判天才不会假设自己和偏误绝缘。相反，他们主动接受这个事实，明白自己的直觉和很多其他聪明人的直觉一样，从根本上是有偏误的。在需要的时候，他们会采用系统的决策过程来规避这些偏误。另外，谈判天才不会期待谈判对手是理性的，而是能够预料到他人的偏误，用我们讲过的策略来应对这些偏误。

总体来看，本书的第一部分和第二部分为你提供了基本的框架和工具，让你在各种谈判情境下都能够更有效地谈判。本书的第三部分，在这些知识的基础上，会教你如何处理更难、更复杂的谈判。

NEGOTIATION GENIUS

第三部分

谈判实战

第 7 章

找到影响力策略

在前几章中，我们强调了理解对方视角的必要性。例如，侦探式谈判能够帮助你发现对方潜在的利益点、优先级和局限，让你可以更有效地争取和创造价值，这些原则和策略是非常有用的。这里我们要传递的一个重要的信息是，谈判的成功常常取决于你“听”得多好，而不是“说”得多好。

但是，这还不是全部。当你需要推动一个提案，要求对方作出让步，或者为你的提案争取支持的时候，成功与否就不仅取决于内容本身，还取决于你“推销”想法、说服对方相信你的提案的能力。这些技能不但能够帮助你为自己争取更多的价值，也能够为双方创造新的价值。一些很有经验的谈判者经常会抱怨说，他们的那些对双方都有益的想法和提案，也经常被充满防御性、不愿意信任以及能力不足的对手所阻碍。因此，要想成为谈判天才，你必须找到办法，既能够应对对方的反驳，还能够拓宽他们原本不够开放的思路。

在本章中，我们将为大家介绍关于影响和说服的最新心理学研究成果，比如这个领域的先驱之一，著名社会心理学家罗伯特·西奥迪尼（Robert B. Cialdini）[①] 的研究成果。我们在此基础上提出了一些策略来帮助你说服对方，让

① 西奥迪尼的著作《影响力》一书已被翻译成 26 种语言，在全球出售 200 成册，并被《财富》杂志评选为 75 本必读的最睿智的图书之一，其中文简体字版已由湛庐文化引进，中国人民大学出版社出版。——编者注

对方接受你的要求、提案和想法。请大家注意，本章提出的这些方法并不会提高你的提案的内在价值，而是增加对方答应你的提案的可能性。当然，你也可能成为对方“忽悠”的目标。本章提供了很多防御策略，教你如何抵抗对方的花招儿，以及在答应对方要求之前你应该考虑的一些因素。

影响对方的 8 大策略

策略 1：强调对方可能会遭受的损失而不是潜在的收益

假设电力公司派了代表来给你所在小区住户的能源消耗情况提供免费测评，之后推荐给你一款隔热产品，能够帮助你节省能源。你会不会购买？圣克鲁兹大学的研究人员发现，你的回答很大程度上取决于对方如何描述他的提案。在他们的这个研究里，电力公司的代表对一半的人说：“如果你买了这个隔热产品，你每天可以节省 xx 美元。”（x 的值根据测评结果来决定）而对另外一半的人，电力公司代表会说：“如果你不给你的房子隔热，你每天会损失 xx 美元。”注意，这两种描述里的信息是一模一样的。但是，那些被告知不买就会有损失的人更愿意购买这款隔热产品。

正如这个研究揭示的，避免损失比积累收益更能够激励人，这个原理叫作“损失厌恶”。换句话说，决策者在评估损失和收益的时候，即使收益和损失的量相同，给潜在损失的权重也会大于给潜在收益的权重。结果就是，在谈判当中，当你把同样的信息用损失的角度来描述时对对方的影响就会更大。

下面是一些在谈判中利用损失厌恶原理的方法：

- 可以把你的提案描述为，如果对方拒绝你的提案意味着他放弃了什么，而不是接受你的提案他会得到什么。
- 当主持一个竞拍的时候，告诉竞拍者“如果不提价你就会失去拥有 x 的机会”，而不是“如果提价你就有机会拥有 x”。

- 指出“其他竞争对手不能给你提供 X、Y 和 Z”，而不是说“我们的提案能够给你提供 X、Y 和 Z”。

在上述每个例子里，信息的内容都是一样的，但是在你用损失的角度而不是获得的角度来表述时，影响力就大大地加强了。

一旦明白了损失厌恶的原理，你就会注意到这个策略的使用有多么广泛。它不只出现在谈判当中，几乎出现在你生活中的方方面面，无论你是管理者、消费者还是普通人。例如，当一个咨询师或者专家组代表告诉你“如果不实施这些改革，会导致 1.5% 的收入损失”，你就在这个“忽悠”策略的影响之下了。损失厌恶原理也能够解释为什么每个人都表示并不喜欢，但负面的政治广告却总是如此的有效。这是因为当候选人提醒你选择他们的对手可能会带来的风险（而不是夸耀自己能带来的好处）时，他们使用的就是这个策略。

损失厌恶原理也可以为公益目的而服务。美国某个城市的医疗中心做过一个研究，给妇女们观看一个推广艾滋病测试的视频。在这个视频的一个版本（“得到表述组”）里，讲的是接受测试能够带来的好处。在另一个版本（“损失表述组”）里，讲的是不参加测试会带来的损失和风险，如不接受测试的妇女会给自己、爱人和尚未出生的孩子带来的风险。看了损失表述版本的妇女中，63% 的人在两周内做了测试。而看了得到表述版本的妇女，只有 23% 在两周内做了测试。还有一个类似的研究也发现，利用损失表述在说服人们参加皮肤癌测试和乳房自检方面也更有效果。

虽然这个策略在鼓励对方接受要求和提案方面效果明显，但是有一点需要警惕，过分依赖损失表述会影响人际关系。人们通常觉得那些只关注风险、成本、损失和负面内容的人充满敌意、咄咄逼人、不招人喜欢。而且如果对方因此选择以牙还牙的话，就可能给谈判带来很大的障碍。因此，你在使用损失表述的时候应该有目标、有策略，切忌滥用。一个可能的好办法就是，在讨论的早期要尽量避免负面描述，在总结观点或者争取最后的机会时才利用损失表述。

策略 2：细分对方的收益，整合对方的损失

下面两个情境当中，哪一个会让你更开心？

- 情境 1：你在大街上捡到 20 美元。
- 情境 2：你在大街上捡到 10 美元。第二天你在另外一条街上又捡到 10 美元。

注意，这两个情境里，你都是捡到同样的 20 美元。但是，绝大多数人认为情境 2 让他们更开心。为什么呢？在回答之前，我们再看下面两个情境哪个会让你更不开心？

- 情境 3：你打开钱包发现丢了 20 美元。
- 情境 4：你打开钱包发现丢了 10 美元。隔天你发现又丢了 10 美元。

和刚才一样，这两个情境在经济结果上是一模一样的。但是，这次绝大多数人会觉得情境 4 让他们更不开心。

如同这两个问题所展示的，人们在得到的时候希望是多次的，而损失的时候则希望是一次性的。因此，为了最大化幸福感，你就应该把收益分成很多细小的"胜利"，而不是一个大的胜利。同时，为了减少痛苦，你应该把所有的损失加在一起，这样你就只需要应付一次损失了。

这个现象对谈判者的意义如下：

细分对方的收益：

- 如果你可以作出让步，不要一次都给出去。例如，如果你可以加 100 美元，

那么把它分成几个单位的小额，每次给出一个单位小额。一系列的小让步比一次性大的让步会让对方感觉更好。

- 如果你有好消息分享，尝试把信息分割成一个一个小的好消息，给对方有更多惊喜的机会。例如，假如你提前并且低于预算地完成了一个项目，不要一下子把这些信息都告诉你的客户。如果你先告诉他你提前完成了项目，然后另外一天再告诉他成本低于预算，你的客户会更高兴。
- 如果你要给出好处或者奖励，把他们分割成更小的部分一个一个地给。例如，假如你要给员工涨工资并且给予职位晋升，如果你先告诉她涨工资的消息，隔天再告诉她升职的消息，她会更高兴。

整合对方的损失：

- 如果你要求对方作出让步，一次提出一个全面的要求，而不是几个小的要求。
- 如果你有坏消息要传达，一次都传达完。
- 如果你有成本或者负担要给出去，一次性全部给出。

策略 3：“摔门”法

许多销售人员都深信一个流传很广的原则，那就是“让对方持续说同意”。这个方法背后的逻辑是，作为谈判中的卖方，你应该努力让买方保持一个正面的、不断同意的、愿意通融的情绪状态。毕竟，对方同意你的越多，同意的时间越长，他就会更觉得你的利益点和需求与他合拍。还有一个因素就是势头，这样做可以建立一个让他最终接受你的要求的趋势，而不是拒绝你的趋势。

和很多经验法则一样，这个原则只是在一定程度上是对的。事实上，另外一个让对方最终说“可以”的办法是先让对方说“不”。我们来看看罗伯特·西奥迪尼教授的一些经典研究。西奥迪尼教授的研究助理以少年犯管教中心员工的身份在城市里拦住路人，请他们帮忙：“您是否可以帮忙带一个组的少年犯去一天动物园？”可想而知，大多数人对这个要求十分吃惊，只有 17% 的人同意了。

然后，研究人员换了一个方法。这次他们在叫住路人之后，提出了一个更大的要求："请问您是否愿意在少年犯管教中心做顾问？每周两个小时，一共三年。"不出意料，所有人都拒绝了这个要求。研究人员马上追问："如果您不能做这个，是否可以帮忙带一个组的少年犯去一天动物园？"结果，50% 的人同意了。跟着一个被拒绝了的极端要求，同样的一个去一天动物园的要求，答应的人数增加了两倍。

为什么在拒绝之后同意的人增多了呢？西奥迪尼解释说，当提要求的人降低自己的要求时，对方会将其视为一个让步，因而觉得自己也需要作出相应的让步。换句话说，因为被拒绝一方"妥协"了，降低了要求，让对方觉得自己也有义务作出让步。另一个因素是对比效应，我们倾向于根据背景来判断大小。和一个需要投入三年时间的要求相比，去一天动物园就显得没那么严重了。西奥迪尼把这种先提出极端要求，然后作出调整的方法称为"摔门"法，指的是上门销售人员提出过分的要求被主人当面摔门拒绝。当然，在这个例子里，销售人员并没有在被"摔门"之后就立刻走开，而是提出了第二个不那么极端的要求。

西奥迪尼的研究给谈判的启示是显而易见的，我们在第 1 章讨论报价和"锚定"的时候就已经讨论过。简单来说，如果你想得到什么，一开始一定要更多，然后准备好作出让步。然而，谈判者经常自我审查，担心报价太过分会被拒绝。但是如同西奥迪尼的研究展示的，被拒绝不一定是坏事。当然，提出过分极端的要求的确有风险。对方可能会觉得你提出这样的要求是因为你无知、懒惰或者过于鲁莽。在策略 5 中，我们会讲解在提出极端要求后又不冒犯对方的有效办法。

策略 4："蹬门槛"法

请看下面这个研究。某个校园附近的一个酒吧的服务生随机挑选了一些顾客，请其中一半的人签名反对酒驾，所有这些人都签了。服务生并没有问另外一半同样的问题。在接下来的 6 个星期里，服务生记录下来所有两组人中每一个喝醉了的情况。当这些喝醉了的人准备离开的时候，服务生会提出第二个要求：

"请问我可以打电话叫一辆出租车送你回家吗？"没有签名反对酒驾的人里，只有 10% 的人同意等服务生叫出租车，而签了名的则有 58% 的人表示愿意等。

为什么在答应了一个不那么麻烦的要求（签名反对酒驾）之后，人会更有可能同意更麻烦的要求（等出租车）呢？背后的原理是这样的，当人们同意了一个要求，他们在心理上就投入了，就倾向于坚持到底。因此，先同意一个要求会增加对后续要求同意的概率。这是因为，人们需要为自己过去的行为作出解释，以确保自己的言行一致。答应了服务生的要求之后，他就在心理上投入了，就会认为自己在反对酒驾问题上选择了一个立场。当面对服务生的第二个要求时，他就觉得没有其他选择，只能答应。如果他不答应，就很难解释前面签名的行为。

这就是"蹬门槛"效应，看起来似乎和西奥迪尼的"摔门"法是互相矛盾的。的确，"蹬门槛"法是先提出一个小的要求，"摔门"法则先提出一个极端过分的要求。事实上，这两个策略背后的机制和目标都是不同的。当你的目标是让你的核心要求显得更加温和时，就应该使用"摔门"法（先寻求被拒，然后调整要求）。当你需要建立不断地投入以达到最后的投入时，就应该使用"蹬门槛"法（让对方先答应你的一个小要求，然后一步一步提高你的要求）。

例如，4S 店销售人员虽然知道你只是在考虑买便宜的车，还是会先给客户推荐一辆非常昂贵的车，这就是"摔门"法。由于对比效应，先看了昂贵的车会让便宜车的价格显得更便宜。然后，在接下来的沟通中，这名销售还可以使用"蹬门槛"法。他可以先让客户出去试驾一下这辆便宜的车（中等的要求）。试驾结束后，客户就已经提高了对这个便宜车的投入，销售就可以提出更高的要求，让对方购买了。

"摔门"和"蹬门槛"两个方法还有一个重要的区别。当使用"摔门"法时，在对方拒绝了你的极端要求之后要马上提出温和一些的要求。否则，对比效应就会随时间流逝而逐渐减弱，导致温和的要求看起来就不像一个让步了。相反，"蹬门槛"法则需要在最初温和的要求被接受之后过一段时间

（在被遗忘之前）再提出。如果第二个要求提得太快，对方就没有足够的时间去感受到投入的感觉；另外，在一个要求之后马上提出另一个要求会显得咄咄逼人，太过分，或者目的性明显。

策略 5：利用合理化的力量

哈佛著名心理学家埃伦·兰格（Ellen Langer）① 和同事做了一个很有意思的实验，他们让图书馆关掉大部分复印机，只留下一台可以使用。很自然，这个唯一工作着的复印机后面排起了长队。实验的目的是研究如何说服排队的人同意让别人插队。对有些人，研究者就简单地问："对不起，我只有 5 页，我可以先用一下复印机吗？" 60% 的人会答应让他插队。对另外一些人，研究者会说："对不起，我只有 5 页，能让我先用复印机吗？因为我需要复印一下。"你可以看到，第二个方法的唯一区别是增加了一个很无稽的理由，显然你要在等复印机的队伍里插队是因为一定是要复印！这次的结果如何呢？ 93% 的人同意让研究者插队。

这个研究结果告诉我们，即使是非常无稽的理由也能够诱发对方的配合。为什么呢？因为我们"天生"会去迁就别人（听起来）合理的要求，愿意解决别人的麻烦，因为这样让我们能够和对方建立起互惠的关系。换句话说，我们会更情愿多付出一些来帮助那些觉得自己"亏欠"我们的人，但不愿意帮助那些觉得自己可以为所欲为，对我们指手画脚却不一定会回报的人。因此，当人们觉得你的要求是强加给他们的时候，会倾向于抵抗。但如果他们认为你的要求是合理的，他们就会降低这个抵抗，考虑你的要求。兰格和同事认为要作出这个判断，人们常常使用"拇指规则"，即使是"因为"这样一个简单的词通常就足以换来配合。例如，在复印机实验里，"因为"这个词的后面其实完全没有新信息，但是关系不大，有这个词就足够了。

① 积极心理学奠基人之一，第一位获得哈佛终身教职的女性。她的成名作《专念：积极心理学的力量》曾被《影响力》《全新思维》等畅销书转载传颂，被权威书评媒体《书目》杂志评为一本划时代的巨作，其中文简体字版已由湛庐文化引进，浙江人民出版社出版。——编者注

谈判的时候要如何利用这个规律呢？在第 1 章中我们分享过一个很重要的建议，就是在提出一个要求尤其是比较过分的要求的时候，一定要用这样的句子结构："我想 xx，因为……"换句话说，伴随着合理理由的要求更容易被人接受，即使不能接受，对方也不一定会因为你的要求不合理、没依据或者太疯狂而感到被冒犯。即使你的真实目标并不是实现这个极端的要求（比如在"摔门"法里），加上一个理由仍然可以增加你的要求的说服力，让对方不会轻易地掉头离去。

有哪些理由可以合理化你的要求呢？通常来说，任何要求都可能有很多理由，谈判者必须找到最适合你的理由。例如，卖房子的人可以提及最近本地卖出的类似房产的价格，强调自己要卖的房产比一般房产的条件更好，或者给出一个乐观的估计表明这个区域房产价格将来会飙升。同时，买主可以合理化自己在同一个房产上给出的低价，理由可以是最近的房价估值比较低，或者因为全国的地产泡沫所以当前的价格是虚高的，或者指出刚刚看到的一个低价卖出的房产。

再举一个例子，一个员工在向领导申请加薪的时候可以使用以下的表述版本：

- 版本 1："你上次问我觉得我的薪酬应该增加多少。经过深思熟虑，我觉得 10% 比较公平。"
- 版本 2："你上次问我觉得我的薪酬应该增加多少。经过深思熟虑，我觉得 10% 比较公平，因为我过去一年的绩效考核是优秀。"
- 版本 3："你上次问我觉得我的薪酬应该增加多少。经过深思熟虑，我觉得 10% 比较公平，因为我过去一年的绩效考核是优秀。这里是我为公司创造的收入的数据。"

版本 2 显然比版本 1 要好，因为提供了加薪 10% 要求的理由。但是，版本 3 是最好的，不但提供了理由，还提供了数据。当然，衡量工作绩效的方法有很多，你的数据不一定是最好的。但是通过这个版本的表述，你提前控制了讨论的内容，也更有机会来定义什么是合理的衡量指标。因此，版本 3 的好处是除了提供理由之外，还通过数据来增大了这个理由的可信度。一般来说，在谈判里，不要简单地以为“我的提案本身就能说明问题”，而是要为你的要求提供理由，然后通过解释和数据来让你的理由显得更加合理。

策略 6：利用认可的力量

最近，美国深夜电视节目中增加了很多“资讯型广告”，就是那种很长很长的广告，详细讲解产品的用途、优点以及名人是如何使用这款产品的。在一个 30 分钟的资讯型广告里，主持人会多次提醒观众“拨打屏幕上的电话号码”用折扣价来购买广告中的商品。可能你会想，如何才能说服人们真的大半夜地打电话去购买一些无用的产品呢？资讯型广告写手科琳·索特（Colleen Szot）就花了很多时间来思考这个问题。经过一番深思熟虑之后，她决定修改写在屏幕上的话。常用的写法是“话务员正在等你的电话，请马上拨打电话”，她决定改为“如果话务员很繁忙，请再次拨打过来”。结果打入的电话数量飙升。

这是为什么呢？表面上看，这两个表述表达的是几乎一模一样的信息，而且都没有提到具体的商品。但是，电视观众看到了不同的表述所形成的印象是什么呢？原来的表述似乎在说很少有人在打这个电话，话务员都在那里等电话铃响。相反，新的表述则暗示电话铃正在不停地响，你可能需要打好多次才能打通，也就是说有很多人都在购买这个商品。心理学家称这个现象为认可的力量。就像很多人在青春期的时候，如果不知道应该干什么，就会去看看你的同龄人都在做什么——（“可是，妈妈，每个人都在这么干！”）其实，并不是只有青少年才这样思考问题。有没有想过为什么酒吧和夜总会即使在几乎空无一人的时候仍然会让人在门口排长队？你是不是觉得他们应该或者更愿意让这些人进去，好直接卖酒给这些人？这也是情景喜剧会使用笑声录音的原因，听到了别人在笑，我们就会觉得这个笑话更好笑。

那么，如何利用认可的力量来提高谈判结果呢？看看下面的策略：

- 地产商会把看房时间限制在一个小时内，这样所有的潜在买方会同时出现。
- 当一个潜在客户让咨询师提供一个初次见面时间时，咨询师虽然非常需要这个客户，但是还是故意只提供了几个时间段。
- 一个销售代理开篇就会罗列出他们公司的很多其他客户；商学院在宣传册里会列出很多知名校友的名字和照片。

策略 7：作象征性的单方让步

几年前，某个全国性的建筑行业商务协会想要对会员进行一次问卷调查。但是，他们知道进行这样的市场调查非常困难，因为目标人群出了名的懒得填写问卷。为了提高反馈率，他们先做了一个实验。他们的思路是给填写问卷的人一些金钱报酬，但是怎么给呢？他们随机给一组人发问卷，不提供任何报酬，结果只有 20.7% 的人寄回了问卷。另外一组，他们承诺每个填了问卷的人会收到 50 美元的报酬。然而，50 美元的奖励并没有显著改变结果，只有 23.3% 的人填写了问卷。为什么效果这么差呢？可能有人觉得是奖励的数额太小了，也许承诺 100 或者 200 美元就会有更多的人填问卷了。但是，我们来看看第三组。这一组除了问卷以外，信封里还夹带了 1 美元纸币。这次，40.7% 的人填写了问卷。传统的经济学理论是无法解释这些行为的。1 美元不但远远少于 50 美元，而且这 1 美元简直就算不上是个激励。因为对会员们来说，这 1 美元就是白送的，不管是否填写问卷钱都已经到手了。在经济学家忙着建模来解释这个行为的时候，我们可能已经发现，恰恰因为这 1 美元并不是一个激励，而是一个单方的让步，或者说是礼物，会让对方觉得有义务回报。但是想想看，这样小的让步会有这样大的效果仍然是非常惊人的。关于信任和互惠的研究发现，收到对方礼物和让步的一方通常对提供让步一方的成本非常敏感。因此，即使是一个低成本、象征性的让步也足以诱发互惠、服从和认可。

例如，你在下次谈判时可以试试这些象征性让步：

- 你同意在对方方便的时间和地点见面，而不是就你的方便。

- 在去谈判的路上，你给对方带一份咖啡。
- 在讨论主要内容之前先同意对方一个小的要求。

在上述每一个例子里，你给对方的让步越明显（比如让对方知道你同意的这个地点对你来说并不方便），对方就越可能觉得必须在重要的方面作出回报。

策略 8：利用合适的参照点来合理化你的提案和要求

在最近的一个高管谈判培训课程里，我们向一半人提出了下面这个情境（根据丹尼尔·卡尼曼和阿莫斯·特沃斯基的内容所改编）：

> 情境 1：假设你要买一个价值 50 美元的计算器。销售说这个计算器在另外一家分店有折扣，那家分店开车过去要 20 分钟时间。假设你在这家分店无法讨价还价，你觉得多大的折扣会让你觉得开车 20 分钟去分店是值得的？

在往下看之前，请你花点儿时间把你对情境 1 的回答写在纸上。然后，考虑一下我们给另外一半人看的下一个情境。

> 情境 2：假设你要买一个价值 2 000 美元的笔记本电脑。销售说这个笔记本电脑在另外一家分店有折扣，那家分店开车去要 20 分钟时间。假设你在这家分店无法讨价还价，你觉得多大的折扣会让你觉得开车 20 分钟去分店是值得的？

如果你仔细比较，你会发现两个情境其实问的是同一个问题，就是你的 20 分钟值多少钱？但是因为情境不同，我们来看看那些高管们对自己时间的估值有多么的不同。平均来说，那些读了情境 1 的高管表示 20 美元的折扣就值他们开车 20 分钟过去，而那些读了情境 2 的高管则认为 200 美元的折扣才值得跑一趟。

这个实验告诉我们，人们在估值利益点的时候，很容易受到外界因素的影响。如果你要买一个很贵的“大件儿”商品（电脑，汽车），开那么远的车就为了省 20 美元肯定显得有些傻。但是，如果是买一个比较便宜的物品（一个计算器或者一件 60 美元的衬衫），20 美元的折扣就显得很有吸引力了。换句话说，人们在评估一个物品或者议题的成本时并非客观，而是通过和明显的参照点进行对比来评估（比如自己在当天的消费总额）。这就是为什么汽车销售总是能够卖出那么多的附加产品。当你已经花了 3 万美元来买车，再多花个 200 ～ 500 美元来买一个脚垫或者防刮伤产品就显得没那么贵了。反过来，如果你已经有了车，有人上门用同样的价格来推销脚垫或者防刮伤产品，你估计就要把门摔在他脸上了。

高管愿意为了 20 美元驱车去购买一个计算器，却不愿意为了同样的优惠去买笔记本电脑，还有另外一个原因，就是人们不只是关心他们买到的东西的价值，更关心是不是得到了一笔划算的交易。注意，对划算或者“公平”交易的渴求会让人在谈判中很容易被忽悠。比如原价 750 美元的商品，人们就很愿意花 500 美元来购买，而不会在意这个产品对他们的真实价值。同样，经济学家理查德·塞勒（Richard Thaler）的一项研究发现，虽然都是在沙滩上喝同样牌子的啤酒，如果从一家高档度假酒店购买，人们就愿意付非常高的价格，如果是从一个简陋的小商店购买，人们就不愿意付高价。换句话说，即使当交易的价值一样时，表述方式、参照点和划不划算这些因素都会显著影响这笔交易对谈判者的吸引力。

NEGOTIATION GENIUS
哈佛经典谈判指南

影响对方的 8 大策略：

1. 强调对方可能会遭受的损失而不是潜在的收益。

2. 细分对方的收益，整合对方的损失。

3. “摔门”法。

4.“蹬门槛”法。

5. 利用合理化的力量。

6. 利用认可的力量。

7. 作象征性的单方让步。

8. 利用合适的参照点来合理化你的提案和要求。

保护自己免受影响的 6 大防御策略

我们这里所介绍的策略不仅都是被科学研究证实的，而且也是经过实践检验的。作为一个谈判者，肯定会遇到很多高水平且有影响力的对手。不难想象，只是简单地学习和了解这些影响力策略很难保护你免受其强大影响。为了保护自己，你必须有意识地预测并削弱这些策略的影响。这里，我们将介绍一些你可以在谈判里使用的防御策略。

防御策略 1：系统准备

在谈判中，抵御影响力策略最好的办法之一就是系统全面地准备，包括深入分析双方的最佳备选、认真评估协议区间以及细致地考查所有的议题。那些在谈判之前认真评估过自己利益点和优先级的谈判者就不会轻易因为对方的表述方式而接受一个实际上不太好的提案。

防御策略 2：建立一个评分系统

第 2 章已经讲过，建立评分系统能够让你客观地评估当前提案的总体价值，以与其他提案、最佳备选方案的总体价值进行比较。如果你能够客观评估每个提案的价值，你在谈判的时候就不容易被影响力策略所迷惑。

防御策略 3：清晰区分信息和“忽悠”

第 1 章中提到过，谈判天才明白对方所有的表达都包含着一部分信息，一部分“忽悠”。而你的任务则是在作出回应之前能够清晰地把这两者区分开。当听完对方一个非常有说服力的陈述之后，高效的谈判者会问自己这样的问题：“他刚才说的内容里有新信息吗？如果有，哪些信息是新的？如何在我的利益点和优先级的背景下评估他说的内容？”还有另外一些问题也能够帮助你区分信息和“忽悠”：“如果换一个人，我还愿意做这些事情吗？如果是昨天或者一个小时之前，我会愿意做这些事情吗？如果我需要向上级或者其他人来解释我的决策，我能解释清楚吗？”

防御策略 4：用其他方式表述一下对方的提案

你还可以花时间来重新表述一下对方给出的内容，这样也可以缓解影响力策略的效果。如果对方给出的是用损失角度表述的内容，你可以再用获得的角度重新对自己表述一遍，然后看看对方的提案有多大的吸引力。例如，如果对方说“如果你不提价，你就失去赢得这个标的的机会了”，你听了以后一定会非常想提价。但在决定提价之前，花点儿时间重新表述一下：“如果我想有机会赢得这个标的，我就得提价。”你现在还是那么想提价吗？这里的关键是，一定要识别清楚你的反应到底是因为对方提案的内容本身，还是因为对方表述提案的方式。

防御策略 5：设定一个“魔鬼代言人”

在第 4 章中我们曾建议过，请一个自己人来扮演“魔鬼代言人”是一个非常有效的谈判策略。这个人的角色就是质疑你关于谈判的所有看法。你的魔鬼代言人不需要在谈判的时候出现，但是要确保你在需要的时候能够打电话和他讨论。

防御策略 6：尽可能避免在时间压力下谈判

在你需要迅速作出回应的时候，影响力策略更容易起作用。因此，我们建议谈判者应该安排足够的时间来谈判。如果需要作出重大决策，至少要提前一天甚至更久的时间来准备。如果需要更好地评估提案或报价，随时向对方争取更多的时间。

大家要注意，前面提到的这些防御策略并不是互相排斥的。谈判天才会同时使用几个甚至所有的防御策略。另外，这些策略不光是在对抗影响力策略的时候起作用，它们在任何情况下都是提高谈判效率的很好的建议。

NEGOTIATION GENIUS
哈佛经典谈判指南

保护自己免受影响的 6 大防御策略：

1. 系统准备。
2. 建立一个评分系统。
3. 清晰区分信息和“忽悠”。
4. 用其他方式表述一下对方的提案。
5. 设定一个“魔鬼代言人”。
6. 尽可能避免在时间压力下谈判。

影响力的局限性

大家一定要记住，我们这里描述的影响力策略是无法帮助你优化你的观点或者提案的，它们只是简单化了推销的过程。虽然这些策略很有效，能够帮你说服对方接受你的提案，满足你的要求。但是，过分依赖影响力策略的谈判者所能够取得的成功是非常有限的，原因有二。第一，如同第 3 章讲述的，那些过分关注于“推销”而不是“谈判”的谈判者等于是主动放弃了了解对方利益点的机会，因此也放弃了创造价值的机会。第二，当你面对一个很强硬的谈判者，或者陷入了一个复杂的纠纷当中时，这些策略在对方那里的效果会严重受限。如果你唯一可以依靠的就是这些“软”策略，你就完全处于下风了。不是所有的谈判都能进行得很顺利，不是所有的谈判者都表现得很友善。谈判天才提前就能够预料到这些，并且知道在形势恶劣的时候该如何去应对。在后面的章节（尤其是第 12 章）里，我们会分享他们的诀窍。

第 8 章

发现谈判中的盲点

NEGOTIATION GENIUS 谈判案例

一次代价高昂的并购

2004 年 12 月 15 日，强生公司同意花 254 亿美元收购医疗器械制造商佳腾（Guidant）。最初的市场反响很好，认为这个收购会产生协同效应，佳腾并入强生比独立运营更有价值，听起来这对佳腾和强生两家公司是双赢。

2005 年 5 月 24 日，离强生和佳腾完成收购还有一段时间。《纽约时报》披露，在过去的三年里，佳腾没有告知医生他们生产的植入式心脏除颤器存有缺陷，已经造成了 26 例短路等故障。当时有超过 24 000 人体内植入了这种除颤器，于是美国食品与药品监督管理局开始立案调查佳腾。几周以后，6 月 17 号，佳腾宣布召回他们的除颤器。

10 月 18 日，强生表示就收购佳腾的条款重新谈判。11 月 2 日，强生发布声明称联邦的调查和召回除颤器事件影响了佳腾的“短期收益和长期愿景”。同一天，纽约州时任司法部部长艾略特・斯皮策（Eliot Spitzer）宣布起诉佳腾，联邦贸易委员会有条件地批准了强生和佳腾的并购计划。按规定，强生需在贸易委员会批准后 48 小时内完成并购。如果强生以佳腾有“重大不利变化”为由拒绝按时执行，佳腾可以对强生发起诉讼，要求法院强制强生完成并购。48 小时过去了，强生没有执行并购合约。11 月 7 日，佳腾起诉强生。9 天后，关于佳腾的负面新闻越来越多，这时强生提出将并购价格修改为 215 亿美元。

波士顿科学公司（Boston Scientific Corporation，以下简称波士顿科学）是在佳腾并购事件的早期报道中一直未曾提到的另外一家公司。如果强生收购了佳腾的话，对波士顿科学有很大的负面影响。在医疗护理行业，波士顿科学是强生的主要竞争对手。强生并购佳腾以后基本上会完全颠覆和波士顿科学的实力对比。从 2004 年 12 月 14 日（强生提出收购佳腾的前一天）到次年 4 月 28 日（佳腾董事会通过了强生的并购提案），波士顿科学的股票价格从 35.88 美元 / 股跌到了 29.46 美元 / 股。

直到强生将并购价修改到 215 亿美元时，波士顿科学的股票价格降到了 25 美元 / 股。2005 年 12 月 5 日，对强生并购佳腾事件忍无可忍的波士顿科学提出用 247 亿美元收购佳腾。与此同时，佳腾深陷法律诉讼，公众形象持续下滑。12 月 27 日，美国食品与药品监督管理局发布了公开的警告信，声明已经告知佳腾的产品问题。

这三家公司之间的谈判持续到了 2006 年。虽然波士顿科学的出价更高，但是佳腾更喜欢强生提出的并购方案。因此，佳腾于 1 月 11 日暂时接受了强生提出的 232 亿美元出价。第二天，波士顿科学把出价提高到了 250 亿。再接下来的一天，佳腾暂时接受了强生修改后的 242 亿的出价。在 17 日，波士顿科学出价 270 亿购买佳腾，远高于强生在佳腾遇到法律问题之前开出的价格。次日，强生宣布不再加价。当天，佳腾接受了波士顿科学的 270 亿出价。至此，波士顿科学似乎取得了这场战斗的胜利。但是，谁赢得了整个战争呢？

在波士顿科学的出价被接受的第二天，他们的股票价格降到了 23.15 美元/股，比出价并购佳腾之前低了差不多 2 美元。值得注意的是，强生每次出价并购佳腾，强生的股票价格就会随之下跌。从波士顿科学加入并购竞争到佳腾接受波士顿科学的 270 亿美元出价为止，强生股票价格降了 4.4%。一个月后，也就是 2006 年 6 月，波士顿科学被迫召回佳腾的 23 000 个起搏器，建议 27 000 名患者去找他们的医生咨询。到这个时候，波士顿科学的股价已经降到了 17 美元/股以下。《财富》杂志后来描述波士顿科学并购佳腾为有史以来第二糟糕的并购案，仅次于美国在线和时代华纳的崩盘并购。

为什么波士顿科学会作出这个让股价暴跌超过 50% 的决策呢？为什么波士顿科学如此积极地去并购一个明显在技术上、法律上、金融上以及公众形象上都是拖累的公司呢？为什么强生会挑起一个让自己股价大跌的竞价呢？强生和波士顿科学有可能预料到并避免这个最终的结果吗？我们认为是可以的。

总的来说，很多组织和个人在激烈竞争的情境下，由于无法全面考虑所有的相关信息，会作出很糟糕的决策。但事实上，这些信息不但很容易被发现，而且非常关键。谈判者仍然会忽略是因为这些信息处在他们的“盲区”。马克斯·巴泽曼和同事多莉·楚弗（Dolly Chugh）把这个现象称为“有限意识”，指的是谈判者倾向于过分关注他们不得不作的决策，因而忽略那些高度相关但是在注意力范畴之外的信息。

在本章里，我们会指出谈判者会经常性地犯的这类决策错误。具体来说，我们会揭示谈判者是如何忽视以下因素的：

- 谈判桌之外的角色影响。
- 对方的决策规则。
- 信息不对称的影响。
- 竞争对手的强项。

- 暂时无关但是以后会很关键的因素。

针对每个因素，我们还会给出一些策略让你能够把这些落在盲点里的信息看得更清楚。

潜在谈判方

在深入探讨强生和波士顿科学追求佳腾那个代价高昂的并购事件背后的缺陷之前，我们先看看下面这个更抽象的问题：

> 公司甲和公司乙是行业里的老大。丙公司位列行业里的第二梯队，价值 10 亿美元。丙公司的管理层宣布，如果价格合适则可以出售公司。分析师普遍认为甲和乙是两个最有可能的出价方。因为无论是甲还是乙，并购了丙公司以后都会成为行业主宰者。甲和乙公司在分析了并购的可能性之后得出了同样的结论：如果由甲或者乙来管理的话，丙公司价值 12 亿美元。这就意味着甲或者乙如果花费低于 12 亿美元购买丙公司就是合算的，高于 12 亿美元的话就会带来损失，导致股票降价。但是，如果甲收购丙，也会给乙带来灭顶之灾，乙会损失 5 亿美元。最后，如果甲或者乙出价购买丙，另外一家公司也会知道这个出价。那么，作为甲公司的总经理，你应该怎么办？

我们让高管学员回答这个问题。通常，他们会建议甲应该出价 11 亿美元来购买丙。如果这个出价被接受的话，会给甲和丙各带来 1 亿美元的净利润。显然，11 亿美元这个出价在协议区间之内。

但是乙呢？你思考一下乙的处境，就会发现丙不会接受甲的 11 亿美元出价。因为一旦甲出了价，乙如果不能成功收购丙，就会损失 5 亿美元。与其损失 5 亿美元，乙更有可能出价 12 亿美元来平衡。

但是甲呢？如果不加价，甲现在会损失 5 亿美元。因此，甲会出价 13 亿美元，然后球就踢给了乙。

趋势现在就很明显了，为了避免 5 亿美元的损失，双方都是应该继续竞投。最终，我们很容易就能够预测到这个竞价会达到 17 亿美元而结束。两个竞争者（甲和乙）之一会损失 5 亿美元，因为没有完成并购。另外一家公司也会损失 5 亿美元，因为虽然“赢”了竞价，但是多付了 5 亿美元给丙。然而，当第一个出价开始之后，双方就都无法避免这 5 亿美元的损失了。

这个竞价的关键是什么呢？首先，你必须明白收购丙的任何出价都会带来这种恶性竞争。其次，你应该制定一个（法律）策略来阻止你的竞争对手发起这种毁掉价值的恶性竞争。

为什么绝大多数的高管学员都没有想到这两点，反而提议甲出价 11 亿美元来收购丙呢？这是因为他们对谈判范畴的定义过于狭隘。具体来说，他们给出这个答案是因为他们以为参与谈判的只有甲和丙。但是如果真的这么简单，那么甲只需要考虑是否有协议区间就可以了。也就是说，甲公司只需要考虑丙公司对甲公司的价值是否大于丙作为一家独立公司的价值。但是这个分析忽略了两个关键部分：一是甲的行动对乙的影响，二是丙可以把乙拉进来参与竞价。

这个故事揭示了一个道理，就是当谈判者忽略了那些不在谈判桌旁的“谈判者”的时候，可能会导致严重的后果。而谈判天才则懂得扩大关注点，考虑自己的行为对他人的影响，详细考虑自己的策略会带来的全部竞争动态。

这个甲乙丙公司问题是基于 20 世纪 90 年代中期发生在美国航空、联合航空和全美航空之间的真实个案。和公司丙一样，全美航空宣布，只要价钱合适就可以出售。商业记者们迅速开始推测两大行业领头公司联航和美航最终会参与竞价购买全美航空。因为全美航空对联航或美航的价值都大于作为一家独立公司的价值，所以对两家潜在的收购者来说赌注都极高。如果美航购买了全美航空，对联航来说会是一个巨大的打击。同样，如果联航购买了全美航空，对美航来说也是个巨大的打击。换句话说，美航和联航面对的是与公司甲和公司乙一样的困境。那么，他们是怎么做的呢?

全美航空公布出售计划不久，美航的总经理罗伯特·克兰德尔（Robert Crandall）就给美航的 11.8 万名员工写了这样一封公开信：

> 我们从来都相信，并会继续坚信，对美航来说，最好的成长办法是通过内部增长，而不是并购。因此，我们绝不会第一个出价去并购全美航空。但是，如果联航收购全美航空，我们也会准备好一个出价，或者采取其他必要的方法来保住美航的竞争地位。

虽然这封信名义上是写给美航员工的，但我们基本上可以确定，这其实是给联航看的。换句话说，克兰德尔给联航传达的信息是“请维持现状，否则我们双方都会损失很多钱”。结果呢？整个 20 世纪 90 年代中期都没有人收购全美航空，美国航空业少见地避免了一次恶性竞争。这完全是因为克兰德尔精准把握住了整个谈判的局面，清晰地扩展了关注点，考虑到了如果美航出价的话联航会面对的困境，以及任何一方出价会引起的恶性竞拍和后果。

全美航空的故事并不是唯一的，很多并购的结构都有着类似的结果。一旦两家公司都知道竞拍开始之后，失败的一方会损失市场价值，双方就都有很大的动力以高于市场价来竞拍。这种竞拍战和第 4 章里讲到的 100 美元竞拍一样，完全不参与容易，一旦进入就很难全身而退了。即使是像强生和波士顿科学这样的行业领袖也无法摆脱这个陷阱。

对方的决策规则

假设你的公司打算收购一家小公司，这家小公司刚刚研发出来一个新产品；

符合你的公司的需求。你相信你的公司能够给小公司的产品增加独特的价值。根据不同的假设，你评估这家公司的市场价值在 500 万～ 1 000 万美元之间。但是，因为你们两家公司之间可能建立的互补和协同效应，你认为这家小公司值 1 400 万美元。你已经知道对方公司的三个创始人平均分享公司的所有股权，但他们对公司的价值可能有不同的估计。你会出价多少来买这家公司？

等一下！假设你现在得知三个创始人有一个协定，必须三个人都同意才能出售这家公司。这个信息会改变你的出价吗？如果会，那么新的出价是多少？

现在我们再改变一些条件。假设你发现其实创始人的协定是，如果他们收到了收购提案，三个人中任何一个人都可以强制出售公司（除非另外两个人出同样的价格来买下他的股权，但你很确定他们买不起）。这个信息会改变你的出价吗？如果会，那么现在新的出价是多少？

一旦你意识到每个创始人可能有不同的底线（他们愿意出售公司的最低价格），很明显你就必须考虑创始人之间关于如何出售公司的协定。换句话说，你必须了解他们的决策规则。因为一个创始人就可以作决定的规则和必须全部都同意才能出售的规则是完全不同的，你的策略也应该作出相应的改变。

假设三个创始人有不同的底线：甲的底线是 600 万美元，乙的是 700 万美元，丙的是 900 万美元。显然，如果一个创始人就可以决定，你只要出价超过 600 万就可以了。因为甲会接受这个价格，强制出售。但是，如果需要三个人都同意，那么创始人丙就至关重要了，你就需要出价超过 900 万才能买下来这家公司。如果协定是多数人同意即可，你就只需要出价 700 万以上，满足创始人甲和乙就可以了。

认真分析了这个问题之后，我们很容易发现，必须首先考虑清楚决策规则、各方所受到的限制以及对方彼此之间的关系，然后才能制定出更加合适的策略。但是，当我们给高管们抛出这个问题的时候，他们通常会忽视对方三个创始人的决策规则的重要性。而且，他们告诉我们，在现实中他们通常都不会考虑这些问题。在遇到这类问题的时候，多数高管会把注意力全部放在财务和会计问题上，比如计算营收倍数、预测财务协同收益等。这些计算显然是非常重要的，可以提供公司的客观估值，帮你估算你应该出价的最高值。但是只关注这些问题而忽视了对方的决策规则，往往会导致你在交易中付出过多。

对大多数谈判者来说，对方的决策规则是存在于他们的考虑范围之外的。而谈判天才则明白他们不仅需要考虑对方的利益点，也需要考虑对方会如何进行评估和决策。

对方的信息优势

NEGOTIATION GENIUS 谈判案例

收购公司

你是公司甲的代表，你们公司打算拟一份书面收购提案，100% 现金购买公司乙的股份。现在的问题是，公司乙的估值直接取决于一个正在进行中的大型石油勘探的结果。如果这个勘探项目失败，那么公司乙在当前管理层下的价值是 0（就是 0 美元 / 股）。但是如果项目成功，公司乙在当前管理层下的价值可以高达 100 美元 / 股。因此，1 ～ 100 美元之间的任何股价的可能性都是存在的。

几乎所有的评估都认为公司乙被公司甲收购后，价值会提高 50%。如果勘探项目失败，公司乙的价值是 0 美元 / 股。如果勘探项目在当前管理层下产生的价值是 50 美元 / 股，在公司甲管理下就会是 75 美元 / 股。同样，在公司乙的管理下 100 美元 / 股，在公司甲的管理下就是 150 美元 / 股。以此类推。

最后一点：你必须在勘探项目结果出来之前就出价。如果你的出价（每股股价）大于公司乙在现有管理层下的价格，公司乙就会接受。但是，公司乙会在勘探结果出来之后才决定接受或者拒绝你的提案。也就是说，公司甲在提交提案的时候是不知道勘探结果的，但是公司乙在决定是否接受的时候是知道的。整个过程中没有其他公司参与竞价；公司乙要么卖，要么就不卖。

作为公司甲的代表，你现在需要推敲一下，0 ～ 150 美元每股，你应该出价多少来购买公司乙的股权？

你的回答是："我的收购价是________美元 / 股。"

作为收购方，你应该如何出价呢？这个问题看起来简单明了，实际上分析起来却非常复杂。成千上万个参加过我们培训项目的合伙人、投资银行家、总经理以及其他高管给出的答案一般在 50 ～ 75 美元之间。这个答案非常常见，但是也非常危险。这个错误回答是基于这样的逻辑："平均来说这家公司对公司乙的价值是 50 美元 / 股，对公司甲的价值是 75 美元 / 股。因此，在这个范围内的价格应该对双方都有利。"换句话说，（平均）协议区间在 50 ～ 75 美元 / 股之间，在这个范围内出价是合适的。

但是，我们来看看如果在这个范围内出价实际会发生什么。例如，假设你出价 60 美元 / 股：

> 公司乙有 60% 的机会接受 60 美元 / 股的出价。也就是说，当公司的价值在 0 ～ 60 美元 / 股之间的时候，公司乙会接受。因为 0 ～ 60 之间的分布是均匀的，所以这家公司的平均价值对于公司乙来说是 30 美元 / 股。也就是说，这家公司对公司甲来说值 45 美元 / 股。因为出价是 60 美元 / 股，那么购买方会损失 15 美元 / 股。因此，60 美元 / 股的出价是不明智的。

根据这个逻辑，任何高于 0 的出价都是不明智的。平均来说，购买方会买到一个比自身出价价值低 25% 的公司。这是因为如果公司接受了一个价格，公司（在勘探结果出来之后）的价值必然在 0 到这个出价之间。因为所有价值的可能性是一样的，是均匀分布的，所以对目标公司来说，公司的价值是出价的一半；对购买方来说，则是出价的 3/4。结果就是，所有高于 0 美元 / 股的出价都注定会赔钱，即正确的选择是不出价。

这个悖论的核心是目标公司的信息优势。具体到这个案例来说，就是目标公司只有在勘探项目结束之后才决定是否接受收购方的出价。虽然少数情况下目标公司卖出的价格对购买方也是有利的，但是大多数情况下接受他们出价是因为它的价值极低，有些人把这样的产品称之为“柠檬”，就是看起来光鲜但实际质量低劣的次品。

乔治·阿克洛夫（George Akerlof）正是因为在这个领域的研究拿到了诺贝尔经济学奖，他揭示了这种选择性接受出价是如何扭曲整个市场的。例如，阿克洛夫指出，因为好的二手车车主更愿意把车卖给亲戚朋友，所以旧车市场上二手车的平均质量并不是所有二手车的真实平均质量。车的质量越差，进入市场的概率就越大。明白了这个道理，买二手车的人就应该小心了。同样的道理，假如你要卖一辆质量很好的二手车，你所能得到的价值也会降低。

阿克洛夫的分析揭示了谈判中处于信息劣势一方的巨大危险，而交易当中的买方经常会面对这种情况。为什么那么多聪明人无法预见这个问题，仍然在“收购公司”的活动中出价呢？这是因为我们有一个倾向性，倾向于不考虑对方所知道的关键信息。我们通常意识不到：当我们的出价完全取决于对方是否接受的时候，对方接受的原因很有可能是因为我们出价过高了。这正是“胜利者的诅咒”的具体表现。

“胜利者的诅咒”指的是在一些情境中，竞价者赢得了标的，但是付出的代价高于标的的真实价值，因为竞价者没有考虑到对方的信息优势。“胜利者的诅咒”就是对方的信息优势落在我们的盲区，被我们完全忽略的一个实例。格劳乔·马克斯（Groucho Marx）有一句话完全反映了“胜利者的诅咒”的精髓：“我不愿意加入任何一个愿意接受我的俱乐部。”因为如果这个俱乐部的水准低到连他都可以加入，他就不想加入。

很多人盲目相信经验是避免“胜利者的诅咒”的关键。但事实上，在这种情境下，经验完全解决不了问题。马克斯·巴泽曼和谢理尔·鲍尔（Sheryl Ball）以及约翰·卡罗尔（John Carroll）测验了一下聪明的 MBA 学生避免胜利者诅咒的能力。研究者让这些学生玩 20 个回合的“收购公司”活动，根据决策，学生们有一定的概率可以赢得真钱。每个回合随机决定公司的价值。每个回合结束的时候，学生们都得到了完整的反馈；同时，他们能够实时观测到自己总资产的变化（基本上是急剧下降）。虽然有大量的信息显示任何高于 0 美元的出价都是很糟糕的策略，虽然总资产在不断地缩水，但是经过了 20 个回合之后，学生们还是无法学习到正确的出价方式，平均出价还是在 50 美元以上。在这 72 名顶尖商学院的 MBA 学生中，只有 5 个人意识到了应该停止出价。最近有研究发现，这些错误在 100 个回合之后仍然非常普遍。

那么，我们如何才能避免成为“胜利者的诅咒”的受害者呢？

1. 想象一下如果你的报价被马上接受，你的感受如何。在报价之前，假想对方会马上接受你出的价格（不管是车、房子还是公司）。然后问你自己“对方接受我的报价是不是可以说明商品的价值？对方是不是知道一些我不知道的信息，这些信息是不是可以解释对方接受我的报价”？胜利者诅咒的来源不是没有去思考对方的决策，而是没有考虑到对方的信息优势。

2. 寻找客观的、专家的建议。如果你面临的是一场对你来说非常重要的谈判，那么寻求专家的支持就是一个很重要的策略。比如，你可以找一个没有利益冲突的机械师来评估一下旧车的价值，找一个专业评估师来评估房子的价值，或者找专业机构对目标公司进行细致而高质量的独立评估。

3. 在一定的条件下出价。一般来说，在任何重要的交易当中，如果对方有信息优势，你就必须想办法降低对方的这个优势。比如，使用下面这个收购方式的人就可以在收购公司活动中获利。即收购者先不给出具体的价格，而是在最终勘探结果出来之后的估值之上加一定的百分比。这就是并购协议中常用的对赌条款，或者叫条件条款。

竞争对手的强项

假设你的公司和其他 4 家公司同时抢注一个发明专利。第一个完成这个专利所需要的科学研究并注册专利成功的公司会在市场上取得巨大的优势。但是，这个研究的成本投入也非常高。你们 5 家公司中，那 4 家不能抢先申请到专利的公司所有的研发投入就都打水漂了。

你询问了你的首席科学家，让他来评估一下你的公司赢得这个专利竞赛的可能性。他回答说："这就是个简单的工程问题，并不是很难，我们有 40% 的机会胜出。"你是否应该相信这个评估结果？如何能得到一个更精确的评估？

一个近期的心理学研究可以帮助你处理这种情况。学者唐·穆尔（Don Moore）的研究发现，人们更愿意在自己熟悉的或者客观上简单的事情上下注，觉得自己能够赢得竞赛，而不是客观上困难的事情。但是，人们常常意识不到的是，如果这个事情对你来说很容易，很有可能对你的对手来说也很容易；困难的事情也是如此，对你来说很难的事情对对手来说也会很难。换句话说，假如这个挑战是你觉得很简单的两位数加减法，你就会高估你取胜的机会。但是，假如有个非常难的业余变戏法大赛，你觉得太难而不敢参加，那么你可能也没有想到这个比赛对其他参赛者来说同样会很难。这个逻辑同样适用于复杂的研发决策。

有一个"参照组忽略"现象，揭示的就是这个模式。决策学者科林·卡默勒（Colin Camerer）和丹·洛瓦罗发现，几乎所有公司都会过于关注自己的独有技术、产品、物流系统等，而看不到竞争对手的特点。例如，很多公司在决定是否应该进入一个市场的时候，常常会忽略对竞争对手强项的评估，这个错误常常会让公司付出高昂的代价。

好在这是一个可以克服的问题，可以通过主动关注竞争对手的独特能力来纠正这个错误。当我们一个一个地去深入研究竞争对手，我们就能够更精确地评估对方成功的概率，进而评估我们自己失败的概率。

回到专利预测的问题上，你应该如何解读你的首席科学家的回答呢？在回答这个问题之前，你至少应该问自己以下问题：

- 他是否只考虑到这对我们来说是一个简单的工程问题，但是忽视了这个专利对对手来说也可能只是个简单的问题？
- 他是否只关注于我们公司的独有技术，而忽视了竞争对手的优势和相应的威胁？
- 他是否逐一分析了每个竞争对手公司胜出的概率，还是单纯把所有其他公司合在一起考虑的？

思考了这些可能性之后，你就会发现这个 40% 的估计可能意味着你公司和研究部门的确进展不错，但是很可能并不能准确反应你的竞争对手带来的威胁（可能他们的进展也不错）。

未来需要的信息

马克斯最近参加了一个团队，参与开发并讲授了一门课程，上课的学员是世界排名前 20 的大公司的最高层管理人员。这家公司的主要业务是在一些和西方世界非常不同的国家投资，这些国家的商业模式和西方区别很大，国家的局势变化也比较大。而他们的业务主要都是一些长期合同，因此他们想得到最优秀的企业外交方面的培训。

课堂上我们使用了一个谈判案例，背景就是他们公司的很多高管曾经参与谈判过或者马上要去谈判的国家。案例的内容是基于一个他们公司也有参与的最近发生在这个国家的事件。同时，我们也邀请了一些前外交官来课堂上旁听。这些外交官都在这个案例的背景国家工作过，他们提供了很多关于当地风俗习惯、变幻莫测的政治环境、复杂的商业规则等其他重要信息。

这些外交官提供的一个关键思路就是，高效的谈判者在收集相关信息的时候必须拓宽思路。很多时候，什么信息有用，这些信息什么时候会起到关键作用，是事先很难预料的。绝大多数的谈判者都会过于关注"眼前"的机会、问题或者危机，而在询问问题、收集将来可能会需要的信息方面就做得不够。

以下是外交官们列出的一些很重要的问题：

- 近期的法律变化对我们的协议会有什么影响？
- 这次的协议会给未来的协议带来怎样的先例？
- 如果你计划和对方共建一个合资公司的话，如何知晓谁是对方公司内的关键人物？
- 对方的竞争对手会对合资公司作出怎样的反应？
- 这些竞争对手公司有什么样的影响力？他们影响力的来源是什么？
- 在评估你们的策略长期成功的可能性的时候，你的假设有哪些？

讨论当中发现，当时实际参与了这个案例的高管们并没有问外交官们提出的这些问题。如果他们当时问了，当时的谈判会更加成功。

很多有在不同文化背景下谈判经验的谈判者都很认可这个"外交官视角"。2002 年，哈佛法学院的谈判项目向联合国大使拉赫达尔·卜拉希米（Lakhdar Brahimi）颁发了年度"伟大的谈判者"奖。颁奖的时候提到了卜拉希米在外交领域的很多成就，其中最主要的成就是在 2002 年阿富汗推翻塔利班政权之后，协调联合国秘书长特别大使团在阿富汗的谈判。卜拉希米还带领联合国代表团到很多国家，如也门、利比亚、苏丹、尼日利亚、南非以及其他国家去处理危机。在一次座谈中，有人问卜拉希米是如何准备像阿富汗这种复杂又艰难的谈判的。卜拉希米提到了一位“英国的老外交官”给他的建议：“每去一个地方，你都要去了解这个国家，因为有一天你会需要跟这个国家谈判。”

不管是商业领域、政治领域还是日常生活中，谈判天才并不是只有在危机爆发之后才开始关注这个情境，他们通常很早就开始作准备。他们能够做到这一点，是因为他们明白狭隘地关注眼前看起来相关的信息和全面地关注所有信息的区别，而且深知这个区别对于未来成败的决定性作用。

摆在眼前的东西

1970 年，康奈尔大学心理学家尤里奇·奈瑟尔（Ulric Neisser）制作了一个两组叠在一起的学生互相传篮球的视频，最近变得非常有名。在这个视频里，一组穿着白色衣服的人互相传球，另外一组穿着黑色衣服的人互相传球。我们经常给 MBA 学生和高管学员看这个视频，让他们在看的时候数白衣组传球的次数。这两组传球的视频是分别录制，然后叠加在一起的，因此记录传球次数是有一定的难度的，他们必须集中注意力以避免混淆两个篮球。

很多学生都能够准确地数出来总的传球数，是 11 次。但是绝大多数人会错过视频里的很多其他内容。在白衣组第 4 次传球的时候，一个打着雨伞的人从屏幕的一侧走到了另一侧，从两个组的前面走过。如果不要求去数传球数，所有人都会马上看到这个打着伞的人。但是那些忙着数数的人里，通常只有 5% ～ 20% 的人会看到这个打伞的人。坦率地说，迪帕克和马克斯在第一次看这个视频的时候也没有看到打伞的人。奈瑟尔称这个现象为“非注意盲视”。这个盲视并不是因为我们视觉的原因，而是我们的大脑无法同时关注多个任务的结果。

如果我们如此容易就可以忽视一个摆在眼前的事物，想想会有多么容易忽视对对方来说重要的议题、利益点和观点，因为这些内容对你没那么重要，肯定不会在你的视野之内。

如何拓宽你的视野

毋庸置疑，专注在一个问题上是一个很重要的能力，让我们可以高效率、高质量地完成很多任务。但是，有限视野领域的研究提醒我们应该多思考一下，当集中注意力在谈判上的时候，我们会忽视哪些内容。当你忙着评估对方最多愿意出价多少时，你是否忽视了这个协议对你的竞争对手可能带来的影响？当你聚焦于和并购目标之间建立协同效应的可能性时，你是否忽视了那些有影响力却又有私利的决策者会如何把谈判带歪？当你忙着向客户解释你的产品和服务能够解决对方多少问题时，你是否忽视了那些可能把对方推向你的竞争对手的利益点和顾虑？当你作为一个行业新手，忙于提高公司销售额时，你是否忽视了你未来转型到更高收益的商业模式时可能会面临的困难？

如果这些问题听起来很熟悉，那么你也许很想知道如何两者兼得：在谈判里既能够全神贯注在必要的信息上，又能够拓宽视野注意到那些通常落在你的盲区里的信息。如何才能兼顾这两个看起来互不相容的任务呢？首先，本章的内容应该可以帮助你判断哪些因素通常会落在你的盲点。你尤其需要去关注那些通常“不可见”的信息。另外，谈判越重要、越复杂，你就越需要主动去搜寻那些容易落在盲区里的信息。

还有一个策略就是需要花时间去反思过去那些重要的谈判，看看你有没有错失重要的机会？有没有忘记收集可能会对你有帮助的信息？你是如何得到这些信息的？这些问题的答案可能会提供一些思路，提高你在目前以及未来的谈判中收集信息和谋划策略的能力。

最后，你还可以寻求公司内部其他同事的帮助，来分配从各种来源收集和整合信息的任务。在那些最重要的谈判上，召集一个团队，给他们的任务就是探索盲点。分配好角色，让每个成员负责一个具体的盲点。例如，一个人可以负责评估和监控那些没有出现在谈判桌上的人，另外一个人可以负责评估竞争对手的强项等。然后，安排时间（比如周例会）让每个人向整个团队报告更新他们的分析和信息，然后团队讨论并对策略作出相应的调整。人多好办事儿，组建一个团队可以帮你减轻负担，拓宽你的视野。

为什么谈判天才的盲点很少

你是不是觉得我们需要你在谈判问题上关注的点太多了？如果你有这个感觉，不妨先从第 3 章讲到的侦探式谈判视角开始，这是一条小小的捷径。如果你把每场谈判都看作一个待解决的谜题，主动细致地列出你的假设，你会很自然地注意到很多谈判者常常会忽略的信息源。当我们高估了我们已知的信息而低估了对方所了解的信息的时候，是最容易受到信息盲点的伤害的时候。因此，采用侦探式思维模式，谈判天才就能够有效地避免这个局面。其实，天才有时候不过就是花时间去看了别人懒得看的东西而已。

第 9 章

应对谎言和诡计

每次我们问 MBA 学生和高管，他们在谈判当中是否撒过谎，大部分人都承认撒过谎。当我们问同一群人对方是否曾经向他们撒过谎的时候，所有人也都回答是的。的确，很多学生和客户都会告诉我们，欺骗是谈判的一部分。也就是说，不管你是怎么想的，每个谈判者都必须面对谎言和诡计。

我们来看看下面的三个故事。你觉得这三个故事当中，哪个听起来像是真的？你是不是也经常要面对相似的情境？

NEGOTIATION GENIUS 谈判案例

故事一：明显的谎言

拉斐尔是一家生产照明设备的小公司的创始人兼董事长，他和一个潜在客户就一个大型订单进行谈判。拉斐尔给出了一个符合市场行情的价格，客户说要考虑一下。两天后，客户打电话说另外一家公司的出价比拉斐尔低 5%，如果拉斐尔不能降价，客户就打算买那家公司的产品。拉斐尔不知道该如何是好。一方面，他极度怀疑另外一家公司的出价是否真会这么低，但他又不能说客户在撒谎。另一方面，即使拉斐尔很确定客户并没有收到一个更低的出价，如果他拒绝降价，客户还是不得不终止谈判来挽回面子。因为在这个时候接受拉斐尔的价格就等于承认自己在撒谎，之前所说的另外一家公司并不存在。面对这个困境，虽然拉斐尔很有把握对方在撒谎，但是他最终还是降了价，达成了协议。

故事二：发现太晚的欺骗

斯泰希是一个非常成功的世界 500 强公司高管，有着 20 年的从业经验。当她决定要换工作的时候，很多非常好的大公司都力邀她加盟，但是斯泰希本人却很中意朋友介绍的一家初创小公司的总经理的职位。当然，大公司能够给她很高的薪酬，而这家小公司给出的薪酬虽然不算特别好，但是能够让她有机会在所在行业的一个新兴领域尝试一些新的东西，引领甚至改变整个行业。最重要的是，对方承诺她的决策范围很大，可以有很多机会塑造业务，帮助公司成长，这些对她来说都非常有吸引力。于是斯泰希接受了这个工作。但是不到一年之后，斯泰希郁郁离职，非常失望、不满，甚至到了难以忍受的地步。原来这家公司的老板当初对她在公司里的真实角色和决策权并没有十分坦诚。其实，这个老板就是想雇用一个在行业里很有人脉的知名高管，雇用了以后就把她当销售人员来用，让斯泰希觉得自己从一开始就被欺骗了。

故事三：一直未被发现的欺骗

托马斯是一家制造商的采购员，他目前正在和一个供应商谈判。一般来说，如果是从外部供应商那里采购部件，托马斯所在的公司会开一个竞价会，选出价格最低的供应商。但因为这个部件的特殊性质，托马斯不得不和唯一一个能够按时提供达标部件的供应商谈判。更糟的是，这个供应商也知道自己是唯一能够满足托马斯公司目前需求的供应商。在一番谈判之后，供应商报出了一个价格。这个价格比托马斯的预期高很多，也高于公司对这个部件的预算。寄期望于至少得到对方一点点让步，托马斯问道："我们公司的订单很大，而且未来我们也会继续购买你们的产品。这真的是你们能给出的最低价格了吗？"供应商眼睛也不眨一下，回答说："我们很珍惜和你们的这次生意，也会珍惜未来的合作，这是我们有史以来的最低价了。"托马斯很郁闷，但是对对方的回答又无法辩驳，只好接受了这个价格。然而他不知道其实供应商的价格还可以再降低 20% ～ 25%。

如同这些故事里所讲的，欺骗的方式有很多。有时候对方会告诉你一些他们明知道不是事实的事情；有时候对方会刻意用一个听起来合理的表述来误导你；有时候这个谎很大，有时候很小；有时候明显，有时候很难察觉；有时候是可以预料的，有时候则完全出人意料。

在继续讲下去之前，我们想指出的是，谎言背后的原因是多种多样的。有时候人们可能会编造一些"善意"的谎言，目的是让对方感觉好一点（"你今天看起来很精神"），帮助对方挽回颜面（"你能接受我们的出价我真是太高兴了，因为我们实在是没办法再让了"），或者避免不必要的冲突（"你在谈判中的表现很不错"）。但是更多的时候，谎言和诡计的目的完全是为了自己的利益，为了得到更高的价值和更好的协议。

虽然没有人能够永远免受别人的欺骗，但是谈判天才却知道如何去拆穿谈判中那些恶意的欺骗。本章里，我们会直面谈判中黑暗的一面，给大家提供以下问题的对策：

- 如何做到让别人少对你撒谎。
- 如何测试对方是否在撒谎。

- 抓到对方在撒谎怎么办。
- 如何消除你自己撒谎的欲望和需要。

我们的很多学生和客户都抱怨说，他们很希望能够在谈判中更讲道德，但是也承认有时候撒谎的诱惑太大，实在是难以抗拒。他们愿意说实话的前提是诚实不会让他们损失成千上万的经济效益。这一章就将教你如何可以做一个有道德的谈判者，同时还不会因此而蒙受损失。

先发制人防御谎言与诡计的 4 大策略

防御谎言和诡计最好的办法就是提前消灭对方撒谎的动机。通常情况下，对方一定会有撒谎的动机，比如，撒谎能够帮助他们达成更好的协议。但是，对方也有不撒谎的动机，比如，如果谎言被揭穿，他们会失去整个协议或者声誉受损。为了消灭对方撒谎的动机，你就需要清晰明了地给出他们不应该撒谎的理由。做到这一点可以用以下这些方法：

防御策略 1：表现出准备充分的样子

在整本书中，我们一直在强调做好谈判准备的好处。谈判之前准备得越充分，你的谈判过程就会越顺利，结果就会越好。但是这还不是全部，表现出准备得充分也会很有帮助。简单地说，你看起来准备得很充分，对方就不会轻易对你撒谎。为什么呢？因为如果你看起来有备而来，对方会觉得你能够识破他们的谎言，这时对你撒谎风险就会很大。

在故事一里，客户对拉斐尔说有别的公司出了更低的价。假设在谈判的最初，拉斐尔就诚实地向客户提到绝大多数同行他都认识，或者他的公司随时都在关注着其他公司的价格，你想想结果会怎么样。这两种表达中的任何一个都会让客户慎重考虑要不要向拉斐尔撒谎。

大部分谈判者很容易理解看起来准备充分对于讨价还价的巨大帮助，但是常常会忽略它在其他方面的好处。在故事一中，拉斐尔还可以用下面这些方法来向对方传达一个信息，那就是我的准备很充分，已经作了充足的研究：

- 每次见面都准时出现。
- 对所有的议题都充分准备，随时可以讨论技术细节。
- 高效而且条理清晰。
- 能够深入而有见地地讨论对方的业务和行业，包括那些和当前的谈判没有直接关联的议题。
- 能够记住以前和对方沟通的细节，或者明确引用以前会面时的笔记和记录。
- 对对方的提案和所要求的信息迅速作出回应。

以上这些技巧不仅能够帮助你更高效地谈判，还能降低对方撒谎的可能性。如果你表现出来的永远是准备充分、胸有成竹，谈判的时候系统而有条理，你就一定会赢得对方的尊重，同时让对方不敢轻易欺骗你。

防御策略 2：向对方展示你获取信息的能力

假设你不知道对方是否在撒谎，他也知道你根本毫无头绪。这是不是意味着你就陷入了大麻烦呢？并不尽然。你可能现在不知道他是否在撒谎，但是如果你明天就能够识破他的谎言呢？如果你给对方一个信号，让他知道你有能力（在将来）发现他今天是否对你撒谎，对方可能就不敢欺骗你。

具体可以怎么做呢？回想一下故事三的情境，供应商对托马斯说部件的价格不可能再低了。如果托马斯换一种方式来要求对方让步会有什么效果呢？

NEGOTIATION GENIUS
谈判话术

托马斯当时的表述："我们公司的订单很大，而且未来我们也会继续购买你们的产品。这真的是你们能给出的最低价格了吗？"

修改后的表述："我们公司的订单很大，而且未来我们也会继续购买这种产品。你知道，这一次我们的需求很急，你们刚好能够满足我们的需求。但是你也知道，未来其他的供应商也能够满足我们的需求。因此我将会和他们沟通，了解他们能够给出的最低价格。也许他们的确无法给出更优惠的价格。但是在我和他们沟通之前，我想亲自从你这里确认一下，这是不是你们能够提供的最低价格？你们是否有办法把价格再降低一些，还是如果别的供应商出价更低，将来我应该去找他们？"

防御策略 3：间接地问一些没有威胁的问题

谈判的时候，如果你直接询问对方的底线，你觉得对方会怎么反应？除非你们之间已经有了非常深的信任，否则她要么拒绝告诉你，要么就会撒谎。这个道理每个人都明白，但是谈判者还是经常会问一些逼迫对方撒谎的问题。其实，要得到这些敏感信息还有一个更好的办法，就是间接地问一些没有威胁的问题。

假设你在和一个供应商谈判，你想知道他的生产成本。如果你直接询问他们公司的成本，基本上就是在邀请人家撒谎。因为他很清楚你在了解了成本之后的出价肯定不会比成本高很多。但是这里有一些其他的问法，让你更有可能得到真实的答案：

NEGOTIATION GENIUS
谈判话术

- 能否讲一讲你们的生产过程？
- 麻烦您解释一下你们的供应链是如何运作的？
- 你们的原材料是本地生产的吗？
- 你们的主要供应商是哪些公司？
- 一般来说你们的买方都是哪些公司？

- 能否给我一张你们的客户名单？
- 订货量增加到多少你们能够在价格上给我们优惠？

以上任何一个问题单独来看都不能帮助你直接推算出成本，但如果你对你的行业有足够的了解，这些答案放在一起就能够帮助你得到一个非常精确的估计。

防御策略 4：不要撒谎

假如我们要求你永远不要在谈判中撒谎，你会不会答应？如果不能，原因是什么？我们问过很多人这个问题，大部分人不肯答应的理由是不想成为谈判桌上那个上当受骗的失败者。你可能会说，“我也非常想做到完全诚实”。然而，我们生活在一个很多人都会撒谎的世界里，做唯一一个说实话的人会让你处于一个不利的地位。这番话听起来似乎挺有道理。

但这个观点有一个很大的问题，如果所有人都用这个理由来合理化他们的撒谎行为，会怎么样？如果大多数人都愿意生活在一个没有欺骗的世界里，但是又不得不为了自我防御而去撒谎，会怎么样？不幸的是，很多谈判者在谈判中都面临着这个恶性循环。我们会面对其他也渴望诚实的谈判者，但他们对我们没有足够的信任来冒这个风险。作为“回报”，我们也变得更愿意去撒谎。

幸运的是，这个逻辑闭环也有一个潜在的解法，我们可以通过强调自己不会撒谎，从而让对方更愿意表现诚实。这个策略当然无法阻止那些想要利用你的诚实而占你便宜的人，但是却会劝阻那些为了防御而撒谎的人。时间久了之后，对方发现你始终坦诚相待，自然也会回报以诚实。

那么，该如何传达信号表示你想要这种关系呢？首先可以披露一些会让你处于劣势的信息。也就是说，告诉对方一些他们知道对你来说有代价的信息。虽然对方可能会觉得你的举动过于幼稚，或者你准备得不充分，但对方可能也会很感激你的信任，从而投桃报李。你可以把你的意图直接表达出来：“我知道在我们的关系中有很多利益的成分，可能会让大家都很谨慎甚至有所疑虑。但是，我更清楚，如果从一开始我们就能够开诚布公地对待彼此，我们就很容易建立一个长期的互惠关系。在这个前提下，我打算分享一下我们的成本结构。”总要有人迈出第一步，想做谈判天才，你就应该勇于做这个迈出第一步的人。

NEGOTIATION GENIUS
哈佛经典谈判指南

先发制人防御谎言与诡计的 4 大防御策略：

1. 表现出准备充分的样子。
2. 向对方展示你获取信息的能力。
3. 间接地问一些没有威胁的问题。
4. 不要撒谎。

测谎的 5 大策略

如果别人向你撒谎，你能看出来吗？很多人都觉得自己可以。但是，绝大多数人在这方面并没有天赋。人们往往太相信直觉，而直觉是非常不可靠的。更糟糕的是，还有很多“专家”告诉我们应该相信直觉，比如马尔科姆·格拉德威尔（Malcolm Gladwell）的畅销书《眨眼之间》（*Blink*）。而科学证据则表明，我们的直觉判断存在太多的问题。心理学家保罗·艾克曼（Paul Ekman）花了几十年的时间研究人类分辨真假的能力，得出的结论是：普通人测谎的能力非常差。艾克曼也发明了一套专业的测谎技术，他建议谈判者应该关注一些能够揭示内心秘密的有代表性的信号，比如瞳孔放大、音高变化以及脸部微表情等。

而我们采取的则是另一种方法。与艾克曼实验室里的参与者不同，谈判者通常处于一个复杂、动态的环境里，很难关注到那些细微的撒谎信号。难道你可以让你的谈判对手重复一下刚刚说过的话，好让你能够凑过去仔细观察他的眼眸，期待看到他瞳孔的变化吗？这听起来就不太现实。与之不同，我们推荐以下的策略：

测谎策略 1：信息收集多元化

首先我们需要明白，欺骗之所以能够成功是因为信息的不对称。在谈判中，总有一些事实和数据是对方知道而你不知道，也无法知道的，这一点无法避免。信息不对称就可能让人成为被欺骗的对象。但是，也有很多的事实和数据，虽然你不知道，但是你可以从对方或者其他渠道了解到。要减少你的劣势，你就必须精心准备。

谈判天才在谈判前、谈判中和谈判后都会努力挖掘所有的信息来源，从中搜集各种信息。你了解的信息越多，你就越容易识破谎言。例如，在故事二里斯泰希不知道要雇她的那个公司老板并未打算让她参与管理层决策，而只是为了利用她的人脉。但是，她是有可能提前了解到对方的真实意图的。从一开始，她就可以先和公司里她的前任沟通，了解一下工作内容。她还可以向公司其他员工了解老板的管理风格。最后，她还可以询问介绍她认识这个老板的人，这个老板要雇她的目的是什么。这些信息当然不能保证斯泰希一定能够识破老板的诡计，但是每个信息都能够增加她评估的准确性。

测谎策略 2：设套

有些经验丰富的谈判者告诉我们，他们有一个非常简单的方法可以检测对方是否诚实：他们会问一个自己已经知道答案的问题，看对方如何作答。当然，为了使这个“套”能够成功，这个问题必须是那种对方有动机撒谎的问题。

例如，我们有一个学生是纺织行业的采购员，她曾经问一个卖方给出的价格是不是最低价。这个卖方知道她刚入行不久，就赌咒发誓说从来没有卖过这么低的价格。但是卖方没有料到的是，她在这个行业里的朋友已经告诉她最近曾从这个卖方那里以一个更低的价格买到了同样的材料。从此之后，她就再也不和这个卖方打交道了。

测谎策略 3：多方验证法

几百年前的时候，船只是主要交通工具之一。当时的领航员只能依靠星图和三角函数来判断和计算他们在海上的位置。通过观察两颗距离一定的星星的位置，把自己的船作为第三点，领航员们就可以利用三角定位，确定船只的位置。

这和测谎有什么关系呢？这里的关键点是，如果你只问一个问题，你可能永远无法发现对方的回答是不是谎言，尤其是当你自己不知道答案的时候。所以你应该问很多问题来多方验证它的真实性。你问的问题越多，对方就越难编造出前后一致的答案。比如在故事一中，为了发现客户是否真的握有其他竞争对手的报价，拉斐尔可以提问以下问题来多方验证客户说法的真实性：

NEGOTIATION GENIUS
谈判话术

- 您是什么时候拿到对方的报价的？
- 那一方报价的具体内容是什么？
- 提供具体的产品信息了吗？
- 对方提供了什么信息？
- 给你的报价是书面的吗？
- 如果不是，你觉得为什么呢？你有要书面的报价吗？
- 我可以看看这个书面的报价吗？

如果你的客户不愿意回答这些问题，那么你就应该持有一定的怀疑。当然，他可能是不想给你看他的底线。但是如果他连如此简单的问题都避而不答，而且又没有合理的理由要保密，那么你就可以认为对方是在虚张声势。

测谎策略 4：注意那些“没有回答你的问题”的回应

我们提出这些关于测谎的最有用的建议是基于这样一个关键的观察，即绝大多数人都不愿意主动撒谎，但是他们通常也不介意误导你。换句话说，人们常常尽量避免直接说谎，但是用其他回答来误导你就没有问题。我们来看一个经典的例子。

回忆一下故事三里托马斯和供应商之间的对话：

> 托马斯：“我们公司的订单很大，而且未来我们也会继续购买你们的产品。这真的是你们能给出的最低价格了吗？”
>
> 供应商：“我们很珍惜和你们的这次生意，也会珍惜将来的合作，但是这是我们有史以来的最低价了。”

仔细看一下，你会发现供应商根本就没有回答托马斯的问题！托马斯问的是这是不是这个供应商能够出售的最低价，供应商回答的是以前从来没有卖过这么低的价格。听起来好像是回答了托马斯的问题（潜台词是“我们不能卖得更便宜了”），但其实不是的。很可能这个供应商的确没有卖给其他人比这更低的价格。从这个角度来说，他说的是实话。但是这个回答和托马斯的问题完全无关。

如果托马斯更精明一些，他就可能注意到这个“非”答案，进而询问过去的价格和当前的谈判有什么关系。比如，他可以重申他们的订单真的很大，也许是供应商有史以来在这个部件上最大的订单，而且以后还会继续采购。另外，虽然供应商没有以更低的价格卖这个部件，但是可能以更低的价格卖过相似的部件。在这种细致的审视之下，供应商就很难合理化他的立场了。

就目前的状况，供应商最后并不会对这次交易有什么愧疚感。不光是因为他会给自己的行为一堆服务自我的合理化解释，而且他还可以理直气壮地说我没有撒谎，尽管他粉饰自己的“实话”是为了误导你。因此，这也是我们的方法除了测谎以外的另一个福利。谈判天才的问题更明确、更有重点，让对方必须给出透明的回答。因为人们更愿意间接欺骗而不是直接撒谎，所以谈判天才通过认真聆听对方的回应，就很容易捕捉到这些“非谎言欺骗”。

测谎策略 5：对赌权变协议

一家大型零售业公司是本书作者之一的一个客户。当零售商从海外采购商品的时候，通常订单都极大。我们发现他们签约的合同非常详细，具体到包括了运送商品到美国的船只的名字。但是在合同签署之后，装船之前，零售商得知美国政府刚刚通过了这种商品的禁运令，刚好在这批商品到达美国的当天生效。也就是说，这条船可能在禁运期前赶到，也可能赶不到。

这家美国零售商如实告知了外国制造商这个禁运规定，要求改为空运，并要求制造商承担改为空运以后产生的较大的附加成本。制造商说你们别紧张，我们的船一定会在禁运期前赶到。零售商说如果不是空运，就只能取消交易了。制造商表示，如果真的有不能按时到达美国的风险，他们很乐意地满足零售商的要求，但是按照目前的情况来看，这个风险并不存在。话虽然这么说，但是毕竟那份合同已经签署了，不能取消。制造商提醒零售商，甚至表示他们愿意把合同再传真一份过来。谈判至此变得很焦灼，时间压力不断增加。

这个时候，零售商突然来了灵感，似乎谈判天才附体了。他提出把商品改为空运，然后由双方中错误的一方承担这部分附加的成本。这意味着这条船上不会有双方的任何商品（因为已经改成空运），但是双方仍然会关注这条船抵达美国的时间。如果在禁运之前抵达，那么零售商承担空运的全部附加成本。如果在之后抵达，制造商承担全部附加成本。零售商觉得这是一个绝妙的对赌协议。双方都在自己的评估上下注，都可以随时上网跟踪这个“赌注”的进展，同时货物一定会按时抵达美国。这个协议看起来很完美，但是制造商代表却打来电话说不能接受这个权变协议：“这个协议太复杂了，不如我们均摊成本吧？”

从这个回答里，零售商知道了什么呢？这个制造商从来就没相信过他们自己的说法！如果他们相信自己所说的，就会毫不犹豫地接受这个能够让他们避免额外运输成本的条款。我们在本书第 1 章和第 2 章讨论过，当谈判对手对未来的走向给出了一个可疑的说法时，不需要直接接受对方的说法，也不需要和对方辩论谁对谁错，而是可以直接让他们“以实际行动来担保自己的承诺”，签订一个权变协议。权变协议是一个非常好的工具，让诚实的人可以把双方对未来的不同预期与实际利益挂钩，同时也可以检测对方是否在对他们的预期撒谎。如果对方不愿意签权变协议，你就比较确定对方并不相信他们自己所说的。

你一定很好奇我们的客户和制造商谈判的最终结果如何。结果是零售商因为急需这批商品，同意了均摊成本，而那条船迟到了一天！

NEGOTIATION GENIUS
哈佛经典谈判指南

测谎的 5 大策略：

1. 信息收集多元化。
2. 设套。
3. 多方验证法。
4. 注意那些“没有回答你的问题”的回应。
5. 对赌权变协议。

你抓住对方撒谎了，然后怎么办

辨别谎言固然很难，发现对方撒谎之后的处理也不容易。一方面，你会感受到一系列的情绪反应，比如愤怒、焦虑、失望以及惊讶。另一方面，你还很可能有好几个互相冲突的动机，比如是应该报复还是挽回和对方的关系？是应该终止谈判还是试图利用对方的谎言从中牟利？是应该要求对方停止撒谎还是等着看他们接下来怎么说？是应该坚持自己的原则指出对方不诚实还是隐藏你的愤怒，关注在利益上？

当然，这些问题都没有直接的正确答案，但还是有系统的解决方法。在这种情况下，你要做的第一件事就是保持冷静，把欺骗当成一个需要更深入理解、更认真解决的谈判问题来对待。然后，结合以下 3 个问题的答案，你就能够作出最佳的决策。

问题 1：对方是不是真的在撒谎

有没有可能对方并不知道他说的不是事实呢？换句话说，他也许不是故意要撒谎，只是获得的信息有误。在绝大多数谈判中，最初还是应该把对方往好处想，但后面接触的时候保持谨慎。如果你认为对方在撒谎，但是又不确定，不妨用前面列出的方法来检测一下。但无论如何，除非你有百分之百的把握，否则指责对方撒谎是不会有什么好处的。对方一定会否认你的指责，而冲突也一定会升级。

另外，有些时候，你认为是谎言，对方未必也这样觉得。在故事三里，谈判双方对供应商所说内容的解读就很可能有大差别。如果托马斯发现价格还可以更低，他就会觉得供应商撒谎了，但供应商肯定不会这样想。我们给 MBA 学生和高管学员进行谈判模拟的时候也经常遇到这样的情况，有一个学生指责对方撒谎，而对方则坚决否认。一般来说，这个“撒谎者”并没有说一句不实的话，但是的确“欺骗”了对方。面对这种情况该怎么办呢？首先不要指责对方撒谎，而是要解释为什么你觉得自己被误导或者被欺骗了，或许再讨论这个欺骗是不是故意的。

最后还要注意的是，并非所有的谎言在所有的情况下和所有的文化里都是不“道德”的。如果你在印度的大街上和一个街头小贩就一件艺术品讨价还价，你肯定会听到很多虚构的价钱、解释和故事。很少有当地人觉得这些说法不道德，因为这是这个行当里小贩们进行商业沟通的“标准语言”。但是如果换一个背景，这种行为就显得非常不道德了。所以，在给对方贴上“不诚实”的标签之前，先要考察一下文化背景。对方真的在撒谎吗？或许只是你不理解这个背景下的商业规范而已？

问题 2：应该继续还是离开

如果你确定对方是在故意撒谎，你就必须决定是应该立刻终止谈判并离开，还是因为代价太大而不得不继续。如果你坚持原则，决定离开，那么很简单，你只需要决定是否要揭穿对方的谎言，大声表达心中不满。然后，你就可以去选择你的最佳备选方案了。不过，做到潇洒地离席而去往往不是那么容易的。

问题 3：应该警告还是对抗

如果你还想继续谈判，恐怕就不应该大叫对方是“骗子”！这个时候，你需要利用策略让对方知道你知道对方撒谎了，同时帮对方留住面子。有两种方法可以做到这一点，你可以根据你的目标进行选择。如果你并不是特别在意这个谎言，但是希望对方将来不要再撒谎，你可以使用“警告脚本”。如果这个谎言实在很过分，你想要对方表示歉意或者作出让步来换取你继续谈判，你就应该使用“对抗脚本”。下面是两个脚本的具体例子：

NEGOTIATION GENIUS
谈判话术

警告脚本："你提到这些材料的成本是每单元 1.05 美元。我觉得你需要再看看你的数据。我们和很多供应商都保持着紧密的联系，很确定成本只有 0.90 美元。也许你的数据过时了，或者是信息有误。不管怎么样，我们接下来都应该在事实和数据方面更仔细一些。"

对抗脚本："你提到这些材料的成本是每单元 1.05 美元。我觉得我必须指出，可能与你的其他客户不同，我们和很多供应商都保持着紧密的联系。因此，如果有人故意夸大成本我们是知道的。比如，我们知道这些材料的成本其实只有 0.90 美元。我们在和你们的谈判中一直是很诚恳的，希望这次谈判能够给双方都创造出更多价值。但是你们这样的态度让我们很不舒服。也许我们数字上的差异有别的原因，也许是你的信息有误。但我希望你们知道我们对此很失望。所以，能否请你帮助我们理解一下你的思路，并且给出一些让我们缓解目前焦虑的好建议？"

你可能注意到了，第二个脚本的表述方式要强势很多，也暗示了你需要一个道歉或者让步。有些情况下，直接要求具体的让步作为补偿反而是最合适的办法。你还会注意到，两个脚本都给对方提供了挽回面子的机会。如果你决定要继续谈判或者维持关系，让对方能够挽回面子就很关键了。

在被欺骗之后，人们通常会想马上反击或者报复，但这样做不一定明智。而谈判天才会花时间来认真评估对方是不是信息有误，或者判断这种行为在特定的文化背景之下是不是妥当的。同时，他们也不忘时刻关注自己的利益。因此，这个回应就需要既强大到能够解决问题，又灵活到给对方足够的空间来进退。

替代撒谎的 7 个好办法

不光是谈判对手会撒谎和欺骗，我们自己是不是也经常在谈判以及生活中说一些我们深知并不完全真实的话呢？是不是也经常为了自身利益而说一些模棱两可的话来掩盖事实的真相呢？显然，这是一个道德问题。我们两个所认识的大多数人都希望自己能更高尚一点。如果你也是这样想的，那么下面的策略就可能会帮到你。即使你完全没有兴趣做一个道德高尚的人，你也应该听听这些建议。因为撒谎不但是不道德的，往往也是一个很差的策略。

大多数谈判者都有过类似的经历，发现自己被困在了自己编造的谎言里。假设你愿意花 15 000 美元买一个东西。但是在谈判当中，你不遗余力地强调“13 000 美元，一分也不能多”。随着谈判的进展，你最终发现对方的底线是 14 000 美元。换句话说，你编造的假“底线”落在了协议区间之外。现在你怎么办？很可惜，你现在要么终止谈判（可这个谈判明明可以在 14 000 ～ 15 000 美元之间成交），要么就得承认你前面说的底线是个谎言。再看另外一个情境。你在谈判中假装非常重视某一个议题，实际上你并不在意它。你的目标是通过强调这个议题对你的价值，来换取你真正关心的议题上更大的价值。但是，如果对方真的在这个议题上作出了让步呢？你就可能得到很多你根本不看重的东西，而对方却在等着你在你重视的议题上让步。

不管你的动机是想提升自己的品格还是减少考虑不周的谎言带来的麻烦，下面给出的策略都可以帮助你更诚实地谈判，同时让你在和一个不诚实的、品质败坏的或者像你一样优缺点并存的人谈判时不会处于劣势。

策略 1：在计算成本的时候加上声誉和关系

我们曾经问 MBA 学生能否接受谈判中为了达到自己的目的而撒谎，虽然只有一小部分人说可以接受，还是让人感到很沮丧。而当我们问高管学员同样问题的时候，认为撒谎可以接受的人就是极少数了。之所以有这个差异，很大程度上是因为高管班学员比 MBA 学生的谈判经验多很多。他们亲眼看见乃至亲身经历了很多恶意谈判所带来的恶劣后果，也深刻理解毁掉一段关系或者一个人的声誉是多么容易，而重建起来又是多么困难。

然而，大多数谈判者都是目光短浅的，他们只看得到眼前的交易和现有的关系。而那些具有长远视角的人则会发现做到诚实很容易，即使短期会付出成本，但长期的回报也是值得的。

策略 2：准备好回答困难的问题

人们在谈判中撒谎的一个最大的原因就是他们不知道如何回答那些困难的问题。当猝不及防遇到这类问题的时候，他们担心自己会说出一些让自己处于劣势的话，于是就选择去撒谎。为了避免有这种反应，你可以提前就准备好如何去回答那些困难的问题。你的回答应该是真实的，同时又不会伤害到自己的利益。假如你在求职，暂时还没有别的工作机会，当一个潜在雇主问你“你有其他公司的工作机会吗”的时候，看看下面两个回答有什么不同：

- 缺乏准备的回答：“有啊。有几个工作机会正在考虑当中。”
- 有准备的回答：“没有。这是我的第一个工作机会，因为我刚刚才开始投简历。我现在已经安排了几个面试了。”

求职者如果缺乏准备，很容易选择第一个回答（撒谎）。当对方问你有没有别的工作机会的时候，你的第一反应可能就是担心如果回答没有会让你看起来处境很糟糕，而避免这种印象的最简单的办法就是撒谎。但这样的谎言是有很大风险的。如果雇主继续追问其他工作机会的细节，你的谎言就很容易被揭穿。而那个有准备的回答不但避免了撒谎，而且缓和了对方对你目前处境可能会产生的负面印象。

策略 3：不要在高压下谈判或者回答问题

不管你准备得多么充分，有时候难免会遇到一些会令你感到猝不及防的问题。怎么办呢？在条件允许的情况下，一定要避免直接回答，等仔细考虑之后再进行作答。这样做并不像听起来那么尴尬和困难，比如，下面的这些说法都是没问题的：

NEGOTIATION GENIUS
谈判话术

- 我现在没有相关的信息，但是今天下午就可以给你一个回复。
- 这是一个非常有意思的问题，我得思考一下才能回答你。
- 从来没人这么问过我，如果马上回答的话我只能回答其中的一部分。我想花些时间来仔细考量一下我们公司在这个问题上的立场，回头给你一个全面的回答。

另外一个避免在时间压力下回答困难问题的策略是在谈判设计上下功夫。例如，谈判双方在初步讨论时，可以通过电子邮件事先提出那些不容易回答的困难问题，这样你就可以按照自己的节奏来回答问题了。同样，与其进行电话谈判（会让你觉得必须马上回答问题），不如安排一个非正式的午餐约会，这样你的压力会小很多，不会在轮到你“发言”的时候觉得必须回答某些问题。

策略 4：有些问题要拒绝回答

谈判的时候，你并不需要回答对方的所有问题。比如如果对方询问你的底线，你就不要觉得这个问题必须回答。假设对方问：“这批货你能接受的最低价格是多少？”一种方式是用幽默来化解尴尬，你可以说：“我猜你已经知道答案了，就是你能付的最高价啊！”一般来说，你还可以用下面的几种方式来回答你不愿意回答的问题：

NEGOTIATION GENIUS
谈判话术

- 目前还没到谈这里呀，等我们双方都决定要做这个交易之后再来谈这个问题吧。
- 您也理解，毫无疑问，我们暂时出于战略考虑不能给出这个信息。
- 这个问题的答案取决于我们需要先讨论的很多其他因素。

策略 5：主动要求回答另一个问题

如果对方的问题很直接，你又不想直接拒绝回答，就可以转移话题，要求回答另外一个相关的问题来减轻不安。这个做法所表达的是，你并不掩饰自己不能或者不愿意回答对方的那个问题，但是可以提供一些其他有用的信息来作为让步。比如，如果有人问你生产成本，你可能禁不住诱惑，想要撒谎来得到一个更高的回报，但是你也可以这样讲："不好意思，我没有得到授权来提供具体的成本信息。但是我很理解您为什么会问这个问题，您希望确保买到的是一个和你们付出的价格相符的高质量的产品。那么，让我来分享一下我们的生产程序以及定价模型的一些信息，相信一定能让您对我们的产品更有信心。"

通过提供对方觉得有价值同时又不会让你处于不利地位的信息，你就同时达成了多个目标：避免了撒谎、给对方提供了有价值的信息、给自己树立了讲道理且坦诚的声誉、提高了最终交易达成的机会。

策略 6：改进现状

究其根本，为什么人们会想要撒谎呢？往往是因为现实和我们期望的不一样。回到前文找工作面试的案例，求职者想撒谎是因为现实（没有其他工作机会）和他的期望（有很多工作机会）不一致。前面我们提到了可以用"有准备的回答"来解决这个困境：

NEGOTIATION GENIUS
谈判话术

有准备的回答："没有。这是我的第一个工作机会，因为我刚刚才开始投简历。我现在已经安排了几个面试了。"

设想一下，如果这个求职者连其他面试机会都没有呢？或者更糟糕，如果所有投出去的简历都已经被拒了呢？他是不是就必须实话实说，告知自己的悲惨处境呢？“这是我的第一个工作机会”是不是唯一诚实的回答呢？

不是的。如果求职者可以在对方提问这个问题之前改变了现状，他就有了其他的选择。例如，在这个唯一的面试前一天，他可以再多投出去一些简历。然后在面试的时候，他就可以诚实地给出如下回答：

NEGOTIATION GENIUS 谈判话术

改变了现状的回答：“没有。这是的第一个工作机会。但是我最近刚投出去一些简历，在接下来的几周里应该会收到回复。”

通过改变现状，求职者就可以实事求是地回答，因为现在没有撒谎的必要了。因此，当你忍不住要撒谎或者使用诡计的时候，不妨花点儿时间来思考一下为什么你觉得需要虚构一件事情。是因为你对自己的处境感到尴尬和羞愧吗？如果是这样，你能否做点儿什么来改变这个处境而不是去撒谎呢？

策略 7：消除那些诱惑你撒谎的束缚

丹是一家大型消费品工厂的经理，公司副总裁让他提交一份他所在部门的详细的年度预算。很遗憾，丹正巧有动机去高估预算的成本。因为万一成本超支，有一点结余对自己就会很有帮助了。他的部门下一年实际的成本预算接近 1 400 万美元，但是在丹最后提交的报告里预算是 1 600 万美元。当然，公司里其他部门的经理也有类似的动机来虚报或者说“夸大”他们对成本的估算。

结果，虽然副总裁尽了最大的努力来协调，但因为缺少对各个部门预算成本的准确估计，公司的总成本还是超过了各部门的预算成本之和。意料之中的是，划拨给有些部门的预算会比他们实际的需要少很多，而有些则比实际需要多很多。那些得到多预算的部门（包括丹的部门）就会被迫要把多余的钱都花出去，以合理化自己当初的预算。

如何才能解决这个问题呢？丹的部门每年最难预测的成本是雇用合同工的费用。公司的预算要在二月份提交，但是要三月份才开始雇用合同工。丹可以向副总裁申请允许他在预算提交一个月之后再交一个修改预算。如果副总批准了这个申请，他就不需要撒谎了。丹可以利用空余时间收集更精确的成本估计，也消除了夸大数字的理由。

我们自己和那些我们标记为不道德的人诚实与否，其实往往是深受各种规则、政策、时间压力以及激励机制的限制的。当然，你可以辩解说一个“真正”有道德的人在任何受限的情况下都是诚实的。但是，我们自己乃至我们的公司，都理应努力去创造一个讲道德的环境，而不是制造困难阻碍诚实和务实的行为。

NEGOTIATION GENIUS
哈佛经典谈判指南

替代撒谎的 7 个好办法：

1. 在计算成本的时候加上声誉和关系。
2. 准备好回答困难的问题。
3. 不要在高压下谈判或者回答问题。
4. 有些问题要拒绝回答。
5. 主动要求回答另一个问题。
6. 改进现状。
7. 消除那些诱惑你撒谎的束缚。

谈判天才从来不撒谎吗

我们两个人经常被问到这个问题，那就是谈判中是否可以撒谎，还有另外一个问题是什么时候可以撒谎？我们的回答很简单，不要撒谎，永远不要撒谎，撒谎是得不偿失的，你应该把宝贵的时间和精力花在提高你的谈判技能上。我们相信谈判天才不会有撒谎的需求。当然，这个哲学问题始终存在：如果撒谎可以帮助别人、救人性命或者让人感觉更好，可不可以去做呢？以我们的经验来看，你不需要任何帮助去回答这个问题。如果你的动机的确是为对方好，完全不掺杂有个人利益，那么你对这个问题的回答就至少和我们的回答一样好。

第 10 章

解决道德困境

- 当然，你如果买了我们的产品我也会从中受益。但是如果我不认为这是对你们公司最好的产品的话，我是绝不会卖给你的。
- 你来我们公司工作大可以放宽心。无论什么肤色或者性别，我们公司对所有员工都一视同仁。
- 我们的协议为双方都创造了价值，我们把饼做大了，而且也给整个社会带来了好处。
- 过去两年里我们公司的业绩 70% 归功于我的销售团队。

假设你的谈判对手说了上面这些话，同时你并不认为他说的是事实，你的第一反应是什么？如果你和绝大多数人一样，你的结论可能就是：对方品行不端，为了在谈判里占上风而撒谎。

其实还有另外一个解释，下次当你认为或者确定对方在说假话的时候不妨考虑是以下这个可能：谈判者也是普通人，难免会说一些利己的假话而意识不到这个行为有道德问题。如果你把这样的谈判者当作骗子，他们会很生气。因为他们相信，甚至可以找出证据证明自己说的每一个字都是真实的。而且，如果把对方当作骗子，一定会让冲突升级、关系恶化。那么我们应该如何处理这样的问题呢？

有限道德问题

其实，谈判里出现的很多不道德行为都是因为一些常见的无目的的心理过程，而不是经过深思熟虑之后的刻意欺骗，甚至连当事人自身都完全意识不到。在第 8 章里，我们曾用“非注意盲视”来形容谈判者会习惯性地忽视周围那些显而易见的重要信息。而马克斯在他和玛扎琳·贝纳基（Mahzarin Banaji）、多莉·楚弗的研究中，用了“有限道德”这个词来指代那些会让人（包括谈判者）做一些道德上值得推敲，甚至和他们本人道德准则不相符的行为的，系统且可预测的心理过程。当一个谈判者所做的事情伤害到了其他人，而又和他自己的是非观有冲突的时候，就是有限道德在起作用。

理解有限道德的第一步是抛弃惯有的假设，不要以为你看到的那些看起来不道德的行为都是因为对方没有你那么高的道德准则，或者以为这些人有意识地为了个人利益而没有去做正确的事情。最近几年里，社会心理学的研究已经全面透彻地驳斥了那种认为人类的行为都是有目的性的观念，强调了无意识对人类行为的巨大影响。

理解这个问题的第二个关键步骤是一定要明白，有限道德不但影响他人，也影响我们自己。如果你的目标真的是做有道德的事，你必须清楚即使像你这样诚实的人也会无意识地做出不道德的行为。你可能觉得自己没有做错，但做出来的事和你自己的道德准则却相去甚远。因为这里的问题不是你没有道德感，而是你的道德感在这种情况下没有办法帮到你。这是一个连那些最善意、最有道德感的谈判者也无法避免的心理陷阱，真正的解决方案就是普及这种认知。这一章里，我们将讲解那些会让你和你的谈判伙伴在无意识中做出不道德行为的心理因素，以及如何克服它们。

利益冲突

人们在谈论利益冲突的时候，通常认为专业人士会有意识地考虑那些相互矛盾的因素，比如个人的利益和职业的责任。举个例子，一个资深律师开玩笑说："问题的关键不是你赢还是输，而是你能在这场游戏里坚持多久。"暗讽律师们的首要目的是最大化计费时间，而不是帮助客户取得胜利。但是，当律师的报酬是按小时来计算时，他们可能真的会相信一个低效耗时但又细致入微的过程对客户来说是最好的。相反，那些按诉讼结果提成的律师可能就认为一个快速的解决方案才是符合客户的最佳利益的。这些观念并不是有意识的不道德，但都是在环境影响下形成的偏见。作家厄普顿·辛克莱（Upton Sinclair）曾说："如果一个人的薪水是由他'不理解一件事'来决定的，那么就很难让他理解这件事。"

在买卖谈判里，一个非常常见的现象是卖方会觉得自己产品的质量很好，而买方却不这么认为。事实上，买方通常会觉得不同卖方之间的产品都差不多，难分伯仲；而卖方则觉得自己的产品明显比别人的产品好很多。因此，当一个销售人员说"当然，你如果买我们的产品我也会从中受益。但是如果我不认为这是对你们公司最好的产品的话，我是绝不会卖给你的"，这很可能是他的真心话。已经有大量的研究表明，卖方自身的利益冲突（保持诚实与提高销量）会让他无意识地从一个有偏见的角度来解读事物，从而坚信他的产品是最适合你的，虽然实际上并不一定。所以，当卖方声称自己的产品是市场上最好的产品，而买方觉得各个卖方的产品没有明显区别的时候，买方就很可能恶意归因，认为卖方缺乏道德。沟通之后，买方很确信卖方的话表明了他是不道德的，而事实上卖方只是掉进了辛克莱所说的心理陷阱而已。

代理人问题

不管代理人指的是银行投资人、律师、经纪人、地产代理还是其他形式的影响谈判结果的第三方，只要有代理人存在的时候，利益冲突的问题就会更加突出。假如你是买方，你现在的出价和你目标房产的合理估值是一致的。这时候，你的代理建议你提高出价。那么，这个代理是不是只想着他自己的提成才提出这个建议的呢？我们认为，他这样做很可能不是为了故意满足自己的贪欲，而是作为人，被无形地激励着从一个更能最大化自己利益的角度来看待这个交易了而已。这个代理可能迅速回忆起了过去那些因为不愿提价而不得不失去交易的例子，或者那些没有听从代理提价的话而万分懊悔的买方。换个角度来说，他就很难想起来那些自己建议错了的例子，虽然这样的例子可能更多。

当你计划买房或者卖房的时候，你的代理肯定会说他完全从你的利益出发。但如果我们客观地评估一下，就会发现其实代理作为这个交易里的第三方，他的利益点和委托人的利益点并不完全重合。如果买方并不着急，而是希望等到一个好的交易，付的钱越少越好，他就需要努力和代理周旋。虽然代理可能心怀好意，但是毕竟成交价格越高这个代理拿到的佣金就越多，而且他也希望你越快交易越好。同样，代理可能会花很大精力来劝说一个并不急于出手的卖方，让他早点出手，免得市场会冷下来。这样的问题都很典型，应该怎么去处理呢？

为了确保审计、投资银行以及地产等行业里的代理人遵守职业操守，美国联邦政府和很多州政府都介入其中。他们给出的最常见的解决方案是设立强制性坦白条款。这样要求是因为如果消费者理解了他们和代理人之间有利益冲突，就能够采取必要的措施来保护自己。那么，这种解决方案奏效吗？恐怕行不通。想想看，大多数州都要求买卖双方的代理人让委托人签署一个公开声明，声明的内容是代理人最终拿到的佣金是任何销售价格一定比例。大多数人签了这个公开声明，但还是不会考虑到买方和代理人之间实际的利益冲突，反而相信他们的代理人提供的是客观的建议。

另外，还有研究表明，公开这个利益冲突实际上可能会加剧利益冲突所带来的问题。在决策学者戴利安·凯恩（Daylian Cain）、唐·穆尔和乔治·洛温斯坦的一项研究里，他们让一些参与者扮演顾问的角色，另一些扮演客户。他们要求顾问明确向客户告知自己声称房产的价值很高是和他们自身的利益直接挂钩的。结果呢？这个坦白使得顾问更加肆无忌惮地夸大他们的评估，因为毕竟我已经告诉你我是有倾向性的了。同时，客户往往觉得坦白了自己利益冲突的代理更值得信赖。换句话说，如果没有这个坦白的话，顾问会更诚实，而客户会更小心。

如果坦白都无法解决这个道德困境，那么我们还能怎么办呢？首先，我们应该尽量征求那些没有利益相关的专业人士的建议，提前确保这些人的个人利益不受你的决策影响。如果做不到这一点，那么可以尽量从外部其他来源收集一些信息，与你从代理那里得到的建议进行交叉验证。例如，如果一个地产代理告诉你某处房产或者区域值得投资，你可以再去问一下别的地产代理这个建议是不是有道理。同时，还要随时准备好让你的代理向你解释他的分析过程。记住不要全盘接受对方的“专业意见”，而是努力去发现对方是使用什么客观标准或者过程来得到这个分析结果的。如果对方只是凭自己的直觉，你就不应该去相信。

最后还有一点，大多数人都认可利益冲突是一个必须解决的重要的社会问题，都理解利益冲突会影响人们的判断。但是，我们却经常无法相信利益冲突也影响着我们自己的判断。事实是，我们无人能够幸免。不要指望我们自己在有利益冲突的情况下会比我们的代理人、审计或者顾问有更好的道德操守。而避免这种无意识的不道德行为的第一步，就是能够意识到自己也会犯错。

内隐联结和偏见

史蒂夫·巴雷特（Steve Barrett）是某公司的采购代理，他们公司有5处不同地产，现在要从两家园艺公司中选择一家来负责这些地产的庭院维护。公司甲成立多年，提供的是比较传统的服务。公司乙成立不久，有很多新颖的、有创意的想法。代表公司甲来面谈的是公司老板，是一位白人男性；代表公司乙来会面的老板则是一位西班牙裔女性。几乎所有的讨论和分析结果都显示公司乙是更好的选择。但是最终，巴雷特决定听从自己的直觉，选择了资历更老、更传统的公司甲。

一个月后，公司让巴雷特填写一份表格来报告和供应商关系的多样化问题。巴雷特并不介意填写这个表格，因为他非常支持公司的立场，认为应该慎重考虑由女性和少数族裔执掌的公司。他在公司甲的老板的种族和性别栏里分别勾选了“白人”和“男性”以后，又看了一眼他考虑过的其他几十家公司的老板的身份背景，发现很多女性和少数族裔的人执掌的公司都曾出现在他的备选名单之内，但是很少跟他达成最终的合同。认真回想一下，巴雷特突然觉得有一点愧疚。最后，他还是说服自己这些供应商没有得到合同是因为还没有足够的竞争力，他希望他们能够在不久的将来尽快大幅度提高竞争力。巴雷特觉得自己一直以来都是公开支持推进社会平等和公司反歧视政策，他对自己这方面的表现感到骄傲。

在那个园艺合同签署之后不久，巴雷特收看了NBC电视节目《日界线》（*Dateline*），其中对哈佛心理学教授玛扎琳·贝纳基（Mahzarin Banaji）的访谈触动了他。节目的主题是关于哈佛大学的内隐联结测试，这个测试用来检验无意识的种族和性别歧视。想着最近的园艺公司的事，巴雷特决定测试一下，来证明自己的决策是没有偏见的。

巴雷特所选测验的第一个问题是让他把西班牙裔和欧洲裔美国人的照片用最快的速度分类。按网页的提示，巴雷特很容易地识别了“西裔”和“白人”的脸。下一个测验让他把正面和负面的词进行分类。同样，巴雷特毫无压力地把“友好”、“爱”、“和平”和“好”归为一类，把“死亡”、“邪恶”、“炸弹”和“坏”归为一类。

在下一个阶段里，这两个测验被组合在了一起。现在巴雷特需要在屏幕上出现西班牙裔的脸和“好”词的时候敲一个键，如果出现的是白人的脸和“坏”词，敲另外一个键。这次的任务就比较复杂了。巴雷特发现自己反应的时间变长了很多，而且还出现了一些错误。

在30个词和脸的组合之后，任务又变了。现在是看到西班牙裔的脸和“坏”词敲一个键，看到白人的脸和“好”词敲另外一个键。巴雷特很高兴地发现他又可以快速而准确地完成这个任务了。

和他自己的感觉一致，电脑告诉他他在第二个组合任务上的反应比第一个要快很多。也就是说，当巴雷特在处理信息时，如果是白人的脸和

“好”词同时出现或者西班牙裔的脸和“坏”词同时出现的时候，他的决策就快很多；而当西班牙裔的脸和“好”词同时出现或者白人的脸和“坏”词同时出现的时候，决策就慢很多。计算机指出，巴雷特潜意识里倾向于把“西班牙裔”和“坏”联系在一起，把“白人”和“好”联系在一起。虽然他并没有刻意地去表现出这个偏好，但是他的内隐态度更偏好白人，而不是西班牙裔。他选择园艺公司的决定是否受到了这个内隐联结的影响呢？如果那个白人老板的公司更新、更有创意，巴雷特会不会就认为创造性比经验更重要呢？会不会无论如何他都能够找到一个理由来合理化他选择白人的行为呢？巴雷特对测验结果和其中深意感到很不安。

我们绝大多数人，包括那些笃信自己没有种族和性别歧视的人，都可能意识不到自己也有这个内隐联结。通常情况下，我们不但意识不到自己的这个内隐过程，甚至不愿意相信存在这样一个影响着我们行为的思维过程而我们又意识不到。那么，看看如果一个潜在的雇主对你这样说是什么意思，“你来我们公司工作大可以放宽心，无论什么肤色或者性别，我们公司对所有员工都一视同仁”。很有可能，这个雇主的确相信他所说的话，但是他和公司的其他成员仍然可能通过内隐的思维过程来歧视别人。

每个人都有一个倾向，即在不知不觉中会对我们自身群体之外的人形成偏见。通常情况下，偏见过分强调其他群体的一部分成员的关键特征，进而把这些特征应用到这个群体的所有成员身上，而忽视了每个成员的独特性。显而易见，偏见最大的一个弊端就是容易引起歧视，导致对其他群体成员的不友好。偏见还会让我们忽视关于对方个体的重要信息，让我们做出和对方实际情况不相符合的、非理性的行为。同样，偏见也会影响我们的谈判结果。纽约大学斯特恩商学院的多莉·楚弗称之为“偏见税”，指人们因为不能克服对他人的偏见而付出的代价。换句话说，我们的偏见不但会伤害他人，也会伤害我们自己。

然而，很多关于谈判的学习资料反而鼓励你去建立对谈判对手的偏见认识。比如他们会提供一些过于简单的建议，告诉读者应该如何去和中国人、日本人、南美人、以色列人等各种人谈判。虽然在跨文化谈判之前尽可能多地了解对方的文化背景是极其重要的，但是这种和“这些人”谈判的论断，潜台词却是在说这些人都是一样的，这样的思路就非常危险。我们对自己文化里不同人的行为方式可以很容易辨别，但是对其他国家和文化的人却持有偏见。太多的时候，这些偏见让谈判者表现得好像已经很了解对方一样。事实上，如果他们能带着一个开放的心态，主动发现个性化的信息，其实可以学到很多。更好的办法是事先作好准备，通过提问来了解对方看问题的角度、个性以及具体的利益点。

我们的偏见的基础大部分来自诸如种族、性别、国籍等属性。有时，我们也会对某个公司及其谈判风格形成偏见，从而仓促地得出该公司是如何“思考”的结论。当然，公司并不会“思考”，人才会思考。而公司内不同的人各自的思考方式还是会很不一样。就像我们很容易就能够识别我们自己公司内每个人都有不同的思想和观念一样，当我们和其他公司里不同的人谈判时，也需要把这些人看作独立的个体。回想一下你是否有过这样的经历，因为某通信公司或者航空公司的某个客服态度粗鲁、没有礼貌、不能解决你的问题，你下一次再和这家公司的客服联系的时候，从一开始就火药味十足？如果有，结果如何呢？估计不会很好吧。

所以，当斯蒂夫·巴雷特决定选择一个白人男性的传统园艺公司，而不是一个西班牙裔女性的新公司的时候，他知道自己的内隐偏见，以及这个偏见在多大程度上让他偏向于那些和他自己相似的人吗？很有可能是不知道的。因此，要做一个更有道德、更出色的谈判者，要求我们不但能够正视那些我们意识到的偏误，也能够主动去了解我们的内隐偏见。谈判天才绝不是对偏误或者偏见有免疫力，而是能够直面它们，然后尽最大的努力去克服和消除它对自己的影响。

寄生式价值创造

制药公司甲研发了一种很好的药，每年以每粒 4.05 美元的价格销售 1 亿粒。生产成本是每粒 0.05 美元，这样算来，这种药为甲公司每年带来 4 亿美元的利润。经过一段时间以后，制药公司乙也推出了一种能够治疗同样疾病的药。评估认为乙公司新药的上市所带来的竞争会让甲公司降价 1 美元，到 3.05 美元。另外，预计乙公司会以每粒 2.55 美元的低价占据 40% 的市场份额。换句话说，甲公司预期每年销售 6 000 万粒，利润 1.8 亿美元；乙公司预期每年销售 4 000 万粒，利润 1 亿美元。在乙公司进入市场之后，甲和乙的利润合在一起为 2.8 亿美元，明显低于甲公司垄断时所创造的 4 亿美元的利润。

幸好，甲公司的主要谈判者曾接受过谈判培训，学到了本书第 2 章和第 3 章所讲到的创造价值的方法。他们找到乙公司的主要谈判者，提出了这个提案：甲公司每年给乙公司 1.25 亿美元，换取乙公司不要进入市场。因为 1.25 亿美元多于乙公司预期的每年 1 亿美元的利润，乙公司欣然接受了这个提案，决定不进入市场与甲公司竞争，从而得到更多的利润。甲公司也得到了好处，因为用当前 4 亿美元的利润减去给乙公司的 1.25 亿美元，仍然高于乙公司进入市场后的 1.8 亿美元的预期利润。

这个提案听起来很完美，是不是？通过合作，甲乙两公司把饼做大了，创造了 1.2 亿美元的价值，是不是该庆祝了？

但是请等一下！这里创造出来的“价值”是从哪里来的呢？很遗憾，这些“价值”来自那些生了病的消费者，他们仍然必须支付 4.05 美元购买一粒，而不是乙公司进入市场后的 2.55 美元或者 3.05 美元。换句话说，这 1.2 亿美元并不是创造出来的，只是从消费者那里转到了生产者那里而已。这种协议显然直接限制了竞争。因此，美国联邦贸易委员会以及很多其他国家的类似机构把这种协议视为非法。因为如果允许这种协议，甲和乙两家公司就可以串通起来压榨消费者。詹姆斯·吉莱斯皮（James Gillespie）和马克斯·巴泽曼将这样“创造”出来的价值称为“寄生式价值”，指谈判者通过从不在谈判桌上的群体那里攫取价值来创造价值。我们认为“寄生”这个词用在这里是合适的，因为谈判者“创造”的价值是他人所付出的代价。

因为这种协议是非法的，所以甲公司就不能去找乙公司提出这个提案。那么，在现实生活中，这种“寄生式价值”是如何被创造的，长什么样子呢？这里有一个和上述情境略有不同的例子，美国联邦贸易委员会起诉了制药公司先灵葆雅（*Schering-Plough*）和厄普舍－史密斯（*Upsher-Smith*），指控他们的协议限制了自由贸易。缘由是这样的。厄普舍－史密斯计划推出一个无专利的医药产品，这个产品将会威胁先灵葆雅的主要产品（一种钾元素的补充剂 K-Dur 20）。于是，先灵葆雅起诉厄普舍－史密斯侵犯了先灵葆雅的专利，试图阻止厄普舍－史密斯进入市场。最后双方庭外和解，协议的内容是厄普舍－史密斯推迟其原创产品的面世，同时先灵葆雅付给厄普舍－史密斯 6 000 万美元买断另外 5 种不相关的产品。

贸易委员会在对两家制药公司的起诉中称，这 6 000 万美元本质上是为了推迟厄普舍－史密斯的原创产品进入市场所支付的虚假支出，而并不是另外 5 种产品给出的公平付费。制药公司的律师们则声称，他们同时就多个议题（把当时正在进行的诉讼和这五种产品的交易合并在一起）进行谈判是创造了价值，对社会是有利的。他们甚至还聘请了一位知名的谈判专家来证明这样创造价值是对社会有益的。

我们对这个案例有很深入的了解是因为马克斯持相反的观点，他正是联邦贸易委员会的专家证人。马克斯认为这是一个十分典型的寄生式价值创造的例子，这 5 种不相关产品只是一个表面文章罢了。两家公司为自己创造了价值，却没有考虑到他们的行为对消费者以及整个社会的影响。

可悲的是，很多谈判培训课程中使用的很多谈判案例本质上都是在鼓励学生进行寄生式价值创造。有一个常用的谈判模拟是让学生们代表一个冷门行业的公司，进行若干回合的定价模拟，每个公司必须决定给产品定高价还是低价。当一个公司定了高价的时候，那些定低价的公司会占据市场份额，高价公司就会因此付出代价。但是，如果每个公司都定高价的话，各方都会得利。这个设定是基于众所周知的“囚徒困境”。在这类问题里，参与者如果不合作（都设定低价），那么个人会得利，但是如果选择合作（都设定高价），那么各方都得利。在这样的模拟里，讲师会夸奖那些发现通过设定高价相互合作，让各方都得利的学生，称赞他们创造了价值。如果理解了寄生式价值创造的概念，你就会明白这种不考虑附加利润来自何方（消费者）的培训让人多么不安。

我们使用“寄生式价值”这个概念，并不是要贬低大多数创造了价值的协议，更不是反对公司去设定市场能够承受的价格。绝大多数时候，价值创造都是好的，即使有时候的确会增加不在谈判桌上的人的成本。例如，我们认为美国医药行业就书写了过去一个世纪里最伟大的成功故事。如果这些公司没有优良的效益，那么很多挽救生命的药、减少手术必要性的药、止痛的药就不会出现在我们的日常生活中。

但从另一个角度来看，只关注制药公司利润而忽视对消费者伤害的做法也是不全面的，甚至是不道德的。我们认为这些公司（和他们的谈判代表）应该严格按照反垄断法的要求去考虑他们是在为社会创造价值，还是在串通一气从消费者或者其他利益群体那里攫取价值。因此，当你的谈判会影响那些没有坐在谈判桌上发声的人（比如消费者或者我们的后代）时，你就应该确保你的道德感不要被自己的利益所驱使，无意中忽略了那些群体的利益。

那么，如何判断你在谈判中创造的价值是否对社会有益呢？一个标准就是，当你们在谈判桌上创造的价值大于外部群体付出的成本，就可以认为你们对社会作出了贡献。这种情况下，虽然所创造的价值的一部分可能来自寄生式价值，但是总体上仍然是对社会有利的。总而言之，就是要对潜在的寄生式价值创造时刻保持警惕。为此，我们建议你在谈判时问自己以下几个问题：

- 这个协议都会影响哪些群体？
- 每个群体会受到怎样的影响？
- 我是不是应该考虑这些群体的利益？
- 这个协议的结果对未参与谈判各方的影响与参与谈判各方的影响相比如何，哪个更大？

在这一部分的结尾我们想附上一个政治方面的观点。在法律层面，有一个很令人困扰的寄生式价值创造的例子，就是选举中的特殊利益群体。在美国，一些包括企业和非营利组织在内的特殊利益群体会为竞选活动大量捐款。作为回报，政客们向特殊利益群体提供政策方面的倾斜。政客们收获了满满的保险箱，而这些特殊利益群体每年把大把的资金投入在游说活动上，说明他们的投资回报也是很不错的。单纯从简单的创造价值角度来说，这个谈判肯定给双方都带来了价值。当然，如果你只是一个没有权力来游说的普通民众就另说了！理想情况下，被选上的政客应该制定那些对所有人都有好处的政策，而不是那些只对特殊利益群体有益、需要广大民众付出代价的政策。但是，我们本章讲了很多有限道德的规律，恐怕没有几个政治家或者说客会因此而忧虑到失眠。他们有很多办法来合理化自己的行为，根本不想去质疑这个如此有利可图的策略。

夸大贡献

结婚 12 载之后，吉姆和凯伦决定离婚。幸好，他们都是好人，为了避免冲突给他们的两个孩子带来不良的影响，两人同意公平地分割财产。于是，他们聘请了一个离婚调解员。调解员让吉姆和凯伦分别单独告诉她财产应该怎样分。

吉姆对调解员说："我认为我应该得到财产的 60%。结婚的第一年，我从一个叔叔那里继承了一大笔财产，这对我们的帮助很大。如果没有这笔钱，我们就没法付房子的首付。所以我认为我应该比凯伦多得一些。"

接下来，调解员和凯伦单独会面，凯伦也觉得应该六四分，但是她自己应该得 60%。“我认为我应该拿 60%，吉姆应该拿 40%。毕竟在过去的 12 年里，我的收入差不多是吉姆收入的两倍。”

是吉姆太贪婪吗？还是凯伦太贪婪？他们是故意提高自己的要求吗？是不是离婚让他们的道德感降低了呢？其实，最大的可能性是，这是自我中心主义作用（第 5 章有讲解）的结果，他们两个都从心里觉得自己对婚姻的贡献实际上更大一些。

有太多的合伙关系（不管是创业公司还是婚姻），都是因为夸大贡献而阻碍了进一步的实施和发展。这是因为我们每个人都习惯性地对自己的行为，乃至诚实程度给出自私的归因。即使是那些最诚实、最善良的人也会相信他们对一个事业的贡献大于他们实际的贡献，然后对那些不同意自己观点的人作出道德审判。这其实是很多冲突的根源。因此，当有人强调“过去两年里我们公司的业绩 70% 归功于我的销售团队”时，你应该明白即使事实并非如此，但他很可能就是这样认为的。如果你追问下去，他有可能会找到数据或者证明来支持他的说法，虽然你觉得这些根本站不住脚。

在整个社会层面，夸大贡献也会带来很大的不良影响。比如，全球范围的过分捕捞摧残了曾经盛极一时的捕鱼业，很多捕捞厂濒临关门。整个捕鱼业是否能够回到一个可持续的水平仍是一个很大的问号。造成这种局面的一个很大的原因，就是不同的捕鱼群体都觉得自己从整体资源里拿走的只是自己“应得”的部分。

那么，如何控制自己想要得到夸大贡献的自然心理倾向呢？马克斯和同事尼克·埃普利（Nick Epley）以及尤金·卡鲁索（Eugene Caruso）最近让一个著名商学院的 MBA 学生们评估他们自己对所在学习小组的贡献占比。结果是，每组学生的报告占比平均加总是 139%。当然，实际上只有 100 个百分点。但是，当研究者让学生逐一评估其他每个成员的贡献，而不是只考虑自己的贡献时，夸大贡献的倾向性就显著降低了。虽然这个现象并没有完全消失，但是整体降低了大约一半。因此，如果你想减小你的团队成员夸大贡献的倾向性，一个有效的办法就是让他们不仅关注自己做了什么，也要关注其他每个人都做了什么。

如何管理自己并理解对手

大多数关于谈判中道德问题的讨论都集中在个人有意识的选择上，比如是不是可以撒谎，或者是否应该隐匿信息等。在本章里，我们强调了谈判者常常意识不到自己的行为在道德上是有问题的。另外，人们越忙碌，越容易依赖自然的思维过程，就越容易做出一些常见的不道德行为。但是，大多数的谈判者都很忙，谈判只是他们每天要做的众多事情中很小的一部分。更糟糕的是，谈判的时候本来要思考的事情就已经很多了，要思考如何去争取和创造价值，如何成为一个好的谈判者，如何对抗各种影响力策略等。一个谈判者怎么可能既做到所有这些，同时还能够避免陷入这种可能会引发不道德行为的自然的思维过程呢？

根据我们对有限道德的看法，我们将提供一些具体的建议。这些方法能够帮助你有效管理自己的道德行为，同时帮助你理解和把控他人的道德行为。具体可以通过以下步骤：

- 如果你处在一个有利益冲突的情境中，你需要格外地警觉并尽最大的可能去消除冲突的来源，比如主动回避与自己有利益冲突的议题的讨论。
- 认识到自己也可能会在不自觉中歧视他人。不妨做一下前面提过的内隐联结测试，它将帮助你体会到内心自然的倾向性。然后，主动采取措施来抵消因为个人偏好而作出不公平选择的倾向性。
- 每次你觉得自己创造了价值的时候，分析一下价值来自哪里。是否有人因为这个谈判协议受到了伤害？你是否觉得这个交换是可以接受的？
- 在分配功劳的时候，注意不要给自己或者那些你喜欢的人太多。具体来说，不要给你的贡献和付出分配太多的权重。

你还可以利用自己对有限道德的理解更好地了解你的谈判对手，和对方建立更好的关系。这里，我们提供三个指导原则：

- 仔细审核谈判对手的主张，注意中间可能会有无意识的偏误。
- 接受这个事实，即对方可能不知道自己的有限道德。避免恶意归因，相信对方可能没有意识到自己的内隐偏见，或者创造出来的是寄生式价值。当有人说了你不相信的话，或者以别人的利益为代价“创造”了价值的时候，不要武断地给对方贴上“骗子”或者“小偷“的标签。主动去帮助他们认识他们的判断和行为的原因和后果。
- 如果你无法帮助对方纠正他们有偏误的观点，可以遵从第 6 章～第 9 章给出的建议，在你的回应中把对方的错误也考虑进去。例如，如果你认为一个销售人员夸大了他的产品的质量，与其直接终止谈判或者指责对方夸大其词，不如通过权变协议来应对这种常见的不道德行为。可以询问对方产品的质检标准是什么，然后把价格和这个指标挂钩。如果这个销售人员是故意撒谎，那么他就会纠正自己的说法。但是如果他只是陷入了有限道德陷阱，实际上是相信自己夸大了的事实，他就会接受这个权变协议。

高尚的谈判天才

我们很清楚，我们无法保证你读过本书就能够顺利采纳这些建议。但是希望我们已经说服了你，高尚的谈判天才在努力消除明显的有意识的不道德行为的同时，也努力消除无意识的不道德行为。很多无意识的不道德行为是非常常见的，但是不能因此就觉得它们可以接受。在我们看来，谈判中的道德指的是主动、努力去成为一个更好的人，而不是达到或者将就在一个“可接受”的水平就可以了。

第 11 章

处于劣势时如何谈判

我们的学生和客户中不乏非常有谈判经验的谈判者，他们经常会问这样一个问题："你给我们讲的框架和策略都非常好，非常有帮助。但是，如果我们在谈判中完全处于劣势，没有什么优势，怎么办呢？如果筹码都握在对方手里，我们怎么才能达成一个很好的协议呢？"当我们让学生和客户细致描述他们设定的情境时，我们听到了很多故事，但本质上都是同样问题的不同版本。下面几个最为常见：

- "在我们这一行里，客户总是在不断要求我们必须降价。如果不降价，他们就去找我们的竞争对手。他们只想谈钱。而事实上，他们也的确可以从我们的竞争对手那里得到他们想要的。这种情况下怎么能谈成协议呢？"
- "最近得到了一个我很心仪的公司的工作机会，但薪酬和我的期待相去甚远。糟糕的是，我的最佳备选方案非常差。我现在没有任何其他的机会，处于一个很绝望的境地。这种情况下怎么谈一个更好的结果呢？"
- "我陷入了一个纠纷之中，对方威胁要起诉我。尽管他们的诉讼完全站不住脚，但如果上了法庭，他们就会没完没了，一直到把我拖垮。他们很有钱，负担一个长期的诉讼很容易。我该怎么办？"
- "我们国家在世界舞台上是个小角色。每次国际上就政治经济问题进行谈判的时候，我们基本上就是被推来推去。那些更强大的国家完全无视我们的利益，我们总是得求别人满足我们最紧迫的需求。有什么办法能改善我们的地位呢"？

如这些故事所示，谈判中的劣势一般是因为对方的最佳备选方案很强，而你的最佳备选方案很弱。你有过陷入类似困境的经历么？你是如何应对的？从我们以往的经验来看，大多数人在这种情况下要么惊慌失措，要么迅速妥协，觉得靠谈判来摆脱困境是不可能的。极少有人能够真正做到通过有效的谈判来改善他们的境遇。我们还注意到，那些能够认真、系统地分析情境，坚持使用本书介绍的谈判框架的谈判者，常常可以在看似不可能的情况下得到非常好的结果。

在本章中，我们会帮助你了解这些谈判天才的做法。我们首先会介绍一些策略，在你没有权力的情况下可以使用这些策略为自己翻盘。然后，我们会分享一些能够帮助你打破现有局面的策略。也就是说，这些策略将会让你在谈判中从弱势变成强势。

没有权力时的 5 大策略

谈判中最让谈判者焦虑的，恐怕就是因为没有好的备选方案而产生的绝望感了。更糟糕的是，你经常发现对方根本就不像你那么紧张。不管你是就你唯一的工作机会进行谈判，还是和唯一一个能够满足你紧迫需求的供应商谈判，一想到达不成协议会给你带来的灾难，你就顿感压力山大。这种焦虑甚至会导致你放弃争取和创造价值的希望，感觉不到认真系统地准备和执行谈判策略的必要性。此时的你往往开始考虑如何不惜一切代价达成协议。我们的建议是在这种情况下大可不必焦虑，这个建议听起来似乎不是很公平、不符合实际。其实你以为没有办法可以改变境况的想法也同样不符合实际。我们来看看下面这些策略：

策略 1：不要暴露你处于劣势

回想一下我们在第 1 章讲述的罗斯福总统竞选团队主管和摄影师就 300 万张照片的肖像权费用展开谈判的例子。当时最大的冲突是竞选团队已经印了 300 万份传单，而摄影师作为版权拥有者有权每张照片收 1 美元。竞选团队主管的最佳备选方案极差，如果不能在价格上达成一致，他们就不得不把传单扔掉，否则就可能面临诉讼。但是这两个糟糕的结果都没有发生。这个主管不但搞到了照片的版权，还成功地让摄影师花 250 美元来完成这个协议。

竞选团队主管成功的关键是，虽然他处于极度的劣势，但是摄影师却全然不知。如果摄影师知道了传单已经印了 300 万份，他就会明白自己处于一个有绝对优势的地位，可以谈成一个更有利于他的合约。

这里总结的经验是，如果对方不知道你的最佳备选方案很差，你就不需要太过紧张，因为这不是一个特别大的问题。显然，如果你的最佳备选方案真的很差，也不要到处去说！

但令人惊讶的是，很多人并不理解这一点，甚至还经常不自觉地暴露了自己最佳备选很差的信息，把情况搞得更糟。当你对你的客户说“时间非常关键”或者“只要你有时间我们随时可以见面”时，你就是在暴露你的劣势了。有些时候，告诉对方你正面临时间的压力，或者你的安排比较灵活的确很重要。但是你完全可以传达同样的信息，同时不去透露你的绝望处境。例如，你可以说“我们更希望尽快开始谈判”，或者“关于会面的时间我们这边比较灵活”。当你处在压力之下，全神贯注在你不理想的最佳备选方案的时候，你就需要主动提醒自己用词不要过于暴露。

策略 2：利用对方的弱点来克服你自己的弱点

最近有一个高管学员找到迪帕克寻求帮助。他想把自己在公司的全部股权都卖给他的合伙人，目前两人各占公司的一半股权。卖方（迪帕克的学生）只关注了他自己的绝望处境：他急需流动资金，而他的合伙人是唯一一个买方。他一心想要讨论的第一件事就是为了达成协议自己应该做好贬值多少的准备。他向迪帕克问道：“我应该妥协到什么程度？”

在整个分析的过程中，这个学生完全没有考虑这些股份对他合伙人的价值。也就是说，他没有去考虑合伙人最高可能愿意付到什么样的价钱。当迪帕克开始询问这方面问题的时候，一切都变得很明朗了，他的合伙人如果买断公司会有很大的好处。买方手中有充足的现金，并且其实一直想把公司转型但是遭到了卖方的反对，现在买下这些股份会让买方完全掌控公司。随着讨论的深入，这个学生终于意识到他并不是唯一“弱势”的一方，买方也很“弱势”，虽然双方弱势的点各不相同。

通过关注这些关键因素帮助卖方成功提高了他的目标，改变了整个谈判的走向。在和买方的谈判中，他列出了买方购买股份之后的诸多好处，而对自己的绝望处境轻描淡写，同时报了一个很高的价来锚定谈判。结果如何呢？最终的协议是这个学生只卖出了自己拥有公司股份的 40%，但是价钱比他原来打算卖掉全部股份（占 50%）还要多。

在这个故事里，我们强调的是那些只关注自己最佳备选方案和能够关注对方最佳备选方案的谈判者之间的差别。如果对方的最佳备选方案很差，其实意味着你能够给这场谈判带来很多的价值，更意味着你应该至少争取拿到其中的一些（或者很多）价值。换句话说，如果对方的最佳备选方案也很差的话，那么你的最佳备选方案很差就不一定是个问题。

我们再回头看一下罗斯福总统竞选团队主管的成功故事。假设摄影师已经知道了竞选团队主管的最佳备选方案很差，是不是就保证摄影师能够得到一个很好的结果，而竞选团队主管一定会得到一个很糟糕的结果呢？不一定的。因为摄影师的最佳备选方案也很弱！假如协议不成，竞选团队的损失是重新打印 300 万份传单的费用，但是摄影师也会失去一个能给他的艺术作品带来巨大曝光率的千载难逢的好机会。

当双方都处于劣势时通常会发生什么呢？如果你回想一下第 1 章所提供的框架，你会注意到当双方的最佳备选方案都很差的时候，就意味着协议区间非常大。换句话说，如果在这种情况下达成协议会产生很多价值。那么，谁能争取到更多的价值呢？答案是那些理解了我们第 1 章里讨论过的谈判基础框架，会合理利用相应策略的一方。在这个例子里，显然，得利的是在谈判中成功让双方都关注在某一方弱点的那一方。通过把焦点放在摄影师的宣传机会上，竞选团队主管成功地为己方争取到了很好的结果。同时，摄影师由于过于担心错失良机，而忽略了他能给罗斯福竞选团队带来的价值。

策略 3：识别并利用你的独特价值贡献

那些需要通过竞标来达成协议的公司（如咨询公司、离岸服务公司、准商品供应商、建筑与园艺专业公司等）常常发现自己处于一个不利的地位。他们总是抱怨说："在我们这一行，我们的客户几乎每个项目都要竞标。他们收集很多投标，然后挑最便宜的那个。我们根本没有办法通过引入多个议题来创造价值。客户会直接告诉我们必须降价，否则就去找我们的竞争对手。"

这种困境是因为谈判者被困在了只有一个议题（通常是价格）的谈判，而且在这个议题上的竞争异常地激烈。这是一个很具有代表性的处于劣势下谈判的例子，也是我们的学生和客户最常提出的问题之一，因此我们放在这里专门讨论一下。

这个问题本质上是说，如果你的客户只对价格感兴趣，你应该如何去创造和争取价值呢？在很多类似的情境下，虽然你往往是被迫卷入的，但你还是可以通过改变"游戏"规则来改善你的处境。注意，你在谈判中争取价值的合理性是和你创造价值的能力直接挂钩的。如果你能提供的，对方在别的地方都可以得到，那么你的提案就很难优于对方的最佳备选方案。换句话说，协议区间就会很小甚至不存在。如果是这样，对方为什么要和你合作呢？

幸好，通常情况下，你都能够提供一些你的竞争对手无法提供的东西，这就是你的独特价值贡献（distinct value proposition）。你的任务是要找到你的独特价值所在，而不是一味地降低价格。和竞争对手相比，你的产品和服务质量可能更好、声望可能更高、品牌可能更有影响力，或者你能够提供客户看重的其他有价值的内容，或者虽然产品和服务是一样的，但是你能够更高效或者更优惠。记住，你的独特价值贡献不是你“以为”你的客户会看重的，而是他们实际上看重的。如果你能够给客户带来高附加值的产品和服务，你就可以借此得到你想要的，比如更高的价格、长期的订单等。因此，关键问题是如何把你的独特价值贡献变成谈判中的一个议题。当你被困在一个只谈价格的竞标里，或者对方只对价格感兴趣，或者对方不熟悉引入多个议题来创造价值这个原则，执行起来就会非常困难。幸好，这些困难都是可以克服的。我们下面介绍 4 个策略，这些策略将帮助你在下次谈判中能够把你的独特价值贡献变成谈判或者竞标中的一个重要议题：

提交多个提案

通常在提交提案之前，我们往往很难充分评估除了价格以外对方是否还有其他兴趣点。因此，竞标方经常会琢磨是应该出最低价，还是价格高一点但是包括一些附加内容（质量更好的产品或者特色的服务）。下一次，你可以试一下两个都做！就像第 3 章里讲过的，与其只提交一个竞标提案，不妨同时提交两个甚至多个提案。例如，一个提案可能价格最低，提供最基础的服务；另一个提案的价格和服务都更高一些。如果客户看重服务，他们知道可以用高一些的价格从你们这里得到更多的服务自然就会很高兴。这个策略同时也会增加你赢得竞拍的机会：如果他们看重低价，你的低价提案就会很有竞争力；如果他们看重其他内容，你的高价提案就会更有竞争力。

把你的提案定价低到刚好可以进入下一轮

很多公司之所以将价格作为唯一的竞标标准是因为供应商数量太多。但竞标结束后，他们并不是和每个投中的公司都签约。很多竞标的目的是缩小谈判的范围。例如，客户可能会邀请十几家公司来竞标，然后从里面选出价格最低的两三家公司进入下一轮。这些候选公司会被邀请进行一对一谈判。我们的哈佛同事古汉·苏布拉马尼安（Guhan Subramanian）和理查德·泽克豪泽（Richard Zeckhauser）发明了一个词叫作“竞谈”，描述的就是这个先竞标再谈判的两个阶段。在这种情况下，你只需要提交一个低到足以进入下一轮的价格，然后就可以通过多议题谈判来创造价值了。

记住，你的客户并不一定会“宣布”一个正式的“竞谈”（他们估计也没听过这个词），或者提前告诉你这个规则，但是他们实际上可能就是这么操作的。另外，如果你的提案足够诱人，即使在竞标结束以后，很多客户也会愿意和你谈一下你的多议题提案。所以即使在输了竞标的情况下，你也应该联系客户，看看能否提交一个对方更看重的打包方案。

我们的一个学生最近就给我们讲了一个他们公司是如何输在了这个策略上的故事。他的公司和其他 5 家公司一起竞争一个非常好的客户资源。客户发起一个竞标，宣布只有两家公司会进入谈判阶段。而这个学生的公司有幸成为这两家进入谈判阶段的公司之一。这个学生回忆道：“我们当时很兴奋，因为我们知道如何去对付另外那家入选的公司，很有信心取得最终的合约。但是我们败了，败给了一家没有通过第一次竞标的公司！”原来，当我们的学生和他的同事举杯庆贺的时候，第三家公司的销售团队悄悄地找到了客户，明确指出不管竞标的结果如何，他们还是可以提供最好的打包方案。

把代理排除在“游戏”之外

那些被迫只在价格上竞争的谈判者常常抱怨：“我们的确能够给客户提供最好的价值，做他们强大的战略伙伴。但是，客户有时会让采购代理参与谈判，而代理费取决于最终的价格有多低。所以我们也感到无计可施，谁让他们只关注谁的出价更低呢！我们输，客户也输，唯一的赢家是采购代理。”

像采购代理这样的中介，他们的动机并非总是和雇主方完全一致，这是达成高效谈判最大的障碍之一。当然，还是有办法能够防止这样的中介把谈判节奏带歪的。这里分享给大家一些我们从高管学员和客户那里得来的成功经验：

- **直接给客户发一份你们的提案。**几个月前，我们的一个学生决定尝试给采购代理发多个提案，于是就同时提交了一个高价格/高价值和一个低价格/低价值的两个提案。结果是他的低价提案被接受了。几个星期后，在一次和客户的沟通中他偶然发现，客户其实从来就没有见到过那份高价提案！也就是说，那个代理随手就把高价提案从提交给客户的候选名单里剔除了。从此以后，这个学生每次都"出于礼貌"把所有提供给代理的提案都发一份给客户。"即使客户不看我发过去的信息，这份提案放在客户办公桌上这个事实本身就足以让采购代理在扔掉高价值提案之前三思。"学生解释道。
- **与客户谈一个协议后协议。**当高管学员抱怨说来自代理的压力迫使他们不得不把独特价值贡献放在一边的时候，我们通常会告诉他们不要担心。因为一般情况下，在选择完供应商之后，采购代理的任务就完成了，他们就离开了。如果你真的有能力为客户创造更多的价值（除了低价之外），那么此时你就处于一个非常有利的位置，可以直接向客户提出你的提案了。反正让对方听一听你的提案也不会有什么损失。换句话说，不要沮丧地认定你被困在了一个低效的协议里；如果对双方都有好处，在签约之后仍然是可以修改的。

不竞标时也与客户保持密切联系

在没有生意要谈的时候，你和客户（或者潜在客户）联系得多吗？你可能每年都给客户发一次贺卡，但是你会主动联系并告知对方你能够给他们提供什么新的服务吗？如果你和绝大多数的谈判者一样，你可能并没有花太多时间来做这件事。但是如果你的客户并不够了解你的独特价值贡献，那就说明你应该在这一点的沟通上多花些工夫。其实，往往在时间不紧迫、不用担心成本，也没有签约压力的情况下，对方才最能够理解和体会你所提供的价值，而这些条件通常只有在没有正式协议要谈的情况下才存在。或者说，当对方不觉得你在试图说服他们时，就不会对你的信息粗暴地不予理睬。在竞标过程当中，时间、成本以及必须作出决策，这些压力都是你的敌人。因此，懂得在不竞标的时候联系（潜在）客户的人则会更深入了解客户的利益点，更有可能建立良好的关系。最重要的是，这样也更容易把自己的独特价值贡献引入下次的谈判或者竞标当中。实际上，大多数客户都很愿意公开讨论这些问题，他们会很感激你努力去理解他们的需求。在我们了解的一些案例里，有些供应商就做到了提前干预客户的下一次竞标。通过提示对方自己非常理解并且能够满足客户的需求，并且同时就多个议题谈判，这些公司做到了在竞标开始之前就已经签订了合约！这其实并不奇怪，因为跨越价格之外的谈判能够给双方都带来好处。有时候只需要你一个小小的鼓励，或者一些信息分享，就可以把客户引向符合自己利益的方向。

策略 4：如果你的劣势非常明显，可以考虑完全放弃你剩下的权力

很多年前，迪帕克还在读大学四年级的时候，他得到了一个咨询公司的工作机会。迪帕克非常喜欢这个工作，唯一的问题是，薪酬比他期待的要低。迪帕克给人事经理打了电话，询问薪酬是否可谈。人事经理说薪酬是不能谈的，但是可以安排他和执行合伙人共进午餐，这样迪帕克就可以和合伙人讨论任何他关心的问题。午餐时，在一个小时的愉快畅谈之后，这个执行合伙人解释说决定起薪有三个简单的因素：毕业院校、所学专业和工作经验。他们已经考虑了所有这些因素，所以不能给迪帕克加薪。

迪帕克深知他在这场谈判中没有什么优势：他当时没有其他更好的工作机会，估计等下去也不会有转机。所以，他决定尝试一个完全不同的谈判策略。

迪帕克表示自己理解合伙人的立场，他也非常喜欢这家公司，他一定会接受这个工作机会。然后，迪帕克询问合伙人是否介意进一步讨论一下关于他的薪酬的问题。对方同意了。于是，迪帕克给出了一个详细的解释，基本意思就是说：他能给公司提供的价值会比既定的认知高很多。总结的时候，他强调薪酬并不是他考虑的最重要的问题，毕竟他已经接受了这个工作机会并且非常有幸能为这家公司工作。同时也坦诚地表示，薪酬的确对任何一个刚起步的年轻人来说都是很重要的一个问题，如果公司能够在这个方面给予任何的帮助，他都会不胜感激。

合伙人对他的表达很满意，答应会回去再想一想。第二天，这个合伙人打电话告诉迪帕克，公司将给他涨 10% 的工资，理由是他们重新看了一下他的暑期工作经验，决定给予这份经验更多的权重。当然，合伙人的说法是本来就应该给予更多的权重。

这个理由是合伙人涨了迪帕克工资的真正原因吗？迪帕克基本上可以确定不是。更大的可能性是缘于有关权力的一个简单而重要的现象：如果你的权力本来就微不足道，你还不如把这点儿权力也放弃掉。换一种说法，如果你不能靠权力征服对方，那还不如不要尝试使用权力，直接请对方帮助你可能更有效。当谈判者使用权力的时候，对方也会作出相应的回应。如果你处于劣势，使用权力就可能会带来灾难性的后果。但是如果你明确表示没有抗争或者攻击性意图的话，对方也会软下来。一旦这个执行合伙人决定帮助迪帕克，他只需要找个理由来合理化他的决定。等他找到办法，迪帕克就得到自己想要的了。

策略 5：根据你整体的谈判组合来制定策略

马克斯最近在给一个公司提供咨询服务。过去 10 年里，这个公司所处行业的利润率跌了近 20%，到了 5% 以下。利润率下降是因为很多新公司进入了市场，同时客户觉得行业内各个竞争者的产品可以互相取代。为了了解这个行业和公司，马克斯问公司的高管们如果把利润率提高到 10%，被拒绝的可能性有多大？换句话说，在多大比率的谈判里，他们愿意为了赢得高利润而去冒失去整个生意的风险？高管们回答说，这种“硬气”的日子早就一去不复返了，他们现在需要每一分能够得到的利润。于是马克斯让他们估计一下，如果坚持 10% 的利润的话，会失去多少生意。高管们的估计是 25% 以上。这时，马克斯建议他们做一道简单的数学题：“如果你的利润加倍（从 5% 加到 10%），即使失去 49% 的生意，你们仍然得到了更高的总利润。”

这个简单的分析结果让高管们大吃一惊。太多时候，当谈判者只是短视地关注于当前的谈判时，他们采用的策略往往对于所有谈判的整个组合来说并没有多大效力。如果你只有一场生意要谈，尽量降低利润来赢得合约自然说得过去，因为有钱赚总比没有好（假设你的最佳备选方案是没有生意）。但是实际上，总是有很多谈判可以谈，所以你必须准备一个适合整体谈判组合的策略。如果你要和很多客户谈生意，你就可以考虑在一些谈判里损失一些（因为坚持不肯降价而未谈成生意），而在另外一些谈判里赚回来（坚持高价并且谈成了生意）。更好的情况是，如果你能够区分哪些客户能够接受更高的价格和哪些不能，并且你能够解释清楚这个价格的差异，你甚至可以用不同的价格来争取不同的客户，进一步提高公司的效益。

这里的关键是，你在制定谈判策略的时候一定要认真审核那些潜在的假设。如果你只把在谈判中不断紧逼对方且不会谈崩视作绝对优势的话，你可能就会觉得自己处于劣势。但是一旦你认识到自己为了最大化所有谈判组合的价值是可以承受失去一些生意的，你就会发现自己其实也挺“强势”的。当你考虑整个谈判组合的时候，往往就更容易接受承担更大的风险，以换取更高的收益，同时也为选择了你的客户提供了更大的价值。

NEGOTIATION GENIUS
哈佛经典谈判指南

没有权力时的 5 大策略：

1. 不要暴露你处于劣势。
2. 利用对方的弱点来克服你自己的弱点。
3. 识别并利用你的独特价值贡献。
4. 如果你的劣势非常明显，可以考虑完全放弃你剩下的权力。
5. 根据你整体的谈判组合来制定策略。

打破当前权力格局的 3 大策略

劣势总是会让人感到郁闷，但可能更让人郁闷的是对方承认你创造的价值，但是却仍然任意压榨你。原因很简单，就是他们更大更强，可以为所欲为。也许你最大的客户会觉得他们有权在最后关头提出一些难缠的要求，或者无视协议规定的自己的责任。也许在没什么依据的情况下，就是因为自己的钱袋鼓，你的竞争对手就决定起诉你侵犯他们的专利权，通过诉讼来整你。这些“霸王”行为的潜台词是，如果你想在这一行混，你就得按照他们的规则玩。有时候，小公司的老板也可能被员工“绑架”；公司里最牛的销售人员可能非常粗鲁、不专业、薪酬过高，但是如果他们离开公司去加盟竞争对手，公司就会因此失去一半的生意。

在这些情境中，你的前景似乎很渺茫，原因有二。首先，你的地位很弱。其次，你面对的人或者组织完全不考虑你的需求，只顾自己的利益。这种情况下应该如何谈判呢？你可以先使用前面讲过的那些策略。如果还是不行，可以考虑一个不同的但可能更有效的选项，那就是想办法让优势向你这一边倾斜。下面我们会展示给你，有些谈判要求我们不是去提高自己在既定规则下谈判的能力，而是去改变游戏规则本身。这些策略将会助你扭转对方仗势欺人的“霸王”式谈判局势，达到比预期好很多的结果。

策略 1：与其他劣势方结盟来增强你的实力

马克斯和玛格丽特·尼尔合著过一本书，叫作《理性谈判》（*Negotiating Rationally*），里面讲述了克莱斯勒前总经理李·艾柯卡（Lee Iacocca）如何通过与其他劣势方（他们在美国的竞争对手）建立联盟来抵消自己公司弱点的故事。1986 年，美国的三家汽车公司通用汽车、福特和克莱斯勒正陷入非常恶劣的竞争当中，每家公司都使用返款来争夺市场份额。每次一家公司宣布了一个返款方案，另外两家马上就提高自己的返款额度。没过多久，整个汽车行业就开始赔钱卖车了！艾柯卡意识到，由于这个问题的升级，汽车行业在消费者面前已经处于一个非常大的劣势。他决定阻止这个冲突再升级。他向媒体宣布克莱斯勒将停止他们的返款方案，但如果其他两家公司继续的话，克莱斯勒会给消费者提供同等的返款福利。克莱斯勒的这个举动成功终止了这场返款“大战”和整个行业的利润流失，帮助三家汽车公司都实现了盈利。

为什么艾柯卡的策略如此有效呢？因为这个策略把权力从消费者那里转移到了销售商这里。当一家公司宣布会提供和竞争对手同样的条件，对消费者来说就是一个非常不好的消息，因为这个做法从本质上扼杀了竞争对手通过降价或者返款来吸引消费者的动机。结果，这三家汽车公司不再专注于价格竞争，增加了同消费者谈判的筹码。

你在谈判中也可以使用同样的策略，与其他劣势方建立联盟。当你的消费者有很多其他公司可以选择的时候，你就处于劣势，但是你的竞争对手也一样。当你的老板可以选择雇用或者开除你的时候，你就处于劣势，但是你的同事也一样。当你的国家很小，在国际谈判中影响力很小的时候，你就处于劣势，但是很多其他小国也一样。对这些谈判中处于劣势的一方来说，幸运的是，有时候他们可以通过与其他劣势方联盟来改变权力的分配。

例如，在和管理层谈判的时候，员工常常会建立工会。这是因为当公司和员工一对一谈判时，公司如果觉得员工的要求太过分就可以以开除相威胁。但是当公司和员工工会进行谈判时，彼此之间的竞争消失了，通常所有的员工都能够得到一个高于市场平均水平的薪资。这个过程有效地把权力和钱从公司持股人一方转移到了员工一方。很多美国小公司联合起来和保险公司谈判，以降低健康保险的成本。很多发展中国家的小农户建立“合作社”，通过谈判提高农产品的价格。这些都是同样的思路。

在国际关系领域，2003 年在墨西哥坎昆召开的世贸组织大会中就有一个生动的权力联盟的例子。有 20 多个“弱”国因不满长期以来对发展中国家的关注太少（比如降低农业关税、提供农业补贴等问题），组织起来成立了“21 国集团”。这个集团在谈判中就比任何一个成员国在单独谈判的时候拥有更大的权力和影响力。

在这几个例子里，劣势方之间通过建立联盟削弱了曾经强大一方的最佳备选方案。当你能够建立并且良好维持与其他劣势方的联盟时，你就限制了对方把一个劣势方与其他劣势方对立起来的能力，也限制了对方威胁终止谈判的可能性。

策略 2：利用你最大的弱点——他们可能也希望你生存下去

给大家讲一个实例，两家公司签订了建立合资公司的协议，随后，其中一家公司因为担心另外一家公司在某个共同市场内带来的竞争压力，威胁要诉讼他们侵犯了自己的专利权。被诉讼方知道这个诉讼其实没有什么实际的内容，但是也知道起诉方是一个实力雄厚的公司，有足够的资源打官司打到自己破产。虽然这个处境看起来很危险，但是被诉方成功地说服了他们的合伙公司放弃诉讼，达成了和解协议。被诉方的理由是：“如果你们发起诉讼，你们的确有足够的能力让我们破产。我们显然不想这样，但是你们也需要想想这对你们来说意味着什么，你们会失去一个有价值的伙伴。因此，对双方都好的办法是我们不要去打官司，而是看看是否能够达成一个协议，既能让我们继续使用这个有争议的技术，也能让你们维持自己的市场地位，同时让我们双方都能够继续利用彼此之间的协同效应来发展我们互惠的关系。”

这个策略背后的原则是什么呢？很简单，如果你能够给对方创造价值，不管对方是否情愿给你回报，你至少就有了一些为自己争取价值的权力。在那些极端的例子里，如果对方逼得太狠，他们自己也可能会受伤。当然，他们自己可能不会意识到这一点。因此你就有必要去提醒他们。实力很多时候不是简单地以“你能逼对方做什么”或者“你有多容易让对方的日子更艰难”来衡量的，而更应该是以“你能为别人创造什么价值”来衡量的。

策略 3：了解然后攻击对方的权力来源

多年以来，美国很多地方的“生育控制”诊所一直面临着同一个问题，就是反堕胎的示威者经常在诊所外面游行，阻拦恐吓不让女性进入。这个策略似乎很有效。很多妇女一想到要穿过挥舞着标语和怒骂声中的人群，就不敢前进了。抛开这其中的道德伦理和政治问题不谈，单从战略角度来看，诊所如何才能够减少示威者的数量呢?

很多生育控制诊所采用了一个很有创意的反击策略，也被称为“示威捐款”项目。这个项目的内容是这样的：诊所让自己的支持者根据示威者的数量进行捐款，来示威的人越多，诊所得到的捐款数额就越大！比如，如果有人承诺每出现一个示威者捐款五毛钱，来了 100 个示威者，那么这个支持者就会捐款 50 美元。很多诊所就是用这个办法有效地减弱了示威者前来示威的动力，有些中心因此收到了成千上万的捐款。德州韦科市的生育控制诊所甚至在门外挂了个大标语“连我们的示威者都支持控制生育”。

“示威捐款”这个例子说明，光是找到双方的优势和弱点还不够，更关键的是找到双方优势和弱点的来源。当诊所意识到对手的优势来源是吸引大批示威者到诊所外面示威的能力时，他们就能够想出一个新方法来抵消对方的这个能力了。

迪帕克的一个学生拥有一家非常成功的地产开发公司，他最近用这个策略解决了一个可能对很多美国人来说都很陌生甚至奇怪的问题。他们公司所在的国家的政治腐败情况比美国普遍得多，也更加地明目张胆。这一次，开发商在等待政府审批一个高档开发项目。所有的事情都准备好了，突然审批程序停滞不前了。好多天以后，开发商收到了负责项目审批的官员的儿子的电话，才明白原因所在。原来官员的儿子也想从这个项目中分一杯羹。他明确表示如果把他加为合作伙伴，项目马上就能批下来。开发商知道通过法律程序或者联系职位更高的官员就可以绕过这个儿子以及他的父亲，但是会花很多时间。不幸的是，时间非常紧迫，他的公司马上就要上市，三个月内就要首次公开募股。在这种关键时刻，即使是一点点流言蜚语也会带来很多问题。如果潜在的投资者发现这个项目可能审批不通过，公司就会贬值。而如果回绝了这个官员的儿子，对方很有可能会在公司上市之际公开这个审批问题，给公司带来巨大的损失。该怎么办呢？

开发商成功地执行了迪帕克所给出的策略，立刻公开审批有可能延迟的消息。换句话说，主动向媒体说明项目正在进行当中，但是很可能要在公司上市之后几个月才会审批通过。同时，开发商还立刻公布了和项目有关的所有文件，以及那个审批官员早前发出的支持该项目通过的所有信件。这样一来，就能够保持投资人的信心。

这个策略至少有三个显而易见的好处。首先，提前公开这个事件让开发商能够掌控这个消息的报道和解读。其次，在首次公开募股之前三个月公开这个信息，等到公司上市的时候，投资者就不会太关注这个新闻了。最后，也许也是最重要的一点，这个新闻已经公布出去了，这个政客的儿子就失去了唯一的筹码。他的优势就在于他有能力在开发商最脆弱的时候（首次公开募股）伤害他，因此就应该把反击目标对准这个因素。就像“示威捐款”一样，这个策略找到并且毁掉了对手唯一的优势来源。

同样的原则也适用于很多不同的谈判。假如你不敢和你最强有力的销售人员对抗，或者因为担心他离开而不敢拒绝他一次又一次的大幅提薪要求，你就应该去考虑一下这个销售人员的优势来源。可能这个销售人员和客户的关系比你更好。如果是这样，你能怎么做呢？你可以马上开始和每一位核心客户建立更好的关系，你甚至可以用有吸引力的长期合同来锁定他们。这样，当你的销售人员再提要求的时候，他就没办法威胁到你了。他可以离开公司，去你的竞争对手那里，但是此时他带走客户的能力就大大降低了。

打破当前权力格局的 3 大策略：

1. 与其他劣势方结盟来增强你的实力。
2. 利用你最大的弱点——他们可能也希望你生存下去。
3. 了解然后攻击对方的权力来源。

谈判天才与权力

本章所讨论的策略和观点都来自一个关键的领悟：虽然有时候无法避免处于劣势，但如果你能利用好最根本的东西，就是系统地准备和认真地谋划，你仍然能够有效地谈判。然而现实情况是，很多谈判者都过于关注自己的弱点。我们并不是说你应该忽略你的弱点，这样固然很危险，但忽略自己的权力同样极具破坏性。

那些紧盯着弱点的人会遇到各种问题。过于关注于弱点，你就不可能设定合理而又足够高的预期，不会有信心索取更多的信息，不会要求对方因你的让步而作出同样的让步，也不会要求对方考虑你所提供的价值，同时还更容易受到忽悠策略和威胁手段的影响。

谈判天才能够意识到自己的弱点，并且试图去抵消它。除此之外，他们还明白必须同时关注自己的权力，作出系统的准备，在谈判中朝着提高自己谈判地位的方向去努力。这样做虽然并不能保证“胜利”，但是能够保证在既有的条件下做到最好。其实，谈判天才的价值也许恰恰体现在走投无路的绝境之下。

第 12 章

面对不信任、非理性时如何谈判

NEGOTIATION GENIUS 谈判案例

古巴导弹危机

很多专家都认为，古巴导弹危机是有史以来地球距离核毁灭最近的一次。这场危机发生在 1962 年 10 月 16 日到 28 日之间，是美苏之间冲突升级的集中体现。两个大国是如何通过谈判达成了一个让双方都可以接受的安全、和平的结果呢？

解决这场危机仅仅靠清晰的沟通和强大的分析是不够的，这其中还涉及个人和国家的尊严问题。整个世界都在看着，肯尼迪和赫鲁晓夫都不能容忍被自己的国民、政敌、媒体以及国际社会视为软弱无能。罗伯特·肯尼迪（Robert Kennedy，肯尼迪总统的弟弟）回忆了某个晚上发生在总统和顾问之间的讨论："我们都同意双方都不想因为古巴开战，但还是有可能任何一方借'安全'、'国家自豪感'或者'尊严'之后迈出一小步，对方也会因为同样的原因回应一小步，这样又带来下一个一小步，最终升级为武装冲突。"

这是一个看起来注定要失控的情境。那么双方是如何谈判达成了一个和平的结果呢？根据罗伯特·肯尼迪的描述，这是因为他的哥哥肯尼迪总统的谈判天才起了作用。肯尼迪总统始终坚持最重要的是尽可能多地理解对方的利益点、需求和局限。罗伯特·肯尼迪写道：“古巴导弹危机给我们最大的教训就是认识到站在对方的立场上思考问题是多么重要。在整个危机过程中，肯尼迪总统花时间最多的事情就是努力确定每一个行动对赫鲁晓夫和苏联的影响。核心的指导原则是不能让赫鲁晓夫蒙羞，不能让苏联难堪，不要让对方觉得为了国土安全或者国家利益必须得升级自己的反应。”

于是，他们尽量通过秘密谈判来帮助双方挽回颜面。最终的结果是这样的：苏联从古巴撤出导弹装置；作为回报，美国保证不会入侵古巴，并且撤出布置在土耳其的导弹（苏联认为这是个对自己的威胁）。因为担心民众不支持从土耳其撤出导弹这个让步，罗伯特·肯尼迪对苏联大使多勃雷宁极力表明，美国从土耳其撤出导弹不能视为苏方从古巴撤出导弹的补偿。结果，这个信息很长时间都没有公布于众。

追溯看来，这次危机的结果似乎很平淡。双方都撤出了攻击性的导弹，冲突消解了。但值得思考的是，如果肯尼迪总统没有倾力关注赫鲁晓夫的需求和利益点，而是听从了他的那些军事顾问，选择对古巴进行空中打击而不是海上封锁，整个事态会怎样发展？考虑一下下面这个信息。在古巴导弹危机期间，美国情报部门的报告认为古巴的导弹虽然有装载核弹头的能力，但是实际上并没有真的核弹头。事实上，在危机期间，古巴已经有足够的核弹头能够把整个美国东海岸夷为平地，并且已经被授权如果遭到攻击就可以使用这些核弹头。换句话说，古巴导弹危机这个波澜不惊的结果并不是注定的。如果肯尼迪总统不是选择谈判，而是听从了他的高层顾问的建议，选择强硬地展示美国的军事实力，就可能会葬送数以百万计的美国人的生命。

整个这本书里，我们一直鼓励你去理解谈判对手的利益点、需求、局限和顾虑，与对方一起合作来创造价值。但是，如果看起来完全没有可能做到这些该怎么办呢？如果对方是你的“敌人”，不愿意或者不能和你合作来达到一个双方都可以接受的结果该怎么办呢？这个时候不妨回想一下肯尼迪总统曾经面对的也许是最恶劣的谈判情境，非理性、不信任、愤怒、威胁以及自我膨胀层出不穷，但是他仍然取得了成功。本章里，我们会逐个分析这 5 个因素，并给出一系列的原则和策略，供你在谈判变得“丑陋”时选择使用。

应对非理性

最近有一个高管学员很恼火地说：“你们讲的这些策略在对方愿意倾听的时候是有用的，但是我整天面对的都是完全不理性的人。和这些不理性的人怎么可能谈判呢？”正如这个问题所揭示的，谈判者常常要挣扎着试图和那些鲁莽的、不顾一切的、没什么策略的、看起来做的事情都完全不符合他们自己利益的人谈判。但是，要想成为谈判天才，你就必须学会如何处理这些谈判障碍。

我们的建议是，不要轻易给一个人贴上“非理性”的标签。每次有学生或客户告诉我们他们的对手是“非理性”或者“疯了”的时候，我们都会非常细致地和他们一起分析对方是否真的是非理性的。几乎在所有的情况下，答案都是“否”。绝大多数情况下，那些看起来非理性的行为背后都有理性的理由，虽然很多时候这些理由是隐蔽的。这里我们会给出谈判者错误地认为他人非理性的 3 个最常见的原因，我们还会解释这种误判的危险之处以及如何避免这样的误判：

错误 1：他们不是非理性，而是不了解情况

迪帕克的一个高管学员最近陷入了一个和前员工的纠纷当中。该员工声称因为他在被开除之前几个月的工作，公司还欠他 13 万美元的销售提成。这个高管则认为公司不欠这个员工一分钱，实际上，高管坚持说员工其实多拿了 2.5 万美元。

双方的观点有这么大的区别，原因是什么呢？原来，这个员工被解聘的时候，公司的账目一团糟，销售记录管理也很差。后来公司雇了一个新的会计，更新了所有的记录。这些记录清晰地显示该员工的要求是不合理的，公司的计算才是正确的。但是这个高管没兴趣为了追回这 2.5 万美元而闹上法庭，就想让事情赶紧过去。

高管给员工打了电话，告知对方会计清算的结果，并且主动说可以把销售记录复印件发给员工。同时，他也明确地表示会计算出来的数是准确的，提出如果员工同意不上庭，自己愿意放弃追回那 2.5 万美元。员工回答说："那是不可能的，我也不需要什么记录，咱们法庭上见。"

这个高管完全糊涂了。这个员工是不可能胜诉的，为什么他的行为这么不理性呢？

迪帕克对这个高管建议说，这里的问题很可能并非员工不理性，而是他没有得到可靠的信息。高管相信员工会败诉，但是员工很可能不相信高管的记录，仍然坚信自己会胜诉。那么，这个高管如何能让员工明白上庭的可能结果呢？迪帕克建议他找一个中立的第三方，比如一个专业的会计公司来审计这个纠纷的相关记录，然后把结果寄给员工。有了这个信息员工对胜诉的信心就会降低，这样诉讼就不那么有吸引力了。最终结果如何呢？是的，这个员工放弃了诉讼。

迪帕克在读研究生的时候，一位经济学教授曾在第一堂课上这样开场："我希望你们所有人都记住，你不是蠢，而是无知。如果你是蠢，那你什么也做不了。但无知则是可以改变的。"这个看法同样适用于谈判者。当对方显得非理性的时候，常常是因为他们缺乏足够的信息。如果你能够引导并帮助他们了解他们的实际利益点，了解他们行动的后果以及你强大的最佳备选方案等，基本上对方都会作出更好的选择。例如，如果你知道你的提案对对方最好，但是对方却回绝了，不要认定他是非理性的。你应该努力去确保对方能够理解为什么这个提案对他来说是最佳选择。他很有可能就是理解错误，或者缺失了关键信息。

错误 2：他们不是非理性，而是有潜在的限制

2005 年，美国政府通过了一个法案，要提高给有需要的国家的粮食援助。政客们和社会活动人士都很支持这个法案。但让人意想不到的是，也有一些利益团体反对这个法案。更奇怪的是，有一个持反对声音的非营利组织，他们的宗旨就是促进对欠发达国家的粮食支援！要怎么解释这个“非理性”的自挖墙脚的行为呢？为什么这个团体会反对这样一个和他们的目标相一致的法案呢？

答案的关键不在于他们的利益点，而是他们所受的限制。为了增加给粮食短缺国家的援助，这个组织过去一直在联手美国的农民们一起游说美国政府。为什么农民愿意加入这个运动呢？因为如果美国政府提高粮食救济，他们就会从美国农民手中采购更多的粮食。这样一来，农民和那个非营利组织都能够达到自己的目的。

但是这个法案有所不同。因为预算赤字的增加，美国国会认为提高对外救济的唯一办法是采购更便宜的粮食。这就无法从美国农民手里买了，而只能是从发展中国家采购。这个法案看起来对非营利组织带来了双赢（既提高了粮食救济又帮助了发展中国家的农民），实际上却给他们制造了一个困境。如果这个非营利组织支持这个法案，他们就不得不割断与联盟伙伴（美国农民）的多年的合作。因此，这个非营利组织认为反对这个法案才符合他们的长期利益。虽然这个决定可能看起来在道德、伦理或者其他方面上站不住脚，但是它并非非理性。人们觉得这个决定非理性是因为忽视了这个非营利组织所面对的限制。

很多谈判都会遇到潜在的限制问题。当一家公司拒绝给一个明星员工加薪而不得不失去他的时候，公司不一定是作出了非理性的选择，而是可能受到人力资源政策的限制，不能让公司内部的薪酬差异过大。

同样，当你的对手似乎不愿意作出哪怕一点小小的、完全合理的、马上就可以完成谈判的让步，你可以告诉自己他很傻，但也许更好的办法是去弄清楚他有

多大的权限来处理这种复杂的、能够创造价值的协议。如果他的权力有限，你可能就需要去找那个有更大决策权的人来谈判。

谈判里的限制有很多可能的来源，比如来自律师的法律建议、对于开了危险先例的顾虑、已经给予了别人的承诺以及时间等。谈判天才会努力去发现这些限制，帮助对方克服这些限制，而不是简单地指责对方非理性。

错误 3：他们不是非理性，而是有潜在的利益点

几年前，一个公司的管理层决定给公司的行政助理莱斯利升职。莱斯利在公司工作了 30 年，还有两年就退休了。整个职业生涯她的表现都很好，她的薪酬也符合她的绩效。但是，她已经达到了这个级别的薪酬上限，因此公司无法给她更多的薪酬，也无法给她一个正式的绩效表彰。经理们还是想为莱斯利再做点儿什么，于是决定给她一个“晋升”。虽然她的工作内容不会改变，但是新的职位会给她更高的地位和威望。

当获悉这个晋升机会的时候，莱斯利非常开心。她也知道工作内容和薪水都不会变，但她并不介意。

然而，升职后不久，莱斯利发现她现在是同级别员工里薪酬最低的人之一，而且也开始对这么一个“假”的晋升感到不舒服。明明没有做更多的工作，也没有拿到更多的钱，这个“晋升”让她在同事面前感到很尴尬。于是她要求加薪，并表示愿意接受更多的工作内容。但这个要求很快就被拒绝了。

于是，升职后才几个星期，莱斯利因不满公司对她的处理，决定辞职。这个辞职让她失去了两年的工资和一部分退休福利。管理层本来只是想做件好事，结果却落得满心的疑惑，“为什么莱斯利这么不理性呢？”

管理层很明显没有理解，钱和地位并不是莱斯利唯一的利益点，她还在乎公

平和公正。经理们认为自己给的已经超过了莱斯利应得的，但是因为看不到决策背后的影响，他们制造了一个让莱斯利觉得不被重视、虚假而又尴尬难堪的情境。

一般来说，有时候人们拒绝你的提案可能是因为他们认为提案不公平，或者因为他们不喜欢你，或者其他和你的提案内容毫无关联的原因。这些人并不是不理性，他们只是在遵从一些你没有完全领会的需求和利益点而已。因此，当对方看起来不理性的时候，谈判天才不会轻易断言对方"有病"，而是会去调查他们这样做背后的原因是什么，他们其他的利益点是什么。

如果对方的确非理性该怎么办

如果你的对手真的非理性，换句话说，如果他毅然决然地要做违背自己利益的行为，恐怕你的选择就不多了。这个时候，你要么不顾他的非理性强推你的提案，要么绕过他和其他权威并且愿意倾听的人（比如他的老板或者同事）继续谈判，要么选择你的最佳备选，因为对方的非理性行为消除了创造价值的希望。当然，你也可以使用我们在前文提出的那些应对偏误的策略。

但是，我们想再一次建议你重新考虑你的评估。那些很快就指认对方"非理性"的谈判者可能会付出巨大的代价。当你给对方贴上"非理性"这个标签的时候，你实际上限制了自己的选择范围。因为如果你确信对方不讲道理，根本就无法有效地谈判，也不想满足他们的利益点，那么就没什么可以对他们说的了。但是，如果你发现对方并不是非理性，只是缺乏信息，有一些限制，或者关注的利益点在你的预料之外，那么你就有了更多的选择。选择越多，谈判自然就会更高效。

应对不信任

NEGOTIATION GENIUS 谈判案例

失而复得的经销权

几年前，一个美国的电子器件制造商和它的一个海外分销商之间起了纠纷。双方都觉得对方没有尽到自己的职责，也准备好了要上法庭。显然，双方都坚信错误完全出在对方身上。

制造商指责分销商未能满足一个核心产品的最低采购要求，认为对方根本就没有足够的销售渠道。制造商声称无法再信任这个分销商，宣布自己只想尽快收回余款，与对方终止协议，从此分道扬镳。

与此同时，分销商指出，在协议签订后的几个月里，制造商在市场上引入了同一产品的升级版，却拒绝给分销商销售的权利。分销商指责整个协议就是一个圈套，只是为了把旧的、过时了的产品倾销到该分销商所在的地区。因此，他们认为制造商的行为是欺诈，要求制造商支付几百万美元的赔偿。而且他们觉得信任已经完全被破坏，合作关系已经无法持续。

令人意想不到的是，这个故事居然有一个美好的结局。双方选择了庭外调解而不是诉讼。在调解员的帮助下，他们达成了一个双方都满意的协议，避免了烦琐冗长的诉讼战。

协议的内容是什么呢？双方既没有结束合作关系，也没有下结论哪一方应该为违背协议作出赔偿，而是决定修改现有的协议，继续他们的关系。制造商同意赋予分销商销售新产品的权利（包括某些地区的独家权），双方都放弃了赔偿的诉求。

当我们向高管学员讲述这个案例的时候，很多人十分惊讶双方居然同意了这样的一个结果，感到难以置信。高管们认为，任何关系里面最重要的就是信任；在双方都失去了信任的情况下，继续维持彼此的关系，甚至继续谈判都是不明智的。高管们通常是这样表述的：

- 没有了信任，什么也做不了。
- 为什么要和一个你不信任的人做生意呢？风险太大了，不值得。
- 如果他们利用了你的信任，将来还会继续利用你。

我们非常同意上面几句话里所表达的担忧。的确，信任是维持双方关系的关键，也是谈判的关键。但是，我们不同意信任不能够重建这个观点。从根本上说，我们认为不应该在感觉对方不可信赖时就草率地结束谈判或者断绝关系。谈判天才也深知不信任是谈判最主要的障碍之一，但是他们不会轻易放弃重建信任的希望，而是会努力修复它。

重建信任的第一步是对现有的不信任进行分析和诊断。谈判者常常以为信任是一维的：对方要么是可信任的，要么是不可信任的。但是信任其实也是多种多样的，比如你信任你的外科医生是因为他做手术的能力很高超，而信任你的配偶则是因为他对你诚实。同样，我们对我们的商业伙伴、律师、员工、子女以及朋友的信任也有很多维度。还有可能我们在某些维度上信任一个人（“我的律师很有能力”），但是在别的维度上不信任他（“我的律师有时候并不诚实”）。当这种情况发生时，你就必须决定哪一个维度的信任对你们的关系来说是最重要的。如果在关键的维度上你不能够信任对方，就必须修复信任，或者作出其他选择。

和谈判有关的不信任主要有两个维度：不信任对方的品格和不信任对方的能力。在制造商与分销商的纠纷中，双方不信任对方的点区别很大。制造商的不信任在于分销商缺乏能力，认为他们没有足够的渠道资源来销售授权给他们的设备。而分销商的不信任则是品格问题，认为只有不诚实、不道德的公司才会把过时的产品销售出去，并且在谈判中隐瞒新产品的信息。

找到了不信任的来源之后，就能够找到重建的步骤了。那么，分销商和制造商分别有什么办法来重新赢得对方的信任呢？双方应对的是不同类型的不信任，因此他们重建信任的步骤也不同。对分销商来说，他们的管理层必须向制造商证明自己的公司有足够的能力。他们可以邀请制造商前来实地访问，现场考察他们的分销渠道，也可以分享公司的采购数据，强调自己有能力达到很高的销售额，或者对当初为什么没有达到协议里的最低采购要求作出合理的解释。

对制造商来说，要重新赢得分销商的信任，他们的管理层则必须证明自己是诚实的、有道德的。他们可以向分销商解释，在美国一般不会披露正在开发中的产品信息，但是现在他们理解了这个行为在别的国家可能会被认为是隐瞒。制造商还可以给出一定的补偿（以补偿金或者其他形式），作为对无心之错的致歉。最后，制造商如果同意让分销商继续销售他们的新产品，这个决定本身就足够扭转他们是在故意剥削分销商的看法了。

总之，只要谈判双方能够辨别并且消除不信任的来源，那么信任还是可以重建的。遗憾的是，很多谈判者常常无视这个可能性，随意给对方贴上“不可信任”的标签，并且只关注那些支持这个判断的信息。当对方表示不信任他们的时候，他们就迅速愤怒起来，变得防御性十足，根本无法系统地去改变对方的看法。而谈判天才则明白，当对方说（或者暗示）你不值得信任的时候，你应该去调查一下为什么他会这样想，以及如何才能改变对方的这个看法。

应对愤怒

NEGOTIATION GENIUS 谈判案例

台球厅里的争执

几年前，迪帕克和一个朋友以及两个陌生人在一间台球厅打台球。突然，从外面冲进来七八个大学生，一把把一根球杆扔在球台上，开始连喊带骂。迪帕克他们吃了一惊，那两个陌生人突然冲向中间那个领头的学生。短短几秒钟内，一场台球友谊赛演变成了一个推搡比赛。眼看就要打起来了，却没人知道是为什么。

迪帕克和他的朋友为了阻止这场打斗，不得不站在中间把双方拦开。很快就发现，原来大学生们生气是因为他们认为迪帕克一伙人干扰了他们刚才在隔壁房间的比赛。迪帕克当然知道其实干扰对方比赛的不是自己和朋友，没想到澄清之后却让双方的怒火加剧了。迪帕克和他朋友的本意是消除这个误会，但现场的火药味却越来越浓。这个时候，迪帕克和朋友还是可以转身就走，毕竟这个打斗只是这些大学生和那两个陌生人之间的事，但是他们觉得这样做是不对的。

迪帕克发现挑事的大学生不愿意承认这只是一个误会，于是决定换一个方式。他对大学生中的领头人说：“好，我们知道你们觉得有人在找你们麻烦。但是，现在这个情况下，你觉得怎样才能避免这场打斗呢？”

这个领头人直视了迪帕克半天，说：“不知道，但是你们打断了我们的比赛，现在道歉已经晚了。”然后又要动手。

迪帕克说：“好吧。可是现在你们也打断了我们的比赛，难道不是找回来了？”

学生怒吼道："没找回来，是你们先挑起来的。"

迪帕克说："就算的确是我们房间的人挑了事儿，有没有什么办法能够让你选择不打架的？除了打架，你更愿意做的是什么？"

这个领头人感觉有点难以置信，不过还是花了一点时间来考虑这个问题。然后回答说："我们当然更想打台球，但是现在只能再开一局了。"

"那是多少钱？"迪帕克问。

"1 美元。"学生回答。

迪帕克从钱包里拿出 1 美元交给这个领头人，说："这样吧，你们下一局的费用我来付了。"

领头人笑了，慢慢地伸手拿走了那 1 美元，说道："好吧，谢谢你的好意。"他用几分钟让同伴平静了下来，然后一起离开了。避免了打斗，避免了流血，避免了骨折，只用了 1 美元。

就像这个故事一样，谈判者也常常需要应对正在气头上或者受了刺激的谈判对手。即使我们认为有些情绪是完全不合理的，也很难改变对方自认为愤怒有理这个事实。

一般来说，你会怎么处理这种情况呢？虽然对方的愤怒很可能会激怒你，但很多人都明白愤怒并不是面对愤怒最好的反应。相反，更好的办法是化解对方的愤怒，把注意力重新集中在需要讨论的重要议题上。但化解别人的愤怒可不是一件很容易的事。大多数谈判者并不知道如何才能有章法地应对谈判对手的怒气。况且对方的愤怒总是毫无征兆地突然爆发，而且看起来毫无来由。下面的这些策略将帮助你提高应对愤怒的能力，让谈判和双方关系有机会回到正轨。

策略 1：了解对方为什么愤怒

当你的谈判对手愤怒时，你必须首先找到原因，找到原因才能帮你找到合适的策略。例如，如果对方愤怒是因为信息缺失，那么解决方案就是给对方信息；如果他愤怒是因为觉得没有得到应有的尊重，解决方案就是给他尊重；如果他愤怒是因为误解了你的话，解决方案就是澄清你的真实意图，等等。记住，你认为对方没有理由愤怒不等于对方也这么认为。在那个台球厅纠纷中，当大学生们解释了他们的反应是因为受到了冒犯，你就应该认可他们的愤怒是有理由的（当然这个反应还是有些过分）。和本书一贯提倡的方法一样，**处理莫名情绪的最好办法就是先搞清楚情绪的来源。**

策略 2：让对方把愤怒说出来

大多数谈判者都能够意识到愤怒通常非但毫无帮助，还会适得其反。于是在对方发怒的时候，他们会尽一切努力来控制对方的情绪。他们可能会告诉对方“发怒不会对谈判有任何帮助”，或者“我们没心情坐在这里听你宣泄”，或者“你最好冷静一下，这样对大家都好”。

这些说法都非常有道理，却忽略了一个重要的事实。如果你不给正在愤怒中的谈判者一个机会来发泄自己的愤怒，他就会变得更加愤怒，或者至少心怀怨恨。更好的办法是鼓励对方把愤怒发泄出来，这样还能够帮助你理解他愤怒的原因。比如你可以说：“看得出来你很愤怒，我想知道为什么。麻烦你告诉我是什么让你如此生气。”关键是一定让对方明白他的愤怒是合理的，而你愿意倾听。**你可以（也应该）去质疑对方的立场，但是不要浪费时间质疑别人的愤怒，尤其是当对方相信自己的愤怒合情合理时。**

策略 3：小心避开情绪问题

几年前，迪帕克的武术教练给了他一个非常好的抵挡对方拳打脚踢的建议：

“最好的抵挡就是让对方打空。”换句话说，如果你用自己的身体来阻止（挡）对方攻击，你是在用力量对抗力量，这种情况下强壮的一方会占据优势。但是如果你能够避开攻击，不被打中，你就可以保持平衡，继续掌控局势。

处理谈判中的情绪也是如此。当对方正在气头上的时候，别往心里去，不要让自己成为他怒火的攻击目标。相反，要理解对方的情绪是对方想法的自然流露。如果他的想法改变了，他就不会愤怒了。你最应该做的就是保持冷静，帮助对方改变想法。避开情绪当然并不容易，尤其当对方开始对你人身攻击，看着就是故意要挑事儿的时候。要避开情绪，可以问自己以下问题：

- 如果我处在他的位置，是不是也会有同样的反应？
- 这是真实的情绪，还是只是对方威胁我的手段？
- 他对每个人都是这样的吗？

如果你能够判断出对方的愤怒是真实的、表演给你看的，或者这是他与人沟通的方式，你就会发现避开情绪、保持冷静其实没有那么困难。

策略 4：帮助对方关注于他们深层的利益点

迪帕克的台球厅谈判中，最困难的部分不是找到对方的深层利益点（继续玩台球同时不失去面子），而是如何让对方意识到自己的深层利益点。愤怒会让谈判者无法聚焦于他们真正关心的内容，你的任务就是帮助他们把注意力从与愤怒相关的内容上转移到那些符合他们利益点的内容上。可以尝试问问这些问题：

NEGOTIATION GENIUS
谈判话术

- 你现在想要怎么样？希望我们做什么呢？
- 你现在更想去做什么？
- 我们如何才能把这件事翻篇儿？
- 在我们继续讨论实质问题之前，有没有其他你想讨论或者澄清的问题？

NEGOTIATION GENIUS
哈佛经典谈判指南

应对愤怒的 4 大策略：

1. 了解对方为什么愤怒。
2. 让对方把愤怒说出来。
3. 小心避开情绪问题。
4. 帮助对方关注于他们深层的利益点

应对威胁和最后通牒

NEGOTIATION GENIUS 谈判案例

贷款风波

迪帕克有一个客户是一家大型农庄的总经理，他最近在和一个大型商业银行就几百万美元的贷款进行谈判。因为和银行行长有私交，嫌麻烦的总经理就没有去找其他银行询价。经过了几个月的谈判之后，协议拟定好了，双方都准备签字了。但是在签字之前，这个总经理在和一个同行业的专家聊天时，偶然发现银行向他们公司收取的风险调整费比其他银行高很多。这个总经理感到非常惊讶，也很郁闷，难道是他银行的“朋友”占了他的便宜？可现在即便是占他便宜，他也没办法去威胁银行说要转投其他银行；几个月前他也许还可以这样做，但现在公司急需这笔资金。重新启动和另外一家银行的谈判代价会非常高。

于是，总经理给银行行长打通了电话，告诉对方他刚刚得到的信息，并且提出修改协议。听到总经理说要修改协议，银行行长非常生气，特别是这个总经理率先“食言”，要违反双方的口头承诺。在电话沟通之后，银行行长写了一封长长的电子邮件，开头就说“价格上没有任何商量的余地”。然后写道，如果总经理不能够接受这个协议，那么他们就要认真讨论一下谈判中透露的哪些机密信息是不能分享给其他银行的。这个威胁是间接的，但是含义却非常清晰——“这个问题没得谈，随便你去找别的银行”。

这位总经理问迪帕克应该如何回复银行行长的电子邮件。实际上，他提出了很多问题：这是一个真正的“最后通牒”，还是只是一个谈判技巧？是应该继续要求一个更好的价格，还是在其他次要问题上要求一些小让步？是应该强硬还是友好？应该继续表达不满，还是保持冷静？迪帕克给了他 3 个策略来应对谈判中的威胁和最后通牒。

策略 1：忽略威胁

迪帕克首先建议这位总经理完全忽略这个最后通牒，假装这句话从来没有听到过。然后回应电子邮件里不那么苛刻、更有实质内容的部分，比如“按照市场利率”、“有竞争力的价格”以及“符合市场标准的收费”等问题。具体来说，他让总经理首先感谢行长同意从市场利率的角度来考虑这个协议，但不要提行长关于价格上没商量这句话。为什么呢？因为如果行长给出这个最后通牒只是因为郁闷、不了解情况或者想要挽回颜面，那么总经理最糟糕的做法就是把注意力重新引到这个最后通牒上，因为这样就让行长没有了台阶可以下。因此，最好的选择是忽略这个最后通牒，给行长一些空间，未来可以撤退。值得注意的是，即使这个最后通牒是真实的，也就是说，即使对方真的不愿意或者不能够给你更多的让步，最好的选择也是忽略它。因为如果你忽略的最后通牒是真实的，那么他们肯定会再提的。

肯尼迪总统在古巴导弹危机中就运用了相似的策略。在危机最严重的时候，他在 24 小时之内收到了赫鲁晓夫两个不同版本的（甚至有些互相矛盾）的信息。一个是“硬”信息，态度非常强硬，是赫鲁晓夫要求美国必须从土耳其撤出导弹，换取苏联从古巴撤出导弹。另一个是“软”信息，态度就缓和很多，是赫鲁晓夫提出苏方可以从古巴撤出导弹，作为交换，美国结束海上封锁，并且保证不进攻古巴。在军事顾问讨论要如何回应两个信息里包含的所有问题时，罗伯特·肯尼迪给出了一个与众不同的建议：忽略那个强硬信息。罗伯特·肯尼迪认为，忽略这个当时美国政府不能够马上答应的强硬信息，同意那个“软”信息，是一个更有效的策略。

通常来说，即使在没有“软”信息的情况下也可以忽略对方的最后通牒。如果对方对你说“这是我们最后的条件，不答应的话就没得谈了”，怎么回应才能忽略这个最后通牒呢？不妨考虑下面这些回应：

NEGOTIATION GENIUS

谈判话术

- 似乎你很难在我们讨论的问题上作出让步。我建议我们先看看协议的其他议题，等我们把所有问题都能解决完了再来谈这个问题吧。
- 看得出来你完全相信自己已经作出了最大的让步。其实，我们也有同样的感觉。希望这意味着我们离达成最终的协议不远了，我们继续共同努力吧。
- 我很理解你的郁闷。因为我们都知道我们是一定能够达成协议的，虽然现在看起来有些困难。你能不能再详细说一下你们的观点，你觉得我们离达成协议还差在什么地方？

你看，这三个回应每一个都忽略了“不答应就没得谈”这个最后通牒。每个回应的目的都是软化对方的话，让最后通牒不再成为谈判中的障碍。实际上，对方是完全可能作出进一步让步的。

策略 2：提前消除对方可能想要给出的威胁

回到贷款谈判的例子，迪帕克的第二个建议是让总经理提前消除银行行长可能想要给出的其他威胁。迪帕克帮助总经理预测了行长在收到他的邮件回复之后可能会给出的威胁和反击，让总经理在这些潜在的回应上提前作好准备。比如行长的一个潜在回应可能是威胁（或者暗示）把谈判时间拉长，因为他知道拖长谈判时间能够迫使总经理就范。考虑到这个可能性，迪帕克建议总经理在电子邮件中这样写："我理解新的议题可能会推迟最终协议实施。如果你也觉得推迟的可能性无法避免，我建议从现在开始就让银行的其他高级管理人员也参与进来。"为什么这句话会消除行长的潜在威胁呢？因为总经理知道，让银行其他高级管理人员参与进来会让行长在银行内部失去威信，因此他肯定会极力避免。

预防对方可能的攻击不但能够对付威胁，对付抱怨也很有效。假设行长真的对重新拟定协议有所顾忌，怕丢面子，因为这样一来他就不得不告诉总经理这个协议没有他以前承诺的那么高效益。在这种情况下，如果你能够指出对方抱怨和顾虑是合理的，会比等对方提出来对你更有利。

NEGOTIATION GENIUS
谈判话术

你可以说："我们理解公司政治和制度上的问题，到这个阶段了，进行合理的调整可能也很困难，但是我们会全力配合来保证尽快完成调整。同时我们也觉得，希望你也同意，最重要的问题是达成一个符合市场行情的协议。"当你抢先说出对方的顾虑的时候，你就一定程度上减轻了对方的敌意。他们可能还是会反击，但是显然不能指责你只考虑自己，或者不理解他们的观点。

策略 3：如果你觉得对方的威胁不存在，要明确告诉对方

如果行长的威胁是存在的，也就是说他真的宁愿不签约也不愿修改价格，那么总经理就没有什么争取的余地了。但是，威胁往往都是不存在的，你也知道他

们不会真的去做，却很难完全视而不见。该怎么办呢？那就尽量用积极和正面的方式让对方知道，因为你理解对方的限制和利益点，你不认为这个威胁是实实在在的。比如，行长威胁谈判破裂，总经理可以这样回复：

NEGOTIATION GENIUS 谈判话术

- **信号 1：你的限制让你不会兑现这个威胁。**“最后一点，关于利率，我们知道你们的一贯政策是根据市场行情来定价。因此，我们有信心你们在重新计算之后，能够找到降低利率的方法。正如你们以前所说的，和你们这样的大银行合作的好处之一就是，我们无须争论什么是公平的，只要看一下市场就可以了。”
- **信号 2：你的利益点让你不会兑现这个威胁。**“显然，这次我们在计算风险的方法上有些出入。但是我们知道，你们和我们一样也在这个协议上花了很多时间，不会因为一个问题就轻易收手。所以让我们一起合作来找到一个让双方都能够满意的解决办法吧。”

这两个回应都很友好很客气，但是都明确告诉行长你不觉得他的威胁（不管是暗示的还是直白的）是存在的。

NEGOTIATION GENIUS 哈佛经典谈判指南

应对威胁的 3 大策略：

1. 忽略威胁。
2. 提前消除对方可能想要给出的威胁。
3. 如果你觉得对方的威胁不存在，要明确告诉对方。

应对面子问题

当你戳穿了对方的威胁不存在、愤怒毫无依据或者没有理由不信任你之后，你的确应该庆贺，因为证明你对了而对方错了。但是事情还远远没有结束。如果找不到台阶挽回颜面，摆脱窘境，对方可能仍然不愿意改变想法或者行为，甚至可能会做出一些保护他们的尊严和自我但是会毁掉价值的行为。

谈判天才不但会给对方挽回面子的机会，而且会帮助他们挽回面子。肯尼迪总统在古巴导弹危机之后不久的一次大学演讲中说道："最重要的是，在维护我们核心利益的同时，我们不让对手因为羞辱感而报复性使用核武器，这种对抗是我们作为核大国所竭力避免的。"

假设你是买方，和卖方谈判购买一个产品或者服务，对方告诉你"这是我们的最低价，不可能更低了"。很快，你们双方都意识到他必须降价你才会买。这里有一些可以帮对方挽回面子的方法：

NEGOTIATION GENIUS
谈判话术

- 我很高兴我终于找到了弥补你的低价的方法，因为我知道你那边也没办法更低了。
- 我知道你已经把价格降到比一般的更低了，非常感激你能够帮我这个忙。
- 很幸运我们能够在价格上达成一致，我知道你已经做到极致了，幸好我们通过组合提案让双方都很满意。

以上每一个回应都给了对方一个合理而且能挽回面子的理由来解释他们改变决定的行为，从而降低了对方坚持最后通牒的可能性。要改变一个公开宣布过的决策或者行为，你的对手一定需要一个理由。如果他们找不到，而你能帮助他们给出一个有说服力的说法，那就再好不过了。但应该指出的是，如果你从一开始就忽略了对方的最后通牒，这些回应就不是很必要了。

还有一点值得强调，那就是不但你的对手需要考虑面子问题，如果你继续穷追不舍，你也很可能会失去面子，损失利益。因此，当你卷入一个纠纷的时候，不要把你的自我也卷进来，不要让你的自我成为谈判的一部分。这意味着不要轻易给出空洞的威胁或者最后通牒；同时也意味着，在指责一个人是骗子，随意发泄愤怒或者锁定在一个你某一天可能会放弃的立场上之前，你应该仔细思考一下可能的后果。谈判天才懂得避免这种行为，而去关注那些能够达到同样目的且风险小的替代选择上。与其指责对方是骗子，不如让对方给出证据。与其发泄愤怒，不如告诉对方你很生气。与其发誓你永远不会从一个立场上退缩，不如锚定得更激进一些，并为你的锚定提供充分的理由。

好看和好用

我们这里介绍的很多处理高难度谈判情境的策略和技巧，可能和你在好莱坞电影里看到的很不一样。在很多电影或者教科书里，主人公常常玩火，喜欢掀桌子，以暴制暴，绝不退缩。这些行为在大屏幕上看起来效果不错，但是在现实中往往并不实用。谈判天才对待“难看”的谈判和对待“漂亮”的谈判是一样的，都是用侦探式的方法去探究对方深层次的利益点。我们再次引用迪帕克的武术教练的话：“如果你处于危险之中，不要用旋风腿攻击对方的脸，而是攻击他的膝盖。一脚踢在脸上看起来很过瘾，但是踢他的膝盖能救你的命。”同样的原则在这里也适用——把表演留在舞台上，把谈判天才带到谈判桌上。

第 13 章

什么情况下不要谈判

NEGOTIATION GENIUS 谈判案例

因偷粪引发的诉讼

这个故事发生在 2005 年 4 月 1 日，是的，就是愚人节那天。虽然故事听起来可能很怪异，但的的确确是一个真人真事。起因是哈佛大学经济系的某个教授想要搞一些粪肥。多年以来，这个教授经常从他的百万豪宅驱车到 16 千米外的一个农场，用铁锹把粪肥装到自己的卡车车斗里，再载回去用在自己的花园里。当然，即使是粪便，从别人的地盘上不告而取也是违法的行为。但是有证据证明这个教授并不知道自己这些年来一直在违法。不管怎样，在 2005 年 4 月 1 日这天晚上，他终于意识到自己惹了大麻烦。在他开着装满了粪便的卡车准备离开的时候，农场的一个工人发现了他，迅速锁上了大门。这个人是农场主的外甥，他对教授的行为非常气愤，威胁说要报警。这个时候，就要看教授的脑子转得有多快了。他现在有两个明确的选项：一是依赖自己的人际交往能力（道歉、表示无知并承诺给予补偿等），另一个就是利用自己作为经济学家所学的专业。他决定走后一条路。

教授认为自己卡车里的粪便的价值不超过 20 美元，于是提出给工人 20 美元。农场工人听了之后更加恼火了。教授觉得自己提出的价格已经超过对方的底线了，因此对对方的反应颇为不解。不管是出于什么原因，他又提出给对方 40 美元。于是，工人就报了警。教授被起诉，罪名是擅入私人领地、盗窃和恶意破坏他人财物（是的，我们说的仍然是粪便）。但是，教授所要担心的很快就不仅仅是这些罪名了。这个新闻传出去之后，迅速在本地、全美乃至全世界的媒体上开始热播，就连杰·雷诺（Jay Leno）都在他的脱口秀节目里取笑这位教授。

这个教授错在了哪里呢？显然，他首先错在没有意识到自己在偷粪。但更糟糕的是，他忽视了那些警告他不要去谈判的信号。如果教授意识到了自己的最佳备选方案（“如果谈判不成，我就要面对诉讼的麻烦和公众的指摘”）有多糟，而对方的最佳备选方案有多强（“如果谈判不成，我就报警”），可能就不会去讨价还价了。另外，当看到农场工人那么恼怒时，教授本应该意识到他的“谈判”看起来更像是贿赂，只是在火上浇油。最后，即使是认为给钱能够解决问题，为什么给那么少呢？考虑到事情的严重性，对方最佳备选方案的强大，以及对方的情绪反应，更好的办法是直接道歉，表示不知情，然后问农场工人多少才算是足够的补偿。然而，教授决定去谈判，结果就一发不可收拾了。

本书的目的是帮助你提高谈判能力，教授你所需要的工具来为自己和关心的人争取更好的结果。本章的标题虽然是“什么情况下不要谈判”，但是本章的目标仍然是提升你的谈判能力。这是因为任何领域的一个核心技能都是理解和认识自己的局限。读了本书，你可能会迫不及待地想到处去尝试这些新学到的谈判技能，针对各种人和各种情境，看看是否能够得到你想要的。

我们的建议是，要循序渐进。你必须明白，在一些敏感的情境下，那些强势的谈判技巧只会把事情搞得更糟，而那些“软”技能（倾听、理解、共情等）反而有更广阔的应用范围。要成为一个谈判天才，你不但需要知道如何去谈判，还要知道什么情况下才去谈判。

具体来说，如果遇到以下情境时谈判可能就不是很好的选择：当谈判的成本大于可能赢得的效益；当你的最佳备选方案非常差（而且大家都看得出来）；当谈判会给对方错误的信号；当谈判对双方关系的潜在伤害大于谈判本身的价值；当文化背景不支持谈判；或者当你的最佳备选方案比对方能够给出的最佳方案还要好。本章就将帮助你更好地理解和策略性地应对这样的情境。

当时间就是金钱时

很多年前，马克斯曾在泰国曼谷讲授谈判课程。很自然地，学生们开始好奇马克斯只是一个学术派，还是真的具备在现实当中谈判的能力。因此，每节课的开场都差不多，一个学生会问马克斯前一晚去了哪里，然后问他打出租车花了多少钱。当时在曼谷，人们在上出租车之前都会和司机讲价。学生们很容易就可以判断出马克斯支付的是本地人的价格还是外国人的价格，又或者那些缺乏实际谈判能力的人的价格。不出一周的时间，马克斯就已经对出租车市场比较了解，能谈到很好的价格，可以时不时跟学生们秀一下了。

后来，马克斯的夫人玛拉也来到了泰国。她到的那个晚上，两个人走了很长的路去一家很不错的餐厅吃晚餐。晚餐之后，马克斯在餐厅门口叫了一辆出租车，用蹩脚的泰语告诉司机要去的地方。司机要价 70 泰铢（当时大约 2.80 美元），这是一个非常高的价格。马克斯还价 30 泰铢（1.20 美元），这是当地出租车的最低价，马克斯坐过一次类似的路程给的就是这个价格。司机马上还价 50 泰铢，马克斯继续坚持 30 泰铢。于是司机离开了。

马克斯叫了另外一辆出租车，告诉了要去的地址。司机要价 50 泰铢，比刚才那个司机的要价合理很多。马克斯还是还价 30 泰铢，司机降价到 40 泰铢，马克斯重复了 30 泰铢。司机又走了。

这个时候，飞跃了半个地球的玛拉已经筋疲力尽了，问马克斯是怎么回事。马克斯解释说出租车司机要价 1.60 美元，而他知道自己能够把价格讲到 1.20 美元。玛拉非但没有因此觉得马克斯很了不起，反而十分恼怒。她说你现在就把我带回去，那 4 毛钱我出了。马克斯本想解释一下拿到一个好的谈判结果第二天上课讲给学生听的重要性，但是决定不去纠缠这个问题了。这件事让马克斯得到了一个重要的教训：他不但忽视了自己的时间价值，而且更重要的是忽视了玛拉的时间价值。

谈判者总是过于关注“得到一个好的结果”或者“在谈判中取胜”，却忽视了他们在追求公平或者胜利上所耗费的时间价值。因此，他们经常会浪费时间在那些微不足道的谈判上，而不是去做更重要的事情、完成别的任务或者单纯放松一下。很多谈判者声称自己非常忙，总是没有足够的时间，但同样就是这些人无法合理安排自己的时间。如果你也常常觉得时间不够，不妨考虑一下如何分配你的精力才能得到最大的回报。把主要的精力放在那些关键的谈判而不是细小的问题上。就比如出租车这种要价已经比较合理了，没有必要过于纠缠。

遗憾的是，即使意识到了时间是有限资源，不应该浪费，也不代表人们就能够及时作出改变。因为在我们成长的过程中，有太多“培养”我们去犯这些错误的事情。比如不同的文化都会教育我们要争取最好的结果、不要浪费、避免受罚、把碗里的饭吃光，等等。这些建议有什么问题呢？

这些说法本身通常是没有问题的，但有时候却会让我们作出非理性的决定，毁掉价值。这曾真实发生在迪帕克的身上。有一天晚上，迪帕克的妻子诗卡让他去还头一天晚上租的 DVD。截止时间是午夜之前，如果不能按时归还就要交罚款。问题是迪帕克正在客厅里舒舒服服地坐着，根本就懒得起来，再换上衣服开 3 千米的车去还 DVD。于是迪帕克说，他宁可第二天上班路上去还，交 3 美元的罚款也无所谓。诗卡却不这么认为，她认为迪帕克就是懒。

迪帕克建议诗卡换个角度来看这个情境。他说："假设没有 DVD 或者罚款。假设有人站在音像店的外面，给每个过路人 3 美元。你会不会让我为了这 3 美元起来，换衣服，开 3 千米车去拿？并不会！如果在那种情况下不值得为 3 美元费这个周折，现在也同样没有理由让我起来去折腾一趟了。"

诗卡同意了迪帕克的解释，但是一如既往，她又进了一步，说道："也许下次我们应该提前计划好，这样就不需要在浪费时间还是浪费金钱之间进行选择了。"事实上，她指出迪帕克如果在早上上班的时候就还掉 DVD，不仅可以避免罚款，也可以享受这个放松的夜晚，而且还省了这段对话。但是迪帕克认为那样既无趣又没有启发性了。

如同这个故事所讲的，我们经常错用了一些似乎有道理的规则（比如争取最好的结果、不接受不公平的结果、避免罚款等）而低估了时间的价值。另外，正如诗卡给出的解决方案所呈现出的，如果一开始就准备得很充分，完全可以做到既保证理性决策，又避免这些不愉快的交流。

当你的最佳备选方案极其糟糕，而且大家都知道时

我们两个人都在哈佛做教授，经常会有二年级的 MBA 学生来问我们应该如何就工作机会进行谈判。通常情况下，学生会先坐下来跟我们分享他们得到的好机会，公司很好，地点也好，老板也不错，工作内容也不错。我们会恭喜他们得到了这么好的工作机会，然后问我们能够提供怎样的帮助。他们会解释说只有一点不好，就是薪水偏低，而且感觉很多朋友都拿到了别的公司更高的薪水和更好的机会。

这个时候，我们会问一个他们前一年谈判课上已经被问惯了的问题："你的

最佳备选方案是什么？你还有别的的工作机会吗？”他们总是会抱怨说，如果有很多其他的机会，谈判就会容易很多，他们也就不需要我们的建议了。所以问题就是他们只有这一个工作机会，而且公司也知道这个情况（或者很快就会知道，因为学生会说实话）。

这些学生应该如何就提高薪水展开谈判呢？当然，我们给出的建议会因为情况的不同而略有不同，但有一个几乎是通用的，也总是会让学生们感到惊讶。根据第 11 章里迪帕克的故事，我们会建议学生打电话给公司，表达自己对得到这个工作机会激动的心情，并接受这份工作。然后，他们应该请新老板帮个忙，“能否麻烦您查看一下哈佛 MBA 毕业生的薪酬数据？我希望您能考虑一下薪水是否能够更高一点，更公平一些”。最后，他们还应该声明，不管薪水是否提高，都不会改变他们加入公司的决定，他们一定会接受这个工作。

学生们常常表示反对，认为先接受工作会让他们在谈判中失去太多的筹码。“你说的筹码指的是什么呢，”我们会这样问，“如果你决定和这个公司谈判，你的最佳备选方案是继续找工作，而公司知道他们给出的已经高于你的底线了，这就是说你本来也没有什么筹码。”在这样的情境下你就不应该去谈判，而是主动求助以彻底改变沟通的性质。

这个建议有帮助吗？回想一下当年迪帕克和那个他心仪的公司谈判的例子。他当时的策略就是谈判之前先接受工作，然后努力让公司的执行合伙人喜欢他、愿意帮助他，并且找到理由提高他的薪水。结果就是在合伙人和人事经理都说过薪水不能改变之后，起薪仍然增加了 10%。

当谈判会发出错误的信号时

史蒂夫是一家效益非常好的会计公司的高级经理。有一天早晨，他突然接到了公司董事长的电话。“他为什么会打电话找我呢？”史蒂夫很惊讶，因为他们从来没有见过面，也没有说过话。董事长告诉史蒂夫他打算在公司内部作一个很大的调整，重建高管团队，一些人会离开，一些新人会加入。董事长约他第二天面谈。第二天，双方才聊了几句，董事长就提出邀请史蒂夫加入高管团队，一下子让他在公司内晋升三个级别。

大多数公司的大多数员工听到这样的机会都会非常开心，但史蒂夫的情况则不太一样。他现在不仅月薪很高，而且还是一个非常好的奖金池计划的成员，一般情况下他的奖金是年薪的三倍左右。新的职位虽然是在高管层，但是收入可能会缩水很多。董事长并没有提到薪酬，史蒂夫也不敢确定董事长是否知道这个新岗位的薪水。当然，史蒂夫对这个机会非常兴奋，但是也非常担心收入减半甚至更糟！怎么办？要不要问一下他将会得到的薪酬？要不要告诉对方自己现在的收入来锚定谈判，看一下对方的反应？还是应该要求更多的时间来考虑，然后从其他渠道获得更多的信息？或者应该现在就接受或者拒绝这个工作？

这里可能没有一个正确的答案。但是我们来看看史蒂夫的做法。更重要的是，去体会一下背后的理由。

考虑到董事长这么快就提供了工作机会，而且要见面跟他详谈，史蒂夫觉得董事长想马上得到一个答复。另外，董事长选择不提薪酬的问题，史蒂夫认为有两种可能：要么董事长对薪酬足够有信心，要么他怕史蒂夫单纯为了钱来作决定，因此故意不提。考虑到董事长不断强调“建立一个有共同愿景的团队”，史蒂夫觉得更有可能是后者。如果是这样，也许这个时候提出薪酬的话题就是一个很糟糕的选择。

史蒂夫得出的结论是现在不是好的谈判时机。一方面，即使薪酬很低，他在新的位置上证明了自己之后再谈薪酬会更有说服力。如果到时候谈不成一个更好的薪酬，他也许会后悔，但他认为自己能够承担这个风险。更重要的是，在现在的情况下，谈判会给对方一个错误的信号，会让对方认为他更看重钱而不是加入高管团队来帮助重塑整个公司。

史蒂夫对董事长说，显然关于新工作还有很多需要了解的内容，但是他认可董事长的愿景，非常高兴能够加入团队。他补充道："我完全相信您会帮助我过渡到这个新的岗位，希望这个过程对我们双方来说都是成功并且是有回报的。"

后来，史蒂夫的一些同事认为他当时应该就薪酬进行谈判，因为董事长专门来找他，证明他当时处于一个非常有利的位置。

史蒂夫回答道："也许我的确应该去谈一个更好的薪酬，也许我以后会后悔当初有机会的时候没有选择去谈判。但是我更确信，董事长是一个我将要建立亲密关系的、对我的未来有很大影响力的人。通过这个表现，我向他发出的是一个正确的信号，就是我是一个有团队精神的人，我信任董事长，我不是只为了钱。"

结果呢？在升职后，史蒂夫的薪水的确是原来的一半，但是拿到了足够的奖金、股权以及发展空间，最终他的收入实际上翻倍了。

史蒂夫决策背后的推理过程告诉我们，谈判过程中总是会发出一些信号。通常情况下，开始谈判所发出的信号是，我要求更多的回报，然后才能答应对方的要求。大部分时候这个信号没有问题。但是在有些时候，开始谈判所发出的信号是你不信任对方，或者你只在意能够从交易中得到什么以及这个交易本身的价值，而不是双方的关系。

如果你认为谈判会发出错误的信号，你有三个选择：

第一，谈就谈了。如果你认为谈判得到的东西高于发出错误信号的成本，那么就应该谈。

第二，改变信号。你也可以去主动管理对方的看法。例如，史蒂夫可以这样开始关于薪酬的话题："这个工作机会让我非常兴奋，我非常感激您的信任。但是在答应之前我还有几个问题。相信您一定可以理解，我想知道您是否能够分享一些关于我的角色、责任和薪酬的进一步的信息？关于薪酬，我不希望您有别的想法。我并不是看重数字，但是我有三个孩子，有些事不得不考虑。我们可以讨论这个问题吗？"这样开场白之后，史蒂夫就可以自然地开始关于薪酬的讨论，同时也不会让董事长太不高兴。

第三，不谈。如果你认为负面的信号成本太大，而且也很难改变这个信号，你就应该像史蒂夫一样选择不去谈判。

当谈判会影响关系时

沙朗和马克买了一块地，要建他们的梦想之家。建这所房子让两个人的预算很紧张，但是他们进行了周密的计划，努力找到各种省钱的办法。当地报纸上做广告说有一个"教你如何省钱"的培训课，沙朗和马克幸运地参加了。老师告诉他们，让更多的人参与竞价会降低价格。于是，他们把建筑方案拿给了 8 家工程公司，并且非常高兴地发现有一家工程公司的价格最低，比倒数第二低的那个还低 10%。

这个谈判课程看来是物有所值了。沙朗和马克讨论以后认为，如果这家工程公司迫切想要这个项目，也许还能够作出更多的让步。于是在面对面谈判的时候，他们提出了进一步降低价格。最初，工程公司拒绝了。但是当沙朗和马克暗示当天就可以签字，并且拿出了一张定金支票放在桌子上（谈判课上学到的另一个技巧），然后又威胁要去找别的公司的时候，工程公司不得不重新考虑。公司老板考虑到要留住他的员工，于是同意再降 3%，摇着头抱怨完全没有利润了。沙朗和马克似乎得到了他们能够想到的最好的谈判结果，价格也触及了工程公司的底线！他们太高兴了，以至于完全没有注意到工程公司老板失落的神情，他觉得自己被算计了，对整个谈判很不满意。

在合同签订之后，沙朗和马克又想出了很多改进的点子。他们带着这些小调整找到工程公司，却吃惊地发现工程公司索要的价格非常高。沙朗和马克要求降低价格，这一次工程公司拒绝作出任何的让步。虽然开始的价格非常低，但是现在的价格不断地升高，不光是因为他们想要做出的这些调整，还有木材成本的上升（合同规定木材费用按市场时价）。而且每次和工程公司沟通都很费劲，对方仍然在抱怨利润率太低，而沙朗和马克又对价格飙升极其地恼火。

当工程公司告诉他们还有大约三个月就可以交房的时候，沙朗和马克卖掉了他们的旧房子，安排好在新房的预期完工日交房。结果，新房子没能按期完工，沙朗和马克不得不临时找地方住。他们一遍遍地催促工程公司早日完工，工程公司每次都说是合作方造成了延误。沙朗和马克去看了合同，里面没有写关于延误的条款。

在临时住处住了 9 个星期之后，沙朗和马克终于搬进了他们的“梦想之家”。刚开始他们对房子很满意。但是越住遇到的问题就越多，冬天的时候暖气坏了，两个家用电器经常出问题，有些木工活还没有做完，墙上也开始起裂纹。有些项目在保质期内，有些不在。工程公司对那些保质期内项目的维修也不积极，毕竟他们已经拿到了所有的费用。在一次激烈的争吵中，工程公司的人直截了当地说：“我知道我们有义务维修墙上的裂纹，但是没有义务就你们的方便。”

至此，沙朗和马克对建了这个“梦想之家”感到后悔不迭。其实他们之前的房子就足够用了，也没有这么多麻烦。

为什么这件事变成了一场灾难呢？沙朗和马克的确谈成了一个极好的价格，但是得到的却不是一个他们想要的房子。他们过于关注价格，甚至为此放弃了很多其他重要的议题，比如完工时间和建筑质量。更重要的是，他们在价格上的要求太过分，毁掉了和对方的关系。当沙朗和马克最初收到了对方的低竞价时，他们其实应该直接接受，然后在一些问题上“友好”地谈判，比如如何处理方案调整，要不要加一个误工条款，或者提供按时完工奖励等。沙朗和马克在价格谈判上做得很好，但是如果他们没有把价格逼到工程公司的底线，可能就能够得到一个更好的总体价值了。

我们在讨论沙朗和马克应该如何谈判的同时，不妨回想一下第 1 章中爱因斯坦和普林斯顿大学谈判的案例。爱因斯坦要求年薪 3 000 美元，普林斯顿还价给他 15 000 美元。普林斯顿决定给爱因斯坦一个合适的薪酬，而不是接受（或者讨价还价）他给出的很低的价格。这个决定是正确的，当然不只是因为对方是爱因斯坦。很多时候，公司都需要面对一个选择：是用刚刚好的工资来保留员工，还是支付一个更公平或者更慷慨的薪酬。除了道德层面的考虑之外，一家公司（以及沙朗和马克这样的消费者）应该有一个长远的视角，建立一个公平的名声，愿意考虑谈判对手的利益点，这些无疑都是会让公司长久受益的。

当谈判是文化禁忌时

我们再次回到马克斯在泰国和出租车司机谈判的例子，看看同样的做法回到波士顿以后是否仍然行得通。假设马克斯回到美国，出了机场，排队等出租车。出租车到了以后，马克斯问司机到他在剑桥的家要多少钱。司机说这要根据出租车上的计价器计价，估计差不多 20 美元。在其他旅客耐心等待的时候，马克斯开始讨价还价。他还价 10 美元。司机听了以后一顿怒骂，开始召唤出租车站的管理员。管理员把马克斯揪到一边，警告他要么乖乖坐车，要么就换个方式回家，总之不能妨碍其他旅客。

马克斯会因为这个谈判的失败而感到惊讶吗？当然不会。同样，如果在杂货店里不能和店员就一瓶水的价格来谈判，他也不会感到惊讶。马克斯在泰国所见到的那些当地完全接受的行为在美国就会被人笑话，甚至十分无礼。值得一提的是，有时候我们的学生会分享他们就一些“不可谈判”的东西（比如星巴克的一杯咖啡）成功谈判的故事。你可能还记得迪帕克的妻子诗卡成功地和一个波士顿出租车司机谈判的故事（见第 3 章）。但是，这样的谈判在大部分情况下是不会成功的，因为文化上不允许。

在我们自己的文化环境中，我们很清楚哪些行为符合社会规范，哪些不符合。我们对自己文化的了解告诉我们，如果一个聚会晚上 7 点开始我们应该几点钟到，饭后是否可以打饱嗝或者亮鞋底，以及很多其他的行为规范。我们对自己文化的了解还会告诉我们什么时候是可以谈判的，什么时候不可以。但是在其他文化里，我们就经常破坏人家的规则。假如马克斯在曼谷的时候，出租车司机出价 70 泰铢他直接答应了，那么他不但付钱过多，而且还给司机奉献了一个机会向朋友分享一个无知外国人的好笑故事。在一些文化背景下，锚定得非常高，然后再往下谈是可以接受的；而在其他的文化背景下，改变最初的锚定会让人认为你一开始就在撒谎或者太过贪婪。

那么，如何判断在某一个文化里是否可以谈判呢？如何在不同的文化里开始一个谈判呢？回答这些问题的第一步永远是作好充分的准备。在你出发之前，多向在那个文化里做过生意或者来自那个文化背景的朋友请教。尽量了解对方的文化，包括哪些话可以说哪些不可以，哪些问题可以讨论哪些不可以，什么情况下可以提出重要的问题，如何建立融洽和信任，如何管理地位和尊重以及人们通常锚定的力度。提前知道得越多，你就越有准备，越能够有效地谈判。

即使你对对方的文化不是很了解，也不用绝望。假设你需要到一个完全不了解的国家去谈判，你对当地的文化和社会规范一无所知。怎么办呢？你可以直接让对方教你。我相信世界上绝大多数人都不会被下面这样的要求冒犯到，甚至可能会更感激：

NEGOTIATION GENIUS
谈判话术

"你知道，我们从来没有在这个国家做过生意。这也正是我们对此次面对面对话感到如此兴奋的原因之一。但是，这也意味着我们有时候的表达方式可能不够正确。如果我们说了或者做了什么看起来不恰当的举动，希望能够得到你们的谅解。我们可以保证不是故意要不尊重你们。虽然免不了偶尔会出岔子，但是我们学得很快。也许你们也被我们传染紧张了，但是我们十分理解你们的善意。我认为如果我们双方都能开诚布公地讨论问题，问问题，保持耐心，就一定会有一个好的结果，你们一定也是这样想的。而且，我们不但很珍惜这次合作的机会，而且非常期待学习你们的文化。"

如果你的谈判对手说了这段话，你会作何反应？基本上你肯定会欢迎对方的善意，自己也会更放松、更舒服。但是，很多人在跨文化谈判中会选择"装"，或者依赖偏见，或者完全忽略文化的因素。当然，这些一定赢不过我们在第 3 章所提出的侦探式方法：你如果不知道什么，就去学习。

当你的最佳备选方案比对方能够给出的还要好时

1981 年，罗杰·费希尔（Roger Fisher）和威廉·尤里（William Ury）出版了一本小书，题目是《谈判力》（*Getting to Yes*：*Negotiating Agreement Without Giving In*）。你也许听说过，这本书后来成了畅销书。在此之前，绝大多数关于谈判的著作关注的只是如何保护"你"的东西，而从"他们"那边得到的越多越好，很多人对此称为"胜负谈判"（win-lose）。相反，《谈判力》一书则积极鼓励双方合作，以期促成"双赢"（win-win）的结果。

不可否认，《谈判力》给整个社会带来了非常积极的影响。但是对它的拥趸来说，这本书似乎制造了某种倾向，就是大家"永远努力达成协议"，似乎僵局或者"不成交"就等于谈判的失败。但是事实上，有些谈判你就不应该谈成！当你的最佳备选方案比你当前的谈判对手所能够提供的所有提案都要好，这时候“不成交”就是两个理性的谈判者应该寻求的结果了。而且，你应该尽快让谈判“不成交”。那么，如何才能知道“不成交”是最好的结果呢？可以关注下面这些信号：

- 你告知了对方其他公司的条件，他们无法达到。
- 对方不去努力满足你的需求，而是竭力说服你你真正的利益点和你自己想的不一样。
- 对方似乎更想把谈判时间拉长，但不是为了交换信息、建立关系或者构建协议。
- 不管你怎么问，对方就是不回答你的问题，也不探求你的需求和利益点。

这些情况下，就没必要为了谈判而谈判，或者花太多时间去发现那个并不存在的协议区间了。没有协议区间就不应该有协议。与其努力达成协议，不如去启动最佳备选方案。

谈判天才难道不可以就任何事谈判吗

全书中我们一直在强调，通常情况下，谈判能够让你创造出比备选方案更多的价值，这时才应该达成协议。但是要记住，并不是生活中所有的事都可以谈判。多去思考谈判的背景、涉及的关系以及你在谈判桌外的备选方案，你很快就会精通什么时候应该谈判，什么时候应该直接接受协议，以及什么时候应该离席走开。可能有一些谈判“专家”会告诉你“什么都可以谈判”。也许你的确可以做到，但是并不意味着你应该去这样做。比谈判更重要的事有很多很多，谈判天才就能够辨别和利用这些备选方案。

结 语

做个非凡的谈判天才

几年前，我们两个中的一个曾坐在一位非常知名的谈判教授给 MBA 学生开设的谈判课堂上。那是一个学期的最后一堂课，那位教授不断地称呼自己的学生是“谈判天才”(“现在你们都是谈判天才了”)。我们觉得这是非常不妥的。这些学生不是天才，至少当时还不是。他们中的一些人有可能永远也不会是谈判天才，然而那最后一课却被当成学习谈判过程中的最后一站了。相反，我们就没有这样的错觉。我们认为阅读这本书只是你成为谈判天才的第一步。

回想一下第 6 章里，我们区分了经验和技能。你多次重复参与一个活动（比如谈判）就能获得经验，但你必须把经验上升到战略和概念层面之后才算有了技能。然而，很多人总是把这两个概念混为一谈，错误地认为谈判经验无数就足以让他们称为天才。

我们的一个高管学员最近告诉我们，他事先并没有料想到能够从谈判课程上学到这么多的东西。多年以来，他积累了无数的谈判经验，觉得自己“什么都见过了”。为了证明经验的优越性，他甚至引用了本杰明·富兰克林的话：“经验是一个珍贵的老师。”（Experience is a dear teacher.）可惜，他误解了富兰克林的观点。富兰克林在这句话里用“dear”这个词所表达的意思是“昂贵的”，而不是“珍贵的”。看看富兰克林说的原话你就明白了：“经验是一个昂贵的老师，但是笨蛋只会从这里学习。”（Experience is a dear teacher, but fools will learn at no other。）的确，经验对成为谈判天才是极端重要的，但是光有经验是远远不够的。

那些被教授称为天才的学生，和那些已经有 20 年经验的谈判者，以及正在阅读本书的你都有一个共同点：单就谈判来说，你们在某些方面做得很好，某些方面则很差。成为一个高效的谈判者，或者说谈判天才，最好的方法是深入地思考和分析我们所推出的框架。只有把经验和理念结合起来，你才可能成为天才。

你会讲述哪一个故事

请你回忆一个最近达成协议但是协议很差的谈判情境。现在，假设你在向老板、同事、朋友或者配偶抱怨这场谈判。你会如何描述你的结果？这里有一些我们从谈判者那里经常听到的解释：

- 对方说他们从我们的竞争对手那里拿到了更好的条件。我实在是没有什么其他能做的了。
- 市场在和我们作对。
- 根本没有时间去争取更好的结果。

下面是一些我们极少听到的解释：

- 我没有进行系统的准备。
- 我们团队协调得不够好。
- 谈判之前我没有收集到足够的信息。
- 我还没想清楚就提出了条件。

理解这两组解释之间的区别是非常关键的。第一组都是外归因。失败的原因都在你的控制范围之外。问题出在情境上，而不是你所做的或者是没有做的。相反，第二组都是内归因。如果你换一种做法，结果可能就不同。当我们回顾成功的时候，我们总是迅速归因给那些我们能够控制的因素。但是当我们思考失败的时候，我们常常会想办法来外化责备。

好消息是这种外归因可以让你在老板面前挽回一点颜面，也会让你觉得这个不好的结果不是你的错，你已经尽力了。坏消息是这个不好的结果其实至少有一部分是因为你的原因，也就是说，你并没有完全对自己和他人以诚相待。很多时候，出现不好的谈判结果都是因为你处在一个比较困难的情境中，然后你没有处理好。更糟糕的是，当你把失败归因于外部因素的时候，你几乎不可能从经验中吸取到教训，从而进一步提高谈判能力。

作为一个谈判者，你需要作出选择，你是想要自我感觉良好还是想要学习和进步？因为你已经读到了本书的最后一章，我们认为你是想进步的。那么，你的目标就应该是找到办法把本书里提出的原则、策略和技巧应用到你的日常生活中去。我们会在这里给出几个方法。

至善不佳

有个说法叫作“至善不佳”（perfect is the enemy of good），适用于个人成长的很多领域。如果你想把事情做得又多又快，你就会不堪重负。比如你可能想记住本书中所有有用的想法和策略，为你下一次谈判中的各种可能性做好准备。如果你这样做了，就一定会失望，也将无法发挥你的潜能。

除了意识到缓步（而不是匆匆忙忙的）提高的好处之外，你还必须预判到前行道路上必然会遭遇的各种障碍。你可能会发现原来自己不愿意去冒险，过于安于现状，很难去尝试新的想法和策略。你也可能会发现，由于周围人对你的想法和做法的期待，你很难改变自己一贯的风格。还有一个可能就是你根本没有时间来改变。其实所有这些障碍都是非常正常的，你必须直面它们。这些障碍并不能够定义你，也不应该阻碍你的改变和提高；这些障碍只是意味着你和所有人一样，都有弱点。那么，如何才能克服这些常见的障碍，有效地利用本书的观点，实现提高呢？

这里有一些你可以遵循的具体步骤，会帮你把读到的那些核心的谈判理念和策略运用到实际的谈判当中。

- 复习一下本书或者你的读书笔记，列出所有你打算在自己的谈判中尝试的策略和技巧。然后，找到哪些是需要进一步思考的，哪些是可以马上使用的。
- 在那些需要进一步思考的策略里，具体挑选一个接下来几周内你会去思考的。在你的日程表上留出一些时间来深入思考以下问题：如何能够把这个策略应用到谈判实践当中？它的优点是什么？弱点是什么？如何把这个策略纳入你到思维体系当中？然后，用同样的方法逐一地思考所有其他的策略，一周一个。如果某一周你有足够到时间探索更多的想法，把这些想法加到你的列表上。
- 找到一些能够与你讨论这些谈判策略的朋友或者同事。让他们担当起“魔鬼代言人”的角色，质疑你对这些策略的运用以及你的谈判计划。在朋友或者同事身上尝试这些谈判策略不但能够增加你对谈判实践的信心，而且能够帮助你识别出可能忽略的错误。
- 对于那些你准备好了马上使用的策略和技巧，思考一下你正在进行中的或者即将要开始的谈判，把要如何使用写下来。上了谈判桌要避免“讲到哪想到哪”，永远提前作出翔实、细致的计划。

- 谈判结束之后，思考一下那些你本可以使用但是没有使用的策略。思考一下将来可以如何使用。

- 时不时地重温一下本书，看看是否有其他的想法、策略或者技巧和你当前或者未来的谈判相关。

创造一个适合天才的环境

有一家中型企业的老板是我们的高管学员，他对谈判课程的内容非常认同，很想让公司所有的员工都掌握课上学到的策略。结业一年后，他回访了迪帕克，告诉他在过去这一年里，自己花了很多精力来教育公司员工，但是效果并不是很好。他对问题的描述是这样的：

> 我们公司有两个部门，“开门人”和“关门人”。开门人的任务是开拓新客户。一旦新客户对我们的产品和服务产生了足够的兴趣，就被转给关门人。关门人的任务是签订合同。当我试图教给员工侦探式谈判、争取价值和创造价值这些理念的时候。奇怪的事情发生了。开门人都能够迅速地领会这些内容，非常兴奋地把这些新的策略应用在和潜在客户的沟通上。但那些关门人则不然，完全接受不了。他们看着我就好像我在胡说八道，然后回到工作岗位上什么改变也没有，还是尽最大可能去妥协着签约，根本争取不到价值。他们似乎完全不能理解争取价值和创造价值这些理念的精髓！

这个高管琢磨着是不是自己在招聘的时候招了开放的人去做开门人，而招了保守的人去做了关门人。迪帕克问在他的公司里大家是不是公开称这两类人为开门人和关门人。高管回答说：“是的。”迪帕克又问：“那关门人去努力签约有什么好奇怪的？”高管不太明白他的意思。于是迪帕克又问他：“你觉得关门人在工作的时候最怕的是什么？”高管想了一下，说：“失去生意。”迪帕克又问关门人的奖励机制是什么。果然，关门人的奖金和他们签约的数量直接挂钩。

这就是问题所在。公司告诉这些员工他们的任务就是签约，他们的奖惩也和签约数量直接挂钩，但是老板却在为关门人没有努力去争取价值感到诧异。这些关门人有什么理由去冒失去生意的风险呢？

这个问题在现实中非常常见。经常是，我们的员工和同事既有能力来学习新的技能，也有动力来改变自己，但是公司的文化和奖励机制限制了我们的改变。要在现实中应用本书的理念，你就需要一步步地消除这些限制。如果你在决策层，那么重新评估一下你们团队、部门或者整个组织的文化和激励机制。如果你发现这些机制阻碍了你所期望的改变，你就应该果断进行变革。如果你不在决策层，但是你能够看到组织的文化和激励机制成了变革的障碍，你可以考虑帮助那些有能力作出改变的人来理解这个问题。

消失的圈子

当 MBA 学生和高管学员注册谈判课程的时候，他们通常对生活中哪些内容是“可谈的”有一些固化的认知。通常，他们认为可以谈判的“圈子”内容包括买卖房产、车或者公司，和街头小贩讨价还价，和老板谈薪酬等，然后就没什么别的了。他们期待着能够学到在这些谈判中更为有效的技巧。但是随着课程的深入，我们会讨论在很多不同情境下谈判的策略和技巧，他们眼中“可谈的”圈子就在不断地扩大。越来越多的问题和冲突看起来都可以谈了。学生们常说他们感觉自己越来越强大。但是，有没有一个终点呢？这个圈子到底能有多大呢？

如果你在上了谈判课或者读了本书之后的几个月或者几年时间里，能够不断深入思考我们所提出的理念和观点，那么你最终会发现，这个圈子可以是无限大。换句话说，圈子整个消失了，再也没有什么可谈与不可谈的区别了。你会发现自己学到了一系列人类交往的基本原则，这些原则并不只是关于买卖、建立合作、达成协议、纠正偏误，等等。那些活动只不过是一些能够应用这些原则一部分“载体”而已，事实上，所有和那些通常是善意的但是又有着不同的利益点和观点的人之间的沟通都可以使用这些基本的原则。

谈判天才就是那些发现这个圈子消失了的人。因为对他们来说，这些理念和原则才是最重要的，并且已经成为他们所有人际交往中的一部分。对谈判天才来说，在一个复杂的商务谈判中运用本书中的策略，与在和配偶、朋友或者员工沟通时使用这些策略没有什么不同。侦探式谈判原则既可以用在法律纠纷上，也可以用在和同事的争论中；那些“忽悠”技巧不但可以用在产品和服务销售上，也可以用来和你的孩子谈判。

谈判天才是能够实现的

让我们用一个对天才的观察来结束本书。很多人认为有些人（如爱因斯坦、莫扎特、乔丹等）天生就是天才，而其他人天生就不是天才，这是一个错误的想法。但是你可能会说，我再努力也不可能成为乔丹、莫扎特或者爱因斯坦。你说得对，你估计不具有达到他们的成就所需要的“硬件”。但好消息是，你拥有成为谈判天才所需要的“硬件”，几乎每个人都有。谈判天才是关于人类交流的，你唯一需要的“硬件”就是改变观点、假设和思维习惯的能力，而你是有这个能力的。如果你从现在开始就把所学到的内容应用起来，那么你就可能成为一个谈判天才、一个能够很容易在各种谈判中取得辉煌成绩的人。我们希望你能够付诸努力。我们希望这本书能够给予你激励，同时也给你指出了方向。

扫码获取“湛庐阅读”App，
搜索“哈佛经典谈判术”，
获取参考书目。

正确的谈判应该是怎样的

现在是 2020 年，你手中这一本是目前全世界范围内最好的谈判书。

无论你是经常参与谈判的 CEO、企业家、高管、律师、警察、教师，还是认为谈判离自己很遥远的普通人，你都应该把这本书常备在手边。这是因为每个人随时都会遇到沟通的场景，任何沟通在一定程度上都是一场谈判，这本书里的策略和方法能够把你的沟通水平提高至少一个档次，让你的沟通更加高效、帮你创造更多的价值、改善你的人际关系，并且提高你的心理健康水平。

我们绝大多数人都是低效的沟通者。当然，这不是我们的错。我们的父母、老师、领导，也都是低效的沟通者。因为他们和我们一样，并不了解沟通当中的心理学原理，沟通者认知、决策的过程和弊端。对于人的心理和认知的无知是导致沟通障碍的根本原因。战争、冲突、吵架、冷战、暗算、医患矛盾、家长和老师之间的关系、亲子关系、愤怒、嫉妒等等种种，在深入了解谈判之后都可以解决。而如果我们继续沿用过去一贯的方法来处理这些生活中常见的沟通难题，那就如同深陷泥沼之中，越挣扎就越难以脱身。

如果想摆脱这个恶性循环，你就必须更新你的知识。这本书就是众多资源中最好的一本。

我并不是因为自己是本书的译者才推崇这本书。正相反，我是因为推崇这本书才主动选择成为它的译者。

我的羽毛球师父陈国明是前福建省羽毛球队队员和教练，是功勋教练汤仙虎的师弟。他对于羽毛球的钻研不止在球场上，羽毛球的空气动力学、球拍的物理特性、人的生理学和运动特性、肌肉、韧带、按摩、运动医学、康复等，只要是和羽毛球有关的，他都很精通。陈老师是我的楷模，我希望自己在谈判领域也能够达到师父在羽毛球领域的造诣。

我从 2001 年开始接触谈判，至今差不多已经 20 年。如果从 1995 年进入中科院心理所算起，那么我正式从事心理学的相关学习和研究已经有 25 年了。这些年来，我在美国和中国香港的大学里开过正式的谈判课程，学生来自世界各地。从 2006 年就开始给国内的企业做咨询和培训服务，开过很多次培训班。

我说这本书是最好的谈判书并不是凭空而言的。谈判领域英文和中文的书我基本上都看过。2001 年我攻读博士学位的时候，我的导师是罗伊·列维奇（Roy Lewicki）。罗伊是《列维奇谈判学》一书的作者，这是世界上第一本谈判学教科书。我在美国和香港教书的时候，使用的教材是美国西北大学的利·汤普森所著的《汤普森谈判学》，这本也是全世界顶尖商学院的谈判课的常用指定教材。

这两本都是一流的教材。但是教材并不适合普通人来阅读，教材的对象是准备系统学习谈判的学生。我在香港开课的时候，每周一次课程是 4 个小时，一共 14 周，也就是 56 个小时。原则上我们给学生的指导是一个小时的课上时间需要匹配两倍的课外时间。也就是说，一个上我的谈判课的学生，需要在 4 个月里投入 168 小时的时间在这门功课上。绝大多数人是做不到这一点的。

目前国际上出版的中英文的谈判书大约有 20 几本。这些书的作者包括名校教授、资深专业人士（如前 FBI 的首席谈判专家）、自学成才的商业人士（如国内地产业某知名人士）。

20 几本书似乎量也不是很多，对于谈判这么重要的课题，也许值得去花时间把这些书都精读一番。因为我的专业的关系，这些书我至少都浏览过，相当一部分精读过。但是，我并不建议普通读者在这些书上投入太多的精力。

那些名校教授的书无疑是值得信赖的，作者中不乏沃顿、斯坦福以及哈佛这些名校的著名教授。我在知乎和其他平台上对其中有些书进行过评估，这里就不再赘述。我的结论是，和这些书相比，本书是把研究、实践和课题均衡得最好的一本。

专业人士和商业人士的著作常常是非常引人入胜的。一方面是因为这些人丰富的经历提供了极多的案例，也可能是因为这些人出色的表达能力。但是，你在读这样的作品的时候一定要非常小心。案例最盛行的莫过于成功学，那些取得了巨大成功的人突然就成了专家，现身说法。成功学的口号是“我的成功可以复制”，让读者误以为按照他们的轨迹来走自己的人生，自己也会获得成功。这是一个不难看穿的错误的思路。如果现在一名计算机专业的学生选择在大一退学，买一个操作系统去做开源，是不可能成为下一个比尔·盖茨的。同样，任何一个大学英文老师辞职去创办网上购物平台也不能保证成为下一个马云。无数的数据可以证明，任何成功都有很大的偶然因素。一个成功的案例并不能佐证其中哪些做法是有效的，是可以推广的。在谈判领域中，这个现象尤其明显。如果你盲目按照这些人的经验去做，可能会输得很惨。

真正靠谱的书必须是以心理学和行为经济学对人的认知和行为规律的研究成果为基础的。而专业人士和商业人士的著作大多都不是。

那么，这本书好在哪呢？

首先，本书一共有 13 章，涵盖了谈判者在谈判时可能会遇到的所有主要情境。

第一部分介绍最基本的谈判工具，这些工具能够帮助你建立正确的谈判认知模式，并将其应用到各种谈判情境当中。第二部分从认知心理学的角度解释为什么那么多人在谈判的时候容易犯错，以及如何应对。第三部分针对一些实际谈判中会遇到的典型情境展开分析。

其次，这本书对于案例的分析非常详尽。我前面批评过案例的价值很低，但我指的是从案例和经验中提炼出来的规律的价值很低，没有适用性，无法借鉴和推广。案例本身可以帮助读者理解复杂的谈判情境，对于习惯于故事思维的人类来说，没有什么比故事和案例更容易理解和接受的了。

不同之处在于，虽然也是列举案例，这本书借案例所讲述的规律却不是来自案例，而是来自众多大量系统的心理学研究。也就是说，知识是靠谱的，传播知识的案例也是优秀的。

再次，这本书不但有分析，还有话术指导。

再正确的谈判理论，最终都要落实到话术上。一个用词、一个语气的不同，都可能会改变对方的认知，改变整个谈判的进程和走向。可能让一场很好的谈判不欢而散，也可能让一场艰难的谈判转危为安。

话术的作用归根结底仍然是要回归心理学。这本书会详细地讲解为什么有些话术是有效的，有些是无效的。

最后，这本书是“循证”著作的一个优秀样本。

作为哈佛商学院的学者，两位作者迪帕克和马克斯的学术水平是毋庸置疑的。在微软学术搜索引擎里，两个人的名下分别有 78 篇和 352 篇著作。我对谈判领域的研究非常熟悉，这本书里所有的观点不需要看索引我都可以找到出处。也就是说，书中的观点都是有理有据的。当然，有一些问题在学术界仍然存有争议，两位作者不但会指出这些争议，并且会给出一些很有启发的观点。

对于刚刚接触心理学的朋友来说，可能不一定能够体会到个中的细微分别。甚至可能会有误解，觉得有些观点和其他老生常谈没什么区别。这是因为谈判是一个复杂的人际交互过程。谈判的结果不但取决于你的表现，还取决于对方的决策。在这样复杂的情境下，千百年来滋生了各种互相矛盾的说法。有些说法根深蒂固，比如“谈判是妥协的艺术”“谈判是博弈”。这本书的主要目的并不是打破这些迷思，而是直接告诉你正确的谈判应该是怎样的。如果你发现这本书的观点和你对谈判的一贯认识相左，基本上是因为你的认识是与证据不符的。当然，我并不建议任何人盲目地服从任何一本书或者一个人的说法。

如果你有所疑虑，最好的办法是去作深入的研究调查，自己去寻找答案。如果你手里已经有了第一版的《哈佛经典谈判术》，我仍然建议你读一下这个新的版本，然后对比一下两个版本。如果你的英文不错，你还可以把中英文版本对比一下。我花了几个月的时间，尽最大的努力去做到对译和意译的完美结合。这本书的专业性很强，只有对心理学和经济学有很好训练的人才能够把握其中的一些精微之处。我相信我做到了用我们中国人熟悉的语言精确地表达作者的原意。当然，最终的效果如何，还要看您的评判。

假如，一个人开着你的斯巴鲁去广州，平时非常稳健的翼豹在广深高速上突然抛锚。虽然发动机仍然能够正常发动，但是车却完全不听你的使唤。就在你束手无策的时候，一辆车停了下来。车上下来一个好心人。他经过一番检查和思考之后，打开你的引擎盖看了看，告诉你里面有一颗螺丝松了。于是你掏出螺丝刀，拧紧了这颗螺丝，你的车又能够正常启动了。

绝大多数读者，不管是刚入职场的小白，还是久经沙场的谈判高手，都更像是这辆斯巴鲁翼豹的司机。也许你对谈判已经驾轻就熟，很有经验；也许你刚刚拿到驾照，还在熟练的过程中。大部分情况下，你可以驾车到要去的地方，也许会慢一点，也许会出一点小插曲，但是最终都可以到达终点。但是，你并不了解汽车的结构和运作原理，你需要依赖手册来完成驾驶任务。

大部分车辆是前轮或者后轮驱动，而斯巴鲁是全时四驱系统。在经过一些比较复杂、坑洼不平的地方时，斯巴鲁车方向盘的表达和其他车不太一样，甚至有些违背直觉，需要一些时间和练习才能够适应。如同第一次开斯巴鲁的司机一样，你在第一次阅读这本书的时候，可能也会有很复杂困惑的感受。对于书里的有些内容，你会觉得太简单，是每个人都知道的常识。对于另外一些内容，你可能觉得作者想多了，过于谨慎了。还有一些内容，你可能会觉得作者是不是做学问做“傻”了。我很理解你初次阅读本书的感受，因为我也曾经是像你一样的“实习司机”。

但是，你对待这本书应该像对待斯巴鲁的驾驶手册一样，即使不明白背后的原理，也要照着去做。大部分人理解本书的第一部分和第三部分应该问题不大，但是执行起来需要克服一些困难。问题最大的是介绍认知偏误的第二部分，谈判心理学。很多人都能够接受“人是有限理性的”这个说法，但是几乎很少有人明白这个论断到底是什么意思。是说“所有人总是非理性的”，“所有人在有些时候都是非理性的”，“一部分人是非理性的，而其他人是理性的”？赫伯特·西蒙（Herbert A. Simon）凭借对于“有限理性”的研究拿到了诺贝尔经济学奖，丹尼尔·卡尼曼以及理查德·赛勒 (Richard Thaler) 毕生大部分精力都投入在了“有限理性”和“认知偏误”方面的研究，并因此拿到了诺贝尔经济学奖。可见这个理论可能并没有我们想象的那么直观和容易理解。

事实上也的确如此，要求人的大脑来接受大脑的认知和决策过程中存在系统的错误，如同让一个独裁者承认自己犯了错误，而且是一犯再犯而不自知。

然而，不管能否理解和接受，采用这本书里推荐的方法一定能够大幅度提高你的谈判和沟通的表现。而忽视这本书里的方法，会让你延续过去的错误做法。沟通和谈判中的冲突就像是泥沼，你用你一贯的做法来应对，只会越挣扎陷落得越快。毕竟你的一贯做法正是你掉入泥沼的原因。

我知道，我提出的是一个比较过分的要求，我在要求你信任我，信任迪帕克和马克斯两位作者，信任科学方法和科学研究。但是我可以保证，假如你信任我，按照书里面的方法来指导你的谈判，很快你就会看到效果。你的沟通会更高效，你的社交会更顺畅，人们甚至会觉得你的情商提高了。

这本书就是一个谈判的手册。但是，这本书并不是一本维修手册，而是一本最佳方法手册。

如果你对这本书有任何问题或者建议，在知乎或者其他社交媒体上很容易可以找到我。

未来，属于终身学习者

我这辈子遇到的聪明人（来自各行各业的聪明人）没有不每天阅读的——没有，一个都没有。巴菲特读书之多，我读书之多，可能会让你感到吃惊。孩子们都笑话我。他们觉得我是一本长了两条腿的书。

——查理·芒格

互联网改变了信息连接的方式；指数型技术在迅速颠覆着现有的商业世界；人工智能已经开始抢占人类的工作岗位……

未来，到底需要什么样的人才？

改变命运唯一的策略是你要变成终身学习者。未来世界将不再需要单一的技能型人才，而是需要具备完善的知识结构、极强逻辑思考力和高感知力的复合型人才。优秀的人往往通过阅读建立足够强大的抽象思维能力，获得异于众人的思考和整合能力。未来，将属于终身学习者！而阅读必定和终身学习形影不离。

很多人读书，追求的是干货，寻求的是立刻行之有效的解决方案。其实这是一种留在舒适区的阅读方法。在这个充满不确定性的年代，答案不会简单地出现在书里，因为生活根本就没有标准确切的答案，你也不能期望过去的经验能解决未来的问题。

湛庐阅读App：与最聪明的人共同进化

有人常常把成本支出的焦点放在书价上，把读完一本书当作阅读的终结。其实不然。

时间是读者付出的最大阅读成本
怎么读是读者面临的最大阅读障碍
“读书破万卷”不仅仅在“万”，更重要的是在“破”！

现在，我们构建了全新的“湛庐阅读”App。它将成为你“破万卷”的新居所。在这里：

- 不用考虑读什么，你可以便捷找到纸书、有声书和各种声音产品；
- 你可以学会怎么读，你将发现集泛读、通读、精读于一体的阅读解决方案；
- 你会与作者、译者、专家、推荐人和阅读教练相遇，他们是优质思想的发源地；
- 你会与优秀的读者和终身学习者为伍，他们对阅读和学习有着持久的热情和源源不绝的内驱力。

从单一到复合，从知道到精通，从理解到创造，湛庐希望建立一个“与最聪明的人共同进化”的社区，成为人类先进思想交汇的聚集地，与你共同迎接未来。

与此同时，我们希望能够重新定义你的学习场景，让你随时随地收获有内容、有价值的思想，通过阅读实现终身学习。这是我们的使命和价值。

湛庐阅读App玩转指南

湛庐阅读App结构图：

三步玩转湛庐阅读App：

读一读 ▾

湛庐纸书一站买，
全年好书打包订

听一听 ▾

泛读、通读、精读，
选取适合你的阅读方式

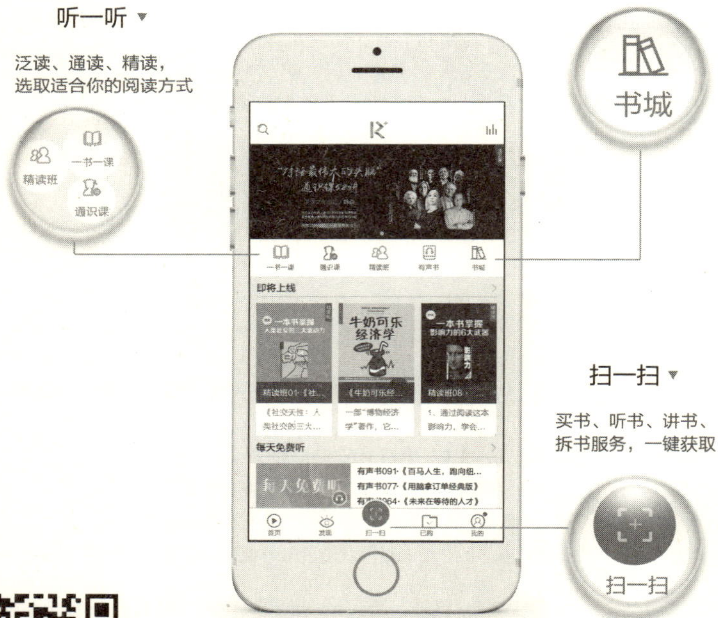

扫一扫 ▾

买书、听书、讲书、
拆书服务，一键获取

使用App扫一扫功能，
遇见书里书外更大的世界！

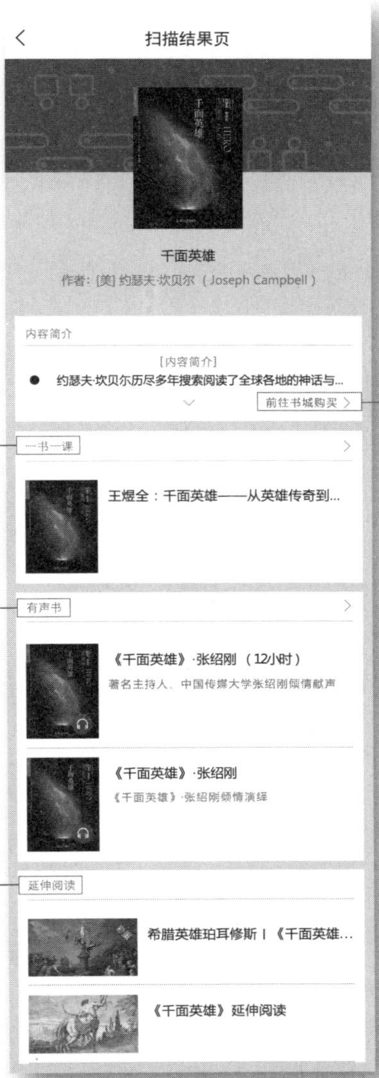

快速了解本书内容，
湛庐千册图书一键购买！

大咖优质课、
献声朗读全本一键了解，
为你读书、讲书、拆书！

你想知道的彩蛋
和本书更多知识、资讯，
尽在延伸阅读！

湛庐CHEERS

延伸阅读

《影响力》

使用"湛庐阅读"App,
"扫一扫"获取本书更多精彩内容。
ISBN 978-7-5502-8453-1

◎《财富》杂志鼎力推荐的75本商业必读图书之一。

◎ 西奥迪尼经典作品，风靡全球20载，被引述率高居当今社会心理学之冠。揭开顺从他人行为背后的6大心理秘籍。

《信息背后的信息》

使用"湛庐阅读"App,
"扫一扫"获取本书更多精彩内容。
ISBN 978-7-213-09110-0

◎ "看不见的大猩猩"商业版，最受管理者们欢迎的哈佛决策课！

◎ 成为一流的觉察者，解决问题背后的问题，先要抓住信息背后的信息！

《远见》

使用"湛庐阅读"App,
"扫一扫"获取本书更多精彩内容。
ISBN 978-7-5596-1216-8

◎ 来自奥美首席人才官30余年的职场洞察，3大职场燃料，4大黄金问题，5个关键数字，100小时测试，带你用远见思维规划职业生涯的3大阶段。

◎ 傅盛、刘惠璞、杨石头等激赏推荐！

《转机》

使用"湛庐阅读"App,
"扫一扫"获取本书更多精彩内容。
ISBN 978-7-5536-2441-9

◎ 耐克前总经理、佳得乐前全球总裁讲述卓越商界人物如何赢得职场大突破！

◎ 拥有《远见》，把握《转机》，与盲目、低效、苦闷的工作说再见，你可以优秀到不能被忽视！

Negotiation Genius: How to Overcome Obstacles and Achieve Brilliant Results at the Bargaining Table and Beyond by Deepak Malhotra and Max H. Bazerman.

This translation published by arrangement with Bantam Books, an imprint of Random House, a division of Random House LLC.

图书在版编目（CIP）数据

哈佛经典谈判术 /（美）迪帕克·马尔霍特拉，（美）马克斯·巴泽曼著；王崇巍译. -- 成都：四川人民出版社，2020.11

ISBN 978-7-220-11947-7

Ⅰ. ①哈… Ⅱ. ①迪… ②马… ③王… Ⅲ. ①谈判学 Ⅳ. ①C912.35

中国版本图书馆CIP数据核字（2020）第153408号

著作权合同登记号

图字：21-2020-354

上架指导：企业管理 / 谈判沟通

HAFO JINGDIAN TANPANSHU

哈佛经典谈判术

［美］迪帕克·马尔霍特拉　马克斯·巴泽曼　著

责任编辑：李文雯　邵显瞳

版式设计：湛庐CHEERS　杨雅文

封面设计：ablackcover.com

四川人民出版社

（成都市槐树街 2 号　610031）

天津中印联印务有限公司印刷　新华书店经销

字数 313 千字　710 毫米 ×965 毫米　1/16　印张 19.25

2020 年 11 月第 1 版　2020 年 11 月第 1 次印刷

ISBN 978-7-220-11947-7

定价：82.90 元
